다시 리더를 생각하다

Leadershift:
The 11 Essential Changes Every Leader Must Embrace
by John C. Maxwell
Originally Published by HarperCollins Leadership, an imprint of HarperCollins Focus
LLC., Nashville, a division of HarperCollins Publishers, LLC., New York

위기를 뛰어넘는 리더의 11가지 원칙

존 맥스웰 지음 · 이한이 옮김

다시 리더를 생각하다

비즈니스북스

옮긴이 **이한이**

출판기획자 및 번역가. 국외의 교양 도서들을 국내에 번역하여 소개하는 한편, 대중이 보다 쉽고 재미있게 접근할 수 있는 책들을 기획, 집필하고 있다. 옮긴 책으로는 《아주 작은 습관의 힘》, 《울트라 러닝, 세계 0.1%가 지식을 얻는 비밀》, 《부자의 언어》, 《NEW》, 《디지털 시대, 위기의 아이들》, 《몰입, 생각의 재발견》 등이, 쓴 책으로는 《문학사를 움직인 100인》 등이 있다.

다시 리더를 생각하다

1판 1쇄 발행 2020년 5월 27일
1판 6쇄 발행 2022년 9월 23일

지은이 | 존 맥스웰
옮긴이 | 이한이
발행인 | 홍영태
발행처 | (주)비즈니스북스
등 록 | 제2000-000225호(2000년 2월 28일)
주 소 | 03991 서울시 마포구 월드컵북로6길 3 이노베이스빌딩 7층
전 화 | (02)338-9449
팩 스 | (02)338-6543
대표메일 | bb@businessbooks.co.kr
홈페이지 | http://www.businessbooks.co.kr
블로그 | http://blog.naver.com/biz_books
페이스북 | thebizbooks
ISBN 979-11-6254-145-6   03320

이 책을 에드 배스티안 *Ed Bastian* 에게
바칩니다.

당신을 만난 날, 나는 당신이 최고의 역량을 지닌 리더임을 알 수 있었습니다. 당신은《포춘》이 꼽은 세계 최고 리더 중 한 사람입니다. 델타 항공사의 CEO로서 당신은 세계에서 가장 존경받는 회사 중 한 곳을 이끌고 있습니다. 10년 이상 나는 당신이 엄청나게 변화하는 세계에서 진정성과 인내, 존경심을 가지고 자세를 낮춰 리더십을 발휘하는 것을 보았습니다. 당신보다 '리더시프트'를 잘해 낸 사람을 나는 보지 못했습니다. 당신의 우정과 세계에 모범이 되는 리더십을 보여주신 데 감사드립니다.

| 차례 |

제 0 장

이대로
멈춰 설 것인가,
앞으로
나아갈 것인가

LEADER
SHIFT

불확실성이
자리한 곳이라면
어디서나
리더가 필요하다.

변화할 것인가, 사장될 것인가.
_토머스 에드글리Thomas Edgley

나는 꽤 오랫동안 '리더시프트'leadershift에 관한 책을 쓰고 싶었다. 내가 리더십을 연구하고 이 일을 해 온 수십 년간 너무 많은 것이 변화했기 때문이다. 처음 이 일을 시작하던 1970년대에는 리더십에 관한 책은 몇 권 되지 않았다. 그때는 '경영관리'management가 비즈니스계를 지배했고, 피터 드러커가 왕이었다. 이런 경향은 1980년대 말 몇몇 작가들이 리더십 책을 쓰면서 바뀌기 시작했다. 사람들은 열정적으로 이런 책을 사서 읽었다. 왜 그랬을까? 삶이 빠르게 바뀌고 변화가 일상이 되어 가는 것을 느끼면서, 더욱더 도전적이 되어 가는 이 복잡한 세계에서 길을 찾을 방법이 필요해졌기 때문이다.

　성공하려면 리더십을 배워야 한다. 수년 동안 설파되던 경영관리의 원칙들은 안정성과 익히 알려진 요인들에 기반하고 있다. 전국 리더십 계발 위원회National Preparedness Leadership Initiative의 연구소장 에릭 맥널티Eric J. McNulty는 이렇게 표현했다.

> 경영관리 시스템과 프로세스는 대개 직선적이다. 여기에서는 투입이 같으면 산출 결과도 비슷하다고 여긴다. 많은 경우 이것은 진실이다. 하지만 리더십에서는 세상에 대한 보다 섬세한 시각이 요구되는데, 리더십이 사람과 관련되기 때문이다. 즉 무엇이 사람들의 동기를 부여하는지, 사람들이 무엇에 흥미를 느끼고, 어떻게 참여하게 되는지에 관한 것이기 때문이다. 기계적인 시스템들은 직선적으로 이루어지곤 하지만, 인간이라는 요소가 관여하는 순간 시스템은 복잡해지고 상황에 맞게 조정된다.[1]

경영관리는 안정성을 당연시하는 곳이고, 리더십은 미지의 상황에 직면했을 때 작용하는 원칙들을 제공한다. 1980년대로 돌아가 보면 사람들은 자신을 이끌어 줄 리더를 찾았고, 조직을 운영하는 사람들은 자기 자신이 리더가 돼야 할 필요성을 깨달았다. 그들은 자신들의 회사에 리더십 원칙들을 적용하고 성공했다. 그러면서 지난 30여 년간 리더십이 비즈니스 세계를 지배하게 되었다.

리더에게 최대 적은 과거의 자신이다

돌이켜 보면 1980년대에 빠르다고 느껴졌던 속도는 오늘날 우리가 보기엔 느려 보인다. 삶은 지금 훨씬 빠르게 바뀌고 있다. 우리가 다루어야 할 변화와 불확실성은 미친 듯이 빠른 속도로 다가오는 듯하다.

내가 설립한 단체 중 하나인 존 맥스웰 팀John Maxwell Team은 지난 수년간 내게 '맥스웰의 1분 수업'Minute with Maxwell이라고 불리는 짤막한 비디오를 찍어 매일 포스팅하자고 요청했다. 나를 카메라 앞에 세운 뒤 내게 한 단어 또는 한 문장을 주고 그에 대한 생각이나 교훈을 1분 정도 짧게 전달하는 것이다. 이 일은 재미있었고, 비디오는 일종의 멘토링으로 온라인상에 게시되었다. 최근 이 영상을 촬영할 때 우리 팀이 내게 '빨리 감기'fast forward라는 단어를 던져 주었다. 내 마음속에는 곧바로 '더 빨라지고, 더 짧아지고'라는 구절이 떠올랐다.

이 말인즉, 미래가 그 어느 때보다 빠르게 우리에게 다가오고 있는 듯하다는 의미다. 속도가 줄어들지는 않는다. 내일이 오늘보다 더 느린 속도로 흘러갈 것이라고 믿는 사람이 있을까? 기술, 소셜 미디어, 변화 속도는 절대 그런 일을 허용하지 않을 것이다. 앞으로 나아가기 위해 우리는 더 빨리 움직여야 한다. 그리고 리더로서 우리는 한발 앞선 곳에 있어야 하며, 다른 사람들보다 더 앞에서, 더 많이 보아야 한다.

변화 속도 때문에 또한 우리는 유연해져야 한다. 구전 동요 〈마더구스〉Mother Goose에 "잭은 날래지요."라는 구절이 있다.

잭은 날래지요
잭은 빠르지요
잭은 촛대를
뛰어넘지요

더 날래고, 잘 적응하고, 유연할수록 더 빨리 움직이고 더 빨리 변화할 수 있다.

전통적으로 육상 경기에서는 결승선을 먼저 통과한 세 명의 주자까지 기억되고, 이들이 상을 받는다. 오늘날 스포츠 세계 밖에서는 오로지 승자만이 기억되고 보상받는 듯 보인다. 격언에도 있듯이 두 번째라고 함은 첫 번째 패배자라는 소리일 뿐이다. 속도와 민첩성이 그토록 중요한 이유가 이 때문이다.

몇 년 전 〈뉴욕 타임스〉에서 치타에 관한 기사를 본 적이 있다. 그 기사는 성공에 관한 한 민첩성이 얼마나 중요한지 많은 것을 가르쳐 준다.

영양을 추적하는 치타의 모습을 보면 치타가 엄청나게 빠르다는 것을 알게 된다. 하지만 속도가 그들의 놀라운 사냥 비결은 아니다. 야생에서 치타가 먹잇감을 쫓는 방법에 관한 최근의 한 연구는 그 비결을 '민첩성'으로 들었다. 모로 뛰어오르는 기술, 순식간에 방향을 전환하는 기술, 갑작스럽게 속도를 줄이는 기술, 이런 민첩성이 영양에게는 나쁜 확률을 높인다….

치타는 시속 93킬로미터까지 달릴 수 있으며, 평균 속력은 시속 53킬로미터다. 하지만 연구자들은 매일 치타가 움직이는 거리 전체로 보았을 때 빠르게 속력을 내는 구간은 극히 일부분임을 발견했다.

또한 치타는 단 한 번의 보폭으로 시속 14킬로미터까지 속력을 갑자기 낮출 수도 있다는 것이 밝혀졌다. 이 솜씨가 최고 속력을 갱신하는 능력보다 사냥에는 더욱 도움이 된다는 것도 입증되었다. 치타는 방향을 바꾸기 전에 종종 속도를 줄이는데, 자료를 보면 이 동작이 급선회를 가능하게 해 주어 그 결과 빠르고 날랜 먹잇감에 우위를 차지하게 한다.[2]

미래가 다가오는 주기는 짧아졌다. 젊은 리더 시절 나는 조직을 효율적으로 이끄는 법을 배웠고, 10년짜리 장기 계획, 5년짜리 중기 계획, 그리고 2년짜리 단기 계획을 세워야 했다. 이는 지금에는 터무니없어 보인다. 오늘날 장기 계획은 2년 정도다. 기술과 혁신은 무척이나 빠르게 바뀌어서 모든 것이 짧은 기간에 진행되고 있다. 리더로서 우리는 꾸물거리거나 평가에 오랜 시간을 들일 수 없다. 우리는 변화하고, 현재 상황을 재독하고, 다시 변화해야 한다. 그리고 변화를 계속해야 한다.

이런 환경에서 리더가 현 상황을 유지하고 살아남는 것 이상으로 무엇을 할 수 있을까? 계속해서 '리더시프트'를 해 나가는 방법을 배우는 것이다. 그렇다면 리더시프트란 무엇인가? 리더시프트란 리더십을 변화시키는 능력이자 의향으로, 조직적·개인적 성장을 강화한다.

교육자이자 저술가인 브루나 마티누치Bruna Martinuzzi는 이코노미스트 인텔리전스 유닛Economist Intelligence Unit이 시행한 한 연구에 대해 언급한다. 이 연구에서는 앞으로 몇 년 안에 중요해질 최상위 리더십 자질 세 가지를 규정했다. 그 세 가지 자질은 직원들의 동기를 촉발하는 능력(35퍼센트), 문화를 넘나들며 일하는 능력(34퍼센트), 변화를 가능하게 하는 능력(32퍼센트)이다. 여기에는 모두 적응력이 요구된다. 마티누치는 '물이 그릇에 따라 모양을 바꾸듯이 현자는 환경에 적응한다'는 중국 속담에 이를 비유했다. 역사상 그 어느 시기도 지금만큼 적응력이 중요한 때는 없을 것이다. "적응력, 즉 새로운 환경에 맞추기 위해 변화를 만드는 능력(또는 변화되는 능력)은 리더의 결정적 자질이다."[3]

라이트 매니지먼트Right Management가 시행하고 《플럭스 리포트》The Flux Report에서 발행한 더 최근의 연구는, 적응력에 관한 필요만이 증가했음을 분명히 하고 있다. 이들은 장차 기업의 구인 활동 91퍼센트가 구직자들의 변화와 불확실성을 다루는 능력에 기반할 것이라고 단언했다.[4]

좋은 리더는 적응한다. 그들은 방향을 전환한다. 정지해 있지 않다. 주변 세계가 고정불변의 것이 아님을 알기 때문이다. 언제나 그래왔지만, 이것이 오늘날만큼 분명하게 드러난 적도, 빠르게 변화하는 능력이 지금보다 더 중요했던 적도 없다. 그리고 내가 좋은 리더란 '적응한다'고 한 말은 '순응한다'는 의미가 아니다. 자기 계발 강사 데이브 마틴Dave Martin은 이렇게 지적했다.

적응과 순응 사이에는 큰 차이가 있다. '위대한 사람들'은 본능적으로 이 차이를 이해하는 듯 보이는데, 이들은 순응은 무시하는 반면 변화하는 환경에 적응하는 용감한 능력을 소중히 여긴다. 순응은 주위 환경에 섞여들고, 평균이 되거나, 튀지 않고 개성을 활용하기를 거부하는 부정적인 능력이다. 적응은 바람의 방향에 따라 자세를 전환할 것을 감지할 수 있고, 바람의 방향이 바뀌는 데에서 이점을 취하기 위해 사전에 진로를 조율하는 긍정적인 능력이다. 순응이 두려움이나 거부에 근거한 약점이라면, 적응은 한 사람의 자신감, 판단력과 자질에 근거한 강점이다.[5]

불확실한 상황에서, 순응적인 사람들은 자신을 지키기 위해 안전한 장소로 움직이기 시작한다. 리더시프트를 행하는 적응력 있는 리더들은 불확실성을 향해 나아가고 그것을 정면으로 다룬다. 나는 이와 관련해 노스이스턴 대학교 가족 비즈니스 센터Northeastern University's Center for Family Business의 명예 이사 폴 카롭스키Paul Karofsky의 말을 좋아한다. 그는 불확실성을 '모호성'이라고 표현했다.

> 모호성은 사람들을 밤에 잠 못 이루게 할 수도 있다. 하지만 자신의 직업적 커리어가 흠잡을 때 없이 완벽하기를 추구하는 사람은 리더가 아니라 다른 자리를 찾아야 할 것이다.
> 리더란, 정의하자면 추종자를 거느리고 있는 사람이다. 추종자에게는 방향이 필요하다. 방향을 정하는 데는 의사결정이 요구된다. 의사결정을 하려면 선택안들에 대한 숙고가 필요하다. 그리고 선택안들에 대한 숙고는 불확실성을 다루는 일과 관련이 있다.[6]

리더로 성공하고 싶다면, 불확실성을 편안하게 여기고 지속적으로 방향을 전환하는 법을 배워야만 한다. 융통성 있게 움직이고, 초점을 잃지 않고 불확실성을 다루어야 한다. 리더시프트를 하는 리더는 물과 같아야 한다. 유동체가 되어야 한다. 물은 길을 찾으면 그곳으로 흘러들어 간다. 먼저 그 환경에 맞추어 변한다. 환경이 변화의 방향을 결정한다. 그러나 움직이는 물에는 강한 힘이 있다. 물은 먼저 사물 주위를 흘러가지만, 동시에 그 사물을 움직이기 시작한다. 시간이 흐르면 견고한 바위도 마모시킬 수 있다. 이와 유사하게 작은 방향 전환이 큰 차이를 만들어 낼 수 있다. 어쩌면 이는 간단하고 명백할 것이다. 하지만 사소한 것은 아니다.

진실은 이렇다. 리더로서 이루는 모든 진전에는 리더시프트가 요구된다. 리더시프트는 당신이 생각하고 행동하고 이끄는 방식을 변화시킨다. 유능한 리더가 되고 싶다면 리더시프트를 해야 한다. 이전과는 다른 세상에서 성공하고 싶다면 그 전과 똑같은 사람이어서는 안 된다. 똑같이 생각하고, 똑같이 행동해서는 안 된다.

말콤 글래드웰은 이렇게 말했다. "가능한 한 많은 일에서 자기 위치를 끊임없이 업데이트하는 것, 그것이 사람으로서, 인류로서 우리의 책무이다. 정기적으로 자신이 이전과 달라지지 않는다면, 그건 생각하지 않기 때문이다."[7] 리더는 정신의 치실질이 지닌 가치를 알아야 한다. 치과의사들은 치아 건강을 위해 매일 치실을 사용할 것을 권장한다. 이와 비슷하게 해묵은 생각을 걸어 내고 리더십 건강을 위해 정신에도 치실질을 해야 한다.

20대 시절 나는 19세기 설교사이자 유명한 찬송가 〈베들레헴 작은 마을〉의 작사가인 필립스 브룩스Phillips Brooks의 말에 고무되었다.

자신이 살고 있는 삶, 하고 있는 생각과 행동에 완전히 만족할 때, 의미 있으며 해야 한다고 생각하는 보다 큰 어떤 일에 대한 욕구가 영혼의 문을 세차게 두드리지 않을 때, 누구든 그날이 슬픔의 날이 될 것이다.[8]

나는 이 문구를 마음에 아로새기고 더 큰 성장과 성취로 향하기 위해 종종 끄집어내곤 한다.

리더시프트는 정신적으로 경직되는 자연스러운 유혹에 직면했을 때 우리를 앞으로 나아가게 해 준다. 더욱 혁신적이 되고, 안정 지대에서 벗어나고, 관습적인 믿음들에 의문을 제기하고, 변화를 기꺼이 맞아들이도록 한다. 우리가 해낸 리더시프트는 모두 우리를 더 나은 리더로 만들어 줄 잠재력을 지니고 있다.

당신은 변화에 얼마나 열려 있는 사람인가?

리더시프트에 대해 본격적으로 이야기하기 전에, 먼저 리더시프트에 필요한 마음가짐mind-set에 대해 말하고 싶다. 당신은 변화에 얼마나 열려 있는가? 대답보다 질문을 더 많이 하겠는가? 더 많이 관찰하고, 더 귀 기울여 듣겠는가?

당신은 자신의 직관과 창조성에 더욱 의존할 것인가? 리더시프트는 당신이 가치, 원칙, 전략을 기반으로 삼기를 요구하지만, 더불어 혁신을 추구하고, 선택안들을 찾고, 창조성을 활용하도록 밀어붙일 것이다. 또한 더 나아지기 위해 어떤 것들은 놓아 버리고 어떤 것들에는 전념해야 한다.

리더시프트는 쉽지 않다. 특히 처음 시작할 때 그렇다. 그동안 해 왔지만 검증되지 않은 것들을 뒤에 남겨 두어야 할 때도 있을 것이다. 위험 요소가 없는 상태를 유지해 주는 안정성과 기회를 열어 주는 적응력 사이에서 줄타기를 해야 할 때도 있을 것이다. 이는 당신이 더 나아지고 새로운 사람이 되게끔 힘을 부여할 것이다. 개선의 욕구는 당신이 계속 배위 나가는 추동력이 될 것이다. 리더시프트를 배우는 건 당신을 더 나은 리더로 만들어 줄 것이다!

리더가 성공적으로 앞으로 나아가는 방법

앞에서 한 질문들에 "그렇다."라고 대답했다면, 또는 "그렇다."라는 대답으로 기울었다면, 당신은 이미 앞으로 나아갈 준비, 리더시프트를 시작할 준비가 되었다. 이 책을 읽어 나가면서 당신은 내가 리더십 여정에서 만든 11가지 주요 리더시프트를 알게 될 것이다. 그 전에 리더시프트를 성공적으로 해내게 하는 일곱 가지를 가르쳐 주고자 한다. 일상적으로 이것을 연습하라. 그러면 모든 리더시프트 상황에 융통성 있고 자신 있게 직면할 준비를 갖추게 될 것이다.

1. 배우고, 잊고, 다시 배우라

앞서 나는 세상이 변화하는 속도에 대해 말했다. 최근 '세계 경제 포럼' World Economic Forum이 공표한 기사 하나를 읽었는데, 이런 문제에 불을 밝혀 준다.

《하버드 비즈니스 리뷰》의 '(기술) 갭을 조심하라' 중에서: "학교에서 배운 교훈들은 학자금 대출을 다 갚기도 전에 구식이 될 수 있다." 콕 집어 말하자면 대학 졸업생들이 학사 기간에 취득한 기술들, 즉 직업 생활을 유지하기 위해 받은 기초 훈련들의 유효기간은 오늘날 단 5년 정도로 예상된다.

여기에 실린, 현존하는 기술을 무너뜨리는 변화의 영향을 연구한 보고서 '미래의 직업'에서 '세계 경제 포럼'은 다음과 같은 내용을 발견했다. "평균적으로 2020년까지 대부분의 직업에서 요구되는 핵심 기술의 3분의 1 이상이 오늘날 직업에서는 아직 중요하게 여겨지지 않고 있는 것들이다." 또한 린다닷컴lynda.com을 운영하는 저자 마크 니먼로스Mark Niemann-Ross는 직접적으로 이렇게 언급했다. "4년 안에 당신은 자기 직업에서 필요할 업무 능력 중 30퍼센트를 새로 배워야 할 것이다."[9]

이런 환경에서 리더는 어떻게 성장해야 할까? 배우고, 잊고, 다시 배워야 한다. 이는 리더시프트의 필수 과정이다. 우리는 매일의 변화를 받아들여야 한다. 어제 효과가 있었던 방식을 잊고, 새로운 방식으로 보고 행동하고 이끄는 법을 배워야만 한다. 어떤 하나의 첨단 기술이나 신화에 애착해서는 안 된다. 계속 배우고 변화해 나가야 한다. 그렇지 않으면 우리의 리더십은 사장될 것이다.

2. 어제를 소중히 여겨라. 하지만 오늘을 살아라

위대한 야구 선수 베이브 루스는 이런 말을 했다고 알려져 있다. "어제의 홈런은 오늘의 경기를 우승하게 해 주지 않는다." 멋진 말 아닌가? 오늘에 집중해야 함을 일깨워 주는 좋은 말이다. 과거에 했던 일은 이력서상에서는 좋아 보일 수 있지만, 오늘 우리가 승리하게 도와주진 않는다.

수년간 나는 사무실에 다음과 같은 글귀를 걸어 두었다. "어제는 어젯

밤에 끝났다." 어제 한 좋은 일들이 오늘이 좋은 날이 될 거라는 보증이 아님을, 또는 어제 일어났던 나쁜 일들이 오늘도 나쁜 날일 거라는 의미가 아님을 떠올리고자 걸어 둔 글이다. 오늘은 오늘 그 자체로 존재한다. 오늘이 멋진 날이길 바란다면, 지금 당장 필요한 것을 해야만 한다. 어제 위대한 일을 했다 해도 오늘에 집중해야 한다.

젊은 시절, 글을 쓰기 시작한 초기에 나는 무척이나 훌륭한 작가 한 명을 멘토로 삼았다. 그가 준 도움을 나는 늘 은혜롭게 여기고 있다. 어느 날 우리는 함께 저녁을 먹고 있었고, 나는 또 다른 책을 쓰는 일을 이야기했다. 그는 그 책의 논지와 내용에 대해 질문하고는 이렇게 말했다. "존, 그게 자네가 쓴 최고의 책이 될 것 같은가?"

"네, 그렇습니다!" 나는 대답했다.

"좋아." 그가 말했다. "자네가 지난번에 쓴 책만큼 잘 써야 하네. 이번 책이 실망스럽다면 독자들은 자네의 다음 책을 사야 할지 고민하게 될 테니 말일세."

나는 이 조언을 절대로 잊지 않는다. 내가 수년 동안 수많은 책을 써서 팔았다 해도 과거의 명성에만 의지할 수는 없다. 사람들은 당신이 어제 했던 일로 당신에게 명성을 안겨 주겠지만, 당신이 지금 하고 있는 일로 당신을 존경한다. 나는 어제를 소중히 여기지만 오늘을 산다.

3. 속도는 중요하다. 하지만 타이밍이 관건이다

오늘날 분위기에서, 빠르게 움직이는 건 성공을 바라는 사람에게 선택 사항이 아니다. 하지만 타이밍은 선택이다. 리더시프트를 하는 리더로서, 당신은 자기가 놓인 환경의 맥락을 이해해야 한다. 주변에서 무슨 일이 벌어지느냐가 지금의 자세를 굳건히 유지할지, 앞으로 나아갈지를 결정한다. 이끈다는 건 배를 먹을 때를 아는 것과 같다. 배를 먹을 최적의 시기는 배의 성장 주기에서 딱 하루다. 리더로서 당신은 리더시프트의 적절한 순간을 인식할 수 있어야만 한다. 팀원들에게 응원의 말이 필요할 때, 한 단계 더 올라가기 위해 도전해야 할 때는 언제인가? 신상품을 출시할 적절한 시기, 지금 전성기인 듯 보이는 상품을 거둬들일 적절한 시기는 언제인가? 기회를 잡기 위해 조직이 보유한 현금을 사용할 시기는 언제인가? 그리고 그것이 부적절한 생각인 경우는 언제인가?

리더들에게 타이밍은 중대하다. 좋은 타이밍은 리더들에게 기회를 잡게 하고, 팀에 승리를 가져다줄 수 있게 한다. 타이밍에 대한 감感은 리더시프트를 할 때 특히 중요하다. 재무 전문가 제임스 골드스미스James Goldsmith의 표현으로는, 밴드 왜건(대중적으로 유행하는 정보에 영향을 받아 그 소비 행태를 따라가는 현상—옮긴이)이 일어났을 때는 이미 리드하기에 늦은 때이다.

4. 그림이 점점 커져 갈수록 더 큰 그림을 보라

리더로서 나의 여정이 실제로 시작된 건 리더십에서 모든 것이 일어나고 몰락한다는 것을 처음 깨달은 순간이었다. 이 진실은 내 삶의 토대가 되었다. 그리고 지속적으로 나의 개인적 발전을 비롯해 사람들을 훈련시키는 데 촉매가 되었다.

사람들이 리더십에 대해 이야기해 달라고 요청하기 시작했을 때 나는 가르칠 게 그다지 많지 않았다. 나중에 이 주제에 관한 책을 쓰기로 결심하고 나서, 나는 이것이 나의 유일한 일이 되리라고 생각했다. 지금까지 나는 사람들을 이끌고 리더들을 훈련시키면서 45년 이상을 보냈고, 내 시야는 어마어마하게 확장되었다. 그리고 리더십이란 주제를 배우면 배울수록 내가 충분히 알지 못한다는 사실을 깨닫는다. 발전에는 결승점이 없고, 리더십에는 완전히 통달할 수 있다는 완벽한 그림도 없다. 내가 성장함에 따라 리더십에 관한 나의 그림 역시 계속해서 확장된다. 당신이 아직 성장 중인 리더라면 당신의 그림 역시 마찬가지일 것이다.

나는 이 과정을 중첩적 배움의 과정이라고 생각한다. 새로운 것을 배울 때마다 동일한 주제에 대해 기존에 배운 내용들과 연결 지으면 배움은 더 깊어지고 더 큰 그림을 볼 수 있게 된다. 이런 과정에는 시간이 필요하다. 한 번에 모든 것을 배울 수는 없다. 배운 것들을 결합할 때는 의도가 있어야 하며, 그렇게 하면서 우리는 지식을 확장하게 된다.

내가 처음 공식적으로 리더의 역할을 맡은 건 인디애나 남부 농장 지대의 한 교회에서였다. 나는 한 지역 은행가와 친분을 쌓아 나가고 있었는데, 어느 날 그가 내게 농부들에게 대출을 승인해 줄지 말지를 어떻게 결정하는지 설명해 주었다. 먼저 그는 농부들에게 울타리를 치고 있는지 걷어 내고 있는지 묻는다고 했다. 울타리를 치고 있다면 그 사람은 농장을 확장하고 있는 사람이었다. 이런 사람은 자신이 가진 것을 지키고, 자기 재산을 아주 조금만 증식시키고자 할 것이었다. 반면 울타리를 걷어 내고 있다면 이 역시 농장을 확장하고 있는 것이지만 곡물을 재배하거나 가축들을 기를 땅을 더 많이 원하고 있다는 뜻이었다. 이런 사람들은 더 멀리 뻗어 나가고, 더 많이 분투할 것이다. 은행가 친구는 이렇게 말했다. "난 울타리를 걷어 내고 있는 사람들에게 돈을 빌려준다네. 그 사람들은 더 크고 더 좋은 것을 얻기 위해 도움이 필요하니까." 리더시프트는 울타리를 걷어 내는 일과 같다. 더 큰 그림을 보고 더 나은 것을 기대하는 일에 관한 것이다.

5. 오늘을 살아라. 하지만 내일을 생각하라

리더는 행동하려는 성향을 타고난 사람이다. 이들은 내일을 위해 오늘 대비해야만 하는 사람이다. 하지만 리더십의 유지 기간은 이들이 생각하는 방식, 미래를 바라보는 방식으로 결정된다. 팀원들보다 앞에 있으려면 먼저 팀원들보다 앞서 생각하는 것이 전제되어야 한다. 정치 칼럼니스트 조지 윌George Will은 이렇게 말했다. "미래는 경고 없이 온다." 우리는 어제로 돌아갈 수는 없지만, 내일 승리할지 패배할지는 우리가 하기 나름이다.

리더로서 이를 어떻게 할 수 있을까? 내일 리더로 일하는 데 필요한 것을 오늘 어떻게 확실하게 할 수 있을까? 내가 1980년대에 발견한 게 하나 있는데, '사전 유혹'advance attraction이라고 부르는 것이다. 나는 멋진 포부를 가지고 좋은 팀과 함께해야만 미래가 긍정적이리라고 판단했다. 그 당시 내가 가진 포부는 나를 들뜨게 했지만, 내 팀은 그렇게 느끼지 않았다. 이 포부를 실현하는 데는 팀이 필요했다. 내가 팀원들을 어떻게 꾀었을까?

내게 뭐가 필요한지 또는 내가 뭘 원하는지 알아야 그것을 더 잘 볼 수 있음은 물론, 끌어당길 수도 있다. 푸른색에 대해 생각하면, 보고 있는 모든 게 푸르게 보인다. 푸른색을 인식하기 시작하면, 훨씬 더 푸르게 보인다. 그것을 확대해 인식하는 것이다. 인식은 나의 미래에 내가 필요한 사람과 자원을 가져다줄 수 있다. 그것을 단순히 받아들이는 대신, 내 삶을 내가 이끌 수 있게 해 준다.

인식조차 못 한다는 건 정확히 이와 반대의 효과를 낸다. 인식하지 못하면 아무것도 보지 못하고, 아무것도 끌어당길 수 없으며, 미래를 향상시킬 어느 것도 받지 못하게 된다. 인식하지 못하는 리더는 자신이 어째서 더 나은 미래를 만드는 데 필요한 자원들에 접근하지 못하는지 의문을 품는다. 이런 리더는 리더시프트를 할 수 없다. 이들의 미래는 어느 면에서도 오늘보다 더 나아질 수 없다.

1980년대에 내가 했던 일을 돌이켜 보자. 미래를 위해 더 나은 팀을 꾸리는 첫 번째 단계는 내가 원하는 것, 내게 필요한 것을 아는 일이었다. 나는 내가 원하는 팀원의 자질을 죽 써 내려갔다. 이로써 나는 한층 더 잘 인식할 수 있었고, 사전 유혹이 촉발되었다. 그것은 다음과 같이 이루어진다.

- 내가 어떤 사람이고 무엇을 원하는지 알면, 어떤 사람들을 끌어들여야 할지, 무엇을 발견해야 할지를 알게 된다.
- 머리는 내가 원하는 것을 얻을 수 있게 해 줄 것들을 생각하게 된다.
- 눈은 내가 원하는 것을 얻을 수 있게 해 줄 것들을 보게 된다.
- 마음은 내가 원하는 것을 얻을 수 있게 해 줄 것들을 감지하게 된다.
- 태도는 내가 원하는 것을 얻을 수 있게 해 줄 것들을 믿게 된다.
- 입은 내가 원하는 것을 얻을 수 있게 해 줄 것들을 말하게 된다.
- 행동은 내가 원하는 것을 얻을 수 있게 해 줄 것들을 끌어당기

게 된다.

내 포부를 실현하는 데 필요한 팀원들이 어떤 사람들인지 알아내고 그들을 끌어들임으로써 나는 긍정적인 결과를 경험했다. 지금 나는 이 리더시프트의 이점을 엄청나게 거둬들이고 있다.

6. 불확실성의 한가운데서 용감하게 나아가라

인생은 용기의 양에 따라 확장되거나 축소된다. 리더가 불확실성이나 두려움 때문에 리더시프트를 시도하지 않는다면 좌절을 겪게 되고 두려움만 커진다. 리더가 행동하지 않을수록 기회는 날아간다. 기회란 늘 불확실성 주위에 있기 때문이다. 좋은 일들에는 모두 불확실성이 내포되어 있으며, 불확실성을 극복하는 데는 용기가 필요하다.

용기에 관해서라면 나는 브래드 로메닉Brad Lomenick의 《촉매로서의 리더》Catalyst Leader에 언급된 말을 좋아한다. 그는 노스포인트 교회North Point Church를 설립한 멋진 리더이자 내 친구인 앤디 스탠리Andy Stanley의 말을 인용했다. 앤디는 촉매로서의 리더에 대해 말하는데, 여기에는 리더시프트를 하는 리더의 모습이 묘사되어 있다.

역사상으로 그리고 지금 이 순간에도 많고 많은 위대한 일들이 용감한 행동 하나에서 시작되곤 했다. 어떤 사람이 한 걸음 나서고, 용기 있는 결심을 하나 한다. 이 도미노 하나는 수많은 다른 도미노들을 쓰러뜨리기 시작한다. 우리는 한 발 내밀어야, 첫 발걸음을 떼어야 한다. 우리는 용감한 결정 하나가 얼마나 큰 잔향을 만들어 내는지 결코 알지 못할 것이다. 촉매로서의 리더, 즉 용기 있는 어떤 행동을 하겠다는 한 사람의 결심은 당사자조차 상상하지 못했던 어마어마한 결과를 불러일으킬 수 있다. 한 걸음 나아가라….

리더십에서 두려움은 대개 불확실한 미래와 연결된다. 하지만 미래에서 불확실성이란 결코 사라지지 않는다. 나는 늘 리더들에게 말한다. 불확실성은 리더의 존재 이유라고 말이다. 불확실성이 당신의 일을 보장해 주는 것이다. 불확실성이 자리한 곳이라면 어디서나 리더가 필요하다. 이 말인즉 리더는 미지의 세계로 한 발 나아가야 하고, 거기에는 늘 용기가 요구된다는 것이다.[10]

도서관 관리청Library Administration and Management Association의 전 청장인 베티 벤더Betty Bender는 이렇게 말했다. "내가 했던, 결과적으로 가치 있었던 일들은 처음에는 나를 죽을 만큼 두렵게 했다." 불확실성에 직면했을 때 리더는 용감하게 앞으로 나아가야 한다.

7. 오늘의 최선이 내일의 도전을 달성하게 해 주지 않는다

리더시프트를 잘하고 싶다면 계속 발전해 나가야 한다. 미래의 도전적인 상황들은 오늘 가진 능력으로 넘어설 수 없기 때문이다. 계속 발전해 나가기 위한 내 전략을 소개하겠다. 매일 하루를 끝낼 때의 내 목표는 만족감을 느끼는 것인데, 그건 최선을 다했다는 뜻이기 때문이다. 반대로, 매일 하루를 시작할 때의 목표는 어제 내가 충분히 노력하지 않았다고 느끼는 것이다. 이런 만족감과 불만족감 사이의 상호작용이 긴장을 만들어 나를 더 발전하고 싶게 해 준다.

새로운 날이 시작될 때 나는 최선을 다하려고 애쓴다. 그것이 더 나은 내일을 만들어 준다. 내일을 좋은 날로 만드는 최선의 방법은 오늘 올바른 선택을 하는 것이다. 내일 원하는 변화를 이루는 최선의 방법은 오늘 필요한 변화를 만드는 것이다. 내일의 도전을 달성하는 최선의 방법은 오늘의 도전에 최선을 다하는 것이다. 오늘을 건너뛰고서 내일 더 나아지리라고 기대할 수는 없다. 나는 매일같이 이렇게 자문한다. "오늘 이것이 최선인가?" 내 영웅이자 멘토인 존 우든John Wooden의 조언 역시 이와 같다. 바로 오늘을 나의 작품으로 만들라는 말이다.

동시에 나는 내 최선에 의지하지 않는다. 좋은 것에 안주하면 위대해질 수 없다는 말이 있다. 그리고 최선에만 의지하면 더 나아질 수 없다. 나는 불만족을 배양한다. 그것이 더 나은 내일의 원동력이 되기 때문이다. 나는 의도적으로 매일 그런 긴장을 만들어 낸다. "오늘 이것이 최선인가?"라는 질문은 내가 오늘 하루를 최대한 활용할 수 있게 해 준다. "나는 더 나아지고 있는가?"라는 질문은 내가 변화하도록 박차를 가한다. 나는 내일의 도전들을 통해 성장하고자 한다. 그저 그것들을 경험하기만을 바라지 않는다. 계속 발전하고 있다면 내일 더 나은 리더시프트를 할 수 있다. 어제의 최선은 내일의 발전을 다지는 초석이 된다.

계속 발전하고 더 나은 리더시프트를 하고 싶다면 스스로 다음 사항들을 점검해 보라.

- 새로운 것을 배우라 — 무언가를 처음 배워 본 것이 마지막으로 언제인가?

- 다른 것을 시도하라―무언가를 처음 해 본 것이 마지막으로 언제인가?
- 더 나은 것을 찾으라―더 나은 무언가를 마지막으로 발견한 것이 언제인가?
- 더 큰 것을 보라―더 큰 무언가를 마지막으로 본 것이 언제인가?

머릿속에 새겨 두라. 누구나 발전할 수 있고, 모든 일은 개선될 수 있다. 날마다 발전할 가능성이 있다.

이제 리더시프트의 전반적인 틀을 이해했을 것이다.

1. 배우고, 잊고, 다시 배우라.
2. 어제를 소중히 여겨라. 하지만 오늘을 살아라.
3. 속도는 중요하다. 하지만 타이밍이 관건이다.
4. 그림이 점점 커져 갈수록 더 큰 그림을 보라.
5. 오늘을 살아라. 하지만 내일을 생각하라.
6. 불확실성의 한가운데서 용감하게 나아가라.
7. 오늘의 최선이 내일의 도전을 달성하게 해 주지 않는다.

이제부터 내가 지난 세월 동안 해 온 리더시프트의 가장 중요한 부분들을 설명할 것이다. 이런 전환shift 들이 나의 리더십을 강화하고 유지하게 해 주었음은 의심의 여지가 없다. 이들 하나하나는 내가 가는 길을 바꾸었고, 나를 새롭고 더 나은 방향에 서게 했다. 또한 새로운 리더십 영역으로 들어서게 하고, 나의 내면을 성장시켰다. 내 리더십 여정에 빛을 비춰 주었다. 이것들이 당신에게도 도움이 되리라 믿는다. 작은 전환들 하나하나가 거대한 차이를 만들어 낼 수 있다.

하지만 이 책에 쓴 것은 리더시프트의 예시들일 뿐이지 청사진이 아니다. 사람마다 각자의 여정에 맞는 특유의 리더시프트가 있다. 그중 일부는 내가 제시한 리더시프트와 유사할 수도 있지만 많은 부분은 그렇지 않을 것이다. 하지만 잊지 마라. 당신이 리더로서 이루는 모든 발전에는 당신이 생각하고 행동하고 이끄는 방법을 변화시키는 리더시프트가 필요하다는 사실을 말이다. 리더시프트가 당신을 더 나은 리더로 만들어 줄 것이다.

이 책을 읽어 나가면서 당신은 계속 행동하고 숙고해야 할 것이다. 나는 질문을 하고 도전을 제시함으로써 당신에게서 최선의 리더의 모습을 끌어낼 것이다. 여기에 실린 리더시프트가 당신을 나쁜 리더에서 좋은 리더로 거듭나게 해 주지는 않는다. 다만, 당신을 좋은 리더에서 더 나은 리더가 되게 할 것이다. 매일 조금씩 방향을 전환하는 데 노력을 기울인다면 당신에게 잠재되어 있는 리더십을 발휘할 수 있을 것이다.

제1장

독주자에서
지휘자로 전환하라

LEADER
SHIFT

좋은 리더는 사람들을
승리할 위치에
데려다 놓는 일을 한다.

1은 위대해지기에는 너무 작은 숫자다.

_유의의성의 법칙

리더가 되고 싶은 사람이 해야 할 첫 번째이자 가장 중요한 시프트는 독주자에서 지휘자가 되어야 한다는 것이다. 자기 분야에서 성공한다고 해서 성공적인 리더가 될 수는 없다. 1974년 나는 지그 지글러에게서 처음 이러한 교훈을 듣고 나서 초점 시프트Focus Shift를 행했다. 나중에 내 친구가 된 지그 지글러는 수백만 명의 삶에 긍정적인 영향을 주었는데, 나 역시 그중 한 명이었다.

처음 그의 강연을 들으러 갔을 때 나는 완전히 넋을 빼앗겼다. 그는 무척이나 역동적이었다. 나 역시 연설하는 법을 훈련받은 사람이고 대략 5년간 강연을 해 왔지만, 지그 지글러는 달랐다. 그는 무대 앞뒤를 누비고 다녔다. 말투도 남달랐는데, 남부 사람 특유의 질질 끄는 말투였다. 그는 효과를 내기 위해 단어의 완급을 조절했다. 무척이나 매력적인 사람이었다. 어느 시점에서 그는 주장을 강조하고 청중과 공감하기 위해 무릎을 꿇기도 했다.

그날 그가 했던 행동 전부가 멋있었다. 하지만 내게 그토록 엄청난 인상을 준 것은 그가 말한 내용이었다. 그 말은 리더로서 내가 독주자에서 지휘자로 태도를 바꾸는 촉매가 되었다. 그는 이렇게 말했다. "사람들이 원하는 것을 이루도록 돕는다면 당신 역시 삶에서 원하는 것을 모두 얻을 수 있습니다."

이 말은 나를 번개처럼 후려쳤다. 내 리더십은 초점이 잘못 맞추어져 있었다. 나는 오케스트라가 나와 내 노선을 따라 주기를 바라는 독주자였다. 그 대신 나는 주위의 모든 사람이 최선을 다하게 하는 지휘자가 되어야 했다. 나 자신이 아니라 사람들을 돕는 쪽으로 노선을 변경해야 했다.

그 뒤로 2~3년간 나는 '나'에서 '우리'로 관점을 전환했다. 다른 사람들에게 먼저 초점을 맞추고 가치를 더하려 노력하자, 내가 이끄는 사람들의 에너지가 증가했고, 그들을 이끄는 동안 나의 에너지도 증가했다. 사람들이 리더를 돕는 순간이 멋지다는 것, 그렇지만 리더가 사람들을 도울 때는 훨씬 더 멋지다는 것을 발견한 건 이때였다.

최근 어느 기사에서 독주자 네 명이 지휘자가 되는 훈련을 받고 있다는 내용을 읽었다. 첼리스트로 국제적인 명성을 쌓은 한국의 장한나는 최근 지휘자가 되었다. 왜 지휘를 시작했느냐는 물음에 그녀는 이렇게 대답했다.

전 위대한 교향곡이나 오페라 작품들을 무척 좋아합니다. 그리고 음악을 만들어 내는 일과, 지휘자와 오케스트라 사이에 존재하는

협력 관계에도 무척이나 흥미를 가지고 있습니다. … 오케스트라
와의 협연은 어마어마한 보상을 줍니다. 모든 오케스트라는 저마
다 다릅니다. 그래서 지휘자는 늘 특정 오케스트라를 지휘하는 가
장 효율적인 방법을 찾아내려고 애쓰지요. 공통의 비전과 해석을
기반으로 모인 무리를 통합하기 위해서요.[1]

장한나는 지휘가 독주와는 완전히 다르다고 말한다. "연주자로서 악
기를 연주할 때는 제가 생각하는 것이 즉각적이고 자연스럽게 소리로
변환됩니다. 지휘를 할 때는 개개인으로 이루어진 하나의 집단과 함께
소리를 만들어 가지요. 오케스트라가 만들어 낼 수 있는 소리에는 실상
한계가 없습니다. 저를 정말로 매료시키는 건 바로 이겁니다."

미국 출신 바이올리니스트 에릭 제이콥슨 Eric Jacobsen 역시 지휘를 시
작했는데, 지휘자의 역할과 영향에 대해 이렇게 말했다. "이상적으로 지
휘자는 오케스트라를 개개인의 합보다 더 위대해지게 하는 상호 이해의
촉매입니다." 뉴질랜드 출신 바이올리니스트로 최근 지휘를 시작한 젬
마 뉴Gemma New 역시 이렇게 말했다. "전 협주곡이 모든 사람을 하나로
만들고 영감을 고무시키는 방식에 완전히 매료되었습니다. 함께 음악을
체험하는 일은 우리들 사이의 인간적인 연대를 강하게 만들어 줍니다.
우리가 누구인지, 어디 출신인지는 전혀 중요치 않아요."[2]

리더는 혼자 정상에 오르지 않는다

집단이 발휘할 수 있는 힘은 늘 개인들의 합보다 훨씬 크다. 협력은 무한한 가능성을 가진다. 협력함으로써 우리는 각자의 잠재력보다 훨씬 더 대단한 일을 이루어 낼 수 있다. 또한 이러한 연대는 작업 과정을 한층 더 즐겁게 해 준다. 하지만 이것이 함께 일하는 것 그 자체에 어려움이 없다는 말은 아니다. 독주자에서 지휘자로 이행할 때 당신이 부딪히게 될 현실이 존재한다.

1. 천천히 가라. 그러면 더 멀리 갈 것이다

리더십과 관련해 "정상에 선 자는 외롭기 마련이다."라는 말을 들어 본 적 있을 것이다. 하지만 이 말을 곰곰이 생각해 보자. 정상에 오직 당신 혼자 있다면, 당신이 이끄는 사람들은 대체 어디에 있는가? 당신과 함께 정상의 자리에 있어야 하는 것이 아닌가? 혼자 정상에 있다는 말은 당신이 자기 사람들을 제치고 앞서 나가 뒤에 그들을 남겨 놓았다는 말이 된다. 성공의 꼭대기까지 혼자 올라갔다면 리더가 아니라 등산객이다. 자기 사람들과 함께 가야만 리더라고 할 수 있다. 당신이 속도를 조금 더 낮추면 함께 그 길을 갈 수 있을 것이다.

좋은 리더란 혼자 정상에 올라가서 아래를 향해 "이봐, 어서 올라오라고. 어떻게 올라오는지 안다면 말이야."라고 소리치는 사람이 아니다. 리더는 의도적으로 속도를 늦추는 결정을 한다. 자신의 걸음을 신중히 고려해 다른 사람들이 자신과 함께 올라갈 수 있게 만든다.

첼리스트 장한나가 독주자에서 지휘자로 자리를 바꿨을 때 어떻게 했는지 생각해 보자. 독주자일 때 그녀는 자신이 원하는 때에 악기를 집어 들고, 원하는 음악을 연주하고, 아무리 오래 걸려도 결국 자신이 원하는 대로 할 수 있었을 것이다. 다른 연주자들은 신경 쓰지 않고, 연주곡에서 원하는 부분 또는 자신의 어떤 기교에 집중할 수 있었을 것이다. 하지만 지휘자일 때 그녀는 그렇게 할 수 없다. 그녀는 조율해야만 한다. 다른 사람들의 속도에 맞추어야 한다. 거대한 집단에 속한 사람들의 개성과 능력을 고려해야만 한다. 자신이 그리는 그림을 전달해야 한다. 그리고 마지막으로 오케스트라의 성공이나 실패에 대한 책임을 져야 한다.

좋은 리더들은 다른 사람들보다 더 멀리, 더 먼저 본다. 그건 그들의 DNA에 더 빨리 움직이고 결정하는 성향이 있기 때문이다. 이런 성향으로 인해 혼자 빨리 달려 나가거나, 할 수 있는 한 높이 올라가려고 하는 일이 종종 생긴다. 하지만 사람들을 성공적으로 이끌기 위해서는 그들과 함께 걸어야 한다. 혼자 앞서서 올라가거나 뛰는 것이 아니라.

따라서 리더는 '리더십 댄스'(내가 붙인 이름이다)를 추어야 한다. 집단에서 리더의 자리는 고정적일 수 없다. 기억하라, 경영관리와 달리 리더십은 역동적인 것이다. 그렇기 때문에 변화를 수반한다. 리더십 댄스를 추려면 다음과 같이 해야 한다.

- 사람들보다 한발 앞서 나가라. 단, 사람들이 당신을 볼 수 있는 거리에 있어야 한다.
- 사람들 옆으로 한발 비켜서라. 그리고 그들의 말을 경청하고, 그 여정에 대해 이야기를 나누어라.
- 사람들 뒤로 한발 물러나라. 그리고 그들이 계속 나아갈 수 있

도록 독려의 말을 하라.

이 리더십 댄스는 지속적으로 리더와 팀원들을 이어 주고, 모두의 열정을 북돋운다. 그래서 이것이 중요하다. 건강한 조직은 리더 한 사람으로 이루어지는 게 아니라 거기에 속한 모든 조직원이 만드는 것이기 때문이다. 좋은 리더는 사람들이 잠재력을 끌어낼 수 있도록 돕는다. 리더가 속도를 늦추지 않고 사람들과 함께 걷지 않는다면 사람들을 도울 수 없다.

2. 다른 사람들의 도움이 필요하다는 것을 깨달아라

독주자에서 지휘자로 전환할 때 알아 두어야 할 또 다른 현실은 당신에게는 다른 사람들이 필요하다는 점이다. 혼자서 오케스트라 음악을 연주할 수는 없다. 지그 지글러의 강연을 듣고 리더시프트의 필요성을 깨닫기 전에 나는 오직 사람들에게 내가 얼마나 필요한지만 생각했다. 나는 '내가' 그들의 성공 열쇠라고 믿었다. 하지만 사람들을 돕는 데 초점을 맞추기 시작하자 '내게' 그들이 얼마나 필요한지 이해하기 시작했다. 함께 일하고 서로 도와야만 우리가 성공할 수 있는 것이었다.

이를 깨닫고 나자 나는 사람들이 서로의 강점은 더해 주고 서로의 약점은 상쇄하면서 함께 일해 나갈 환경을 만들기 시작했다. 그리고 사람들에게 나와 함께 걷고, 내 리더십에서 부족한 것을 채워 달라고 청했다. 내 강점은 사람들의 약점을 메우는 데 사용했다. 서로 경쟁하기에 앞서 서로를 보완하는 환경을 조성하는 것을 목표로 삼았다. 이 두 가지 태도는 차이가 있다.

경쟁	보완
결핍의 사고방식을 지닌다	풍요의 사고방식을 지닌다
승자 아니면 패자라는 식으로 생각한다	함께 승리한다고 생각한다
혼자만의 생각을 실행한다	모두가 공유하는 생각을 실행한다
다른 사람들을 배제한다	다른 사람과 함께한다

보완의 문화는 모두가 승리하게 만든다. 의욕을 북돋운다. 서로를 더 나아지게 하도록 팀원들을 고무한다. 사람들은 이런 환경에서 일하는 것을 즐긴다.

보완에 가치를 둔 문화와 환경을 조성하면서 나는 내게 사람들이 얼마나 필요한지 더 잘 이해하게 되었다. 또한 함께 일하는 것을 즐기기 시작했다.

3. 사람들을 이해하려고 노력하라

기업가들을 비롯해 성공한 사람들 대부분이 혼자 일할 수 있다. 지하철에서 연주하는 재능 있는 독주자처럼 그들은 다른 연주자들의 도움 없이 음악을 연주할 수 있다. 사람들은 무척이나 재능 있는 독주자들과 함께 연주하고 싶어 한다. 그 독주자가 무자비한 독불장군이라 할지라도 말이다. 하지만 다른 사람들을 이해하고자 노력하지 않고서는 훌륭한 지휘자가 될 수 없다.

따르는 사람들을 이해하려고 노력하거나 거기에 시간을 들이지 않고 그들을 이끌려고 할 때, 그 결과는 비극 아니면 코미디가 될 수 있다. 수년 전, 내 손자들에게 재미난 사건이 일어났다. 그때 아이들은 어렸고, 우리는 종종 아이다호주의 코들레인으로 휴가를 갔다. 어디로 휴가를 가든 나는 늘 아이들과 재미있게 시간을 보낼 기회를 찾았다. 어느 해인가 나는 손자들과 행진하며 연주하는 악대를 결성해 보기로 했다. 카주, 마라카스와 탬버린을 건네자 아이들은 흥분했다. 우리는 함께 곡 하나를 연주하며 멋진 시간을 보냈다.

행진 준비를 하면서 나는 리더가 호루라기와 지휘봉을 들고서 악단을 지휘할 것이라고 설명했다. 물론 내가 첫 번째 리더가 되어 악단을 어떻게 지휘할지 보여 주었다. 호루라기를 불면 행진을 시작하라는 신호였다. 그러고 나서 지휘봉을 앞으로 내밀면 연주를 시작하고 걸어 나가라는 신호였다. 호루라기를 한 번 더 불면 멈추라는 신호였다. 몇 분 뒤 아이들은 내 지휘 아래 연주를 하면서 수영장 근처까지 행진했다.

한 번 그렇게 하고 나서 나는 아이들에게 리더의 자리를 넘겨주었다. 아이들은 스스로 즐겼고, 마지막으로 네 살짜리 존 포터가 리더가 되어 호루라기를 불 때까지는 모두들 잘 해냈다. 존은 자신이 통제하고 있다는 생각을 무척 좋아하며 행진 시작 신호로 호루라기를 불었다. 하지만 몇 발 떼지 않아서 존은 호루라기를 다시 불어 아이들을 멈춰 세웠다. 그러고 나서 또 행진을 시작했다. 그리고 또다시 멈춰 세웠다. 존은 호루라기를 불고 또 불었다. 아이들은 당황스러워하며 더 이상 걷지 않았다!

아이들 모두가 항의하기 시작했지만, 존은 신경도 쓰지 않았다. 그 아이는 힘을 가진 기분을 즐기고 있었다. 어쩌면 사촌들 모두가 자기 말대로 행동하는 건 처음이었을 것이다.

어른들은 참지 못하고 웃어 댔다. 하지만 조직에서 많은 리더가 어린 존처럼 행동한다. 그런 리더들은 주변 사람들을 쥐고 흔드는 힘을 좋아하고, 사람들이 그것을 어떻게 생각하고 느끼는지는 거의 생각하지 않는다.

　고백하건대 나 역시 초기에는 저런 유형의 리더였다. 독주자 같은 리더로, 오케스트라가 내게 맞춰 반주를 해 준다고 생각했다. 그저 사람들이 나의 비전, 계획, 내가 가는 길, 나의 재능, 나의 심정을 이해하고 받아들이기를 바랐다. 나는 수영장 주위로 팀을 데리고 가면서 그저 호루라기를 부는 것을 즐거워하는 어린 존 같았다. 독주자에서 지휘자로 리더시프트를 하기 위해 나는 모든 사람을 고려해야 했다. 사람들의 생각, 욕구, 재능, 기여도, 각자의 여정을 이해하고 받아들여야 했다.

　몇 년 전 아르헨티나의 부에노스아이레스에서 강연을 한 적이 있다. 어느 저녁 초청자가 나를 커다란 연회장으로 데려갔는데, 어마어마한 수의 사람들이 탱고를 추고 있었다. 200여 명은 족히 되는 사람들이 아름다운 예복을 차려입고 있었다. 모두 멋졌다. 그들의 움직임과 리듬감은 대단했다. 나는 춤추는 사람들을 보면서 무척이나 즐거웠다.

　그로부터 몇 년 전에 나는 아내 마거릿과 사교 댄스 수업을 들은 적이 있어서 춤추는 것이 얼마나 어려운지 조금은 알고 있었다. 탱고는 정확하게 추려면 무척이나 복잡하고 어려워 보였다. 나는 초청자가 춤을 아주 잘 추는 사람임을 알고 있었기에 이렇게 물었다. "저이들은 어떻게 저렇게 완벽하고 수월하게 출 수 있는 거죠?"

　그는 '파트너'의 시각을 이해하는 것이 핵심이라고 말했다. "적절하게 리드하려면 리드를 당하는 것이 어떤 느낌인지를 궁금해해야 합니다. 탱고를 출 때 리드를 당하는 쪽의 감각을 모르고서는 리드할 수 없습니다." 나는 이 말을 이해했다. 리드를 따르는 사람은 리드하는 사람을 믿어야만 한다. 그래야 음악에 딱 맞춰 상대와 함께 움직일 수 있다. 함께

해야만 춤을 완성할 수 있다. 협조와 이해는 좋은 리더십에도 마찬가지로 적용된다.

4. 사람들이 당신보다 더 빛나길 바라라

나를 아르헨티나에 초청한 사람이 탱고에 관해 설명한 말은 독주자에서 지휘자로 전환하는 리더들에게도 적용할 만하다. 그는 탱고를 출 때 리드하는 사람은 리드를 당하는 상대가 잘 해내게 해야 한다고 말했다. 리드하는 쪽은 기본 토대를 제공하고, 양쪽 모두 복잡하고 꼬인 스텝과 킥을 성공적으로 완수해 낼 수 있게 해야 한다. 그래야만 결과적으로 리드 당하는 쪽이 탱고를 완전히 표현할 수 있다. 리드하는 쪽이 안정적이고 견고하게 움직일수록 따라가는 쪽도 빛을 발할 수 있다.

독주자라기보다는 지휘자인 좋은 리더는 자신과 함께하는 사람들이 빛나길 바란다. 그러려면 어떻게 해야 할까? 다음과 같이 생각하면 된다.

- "나를 따르라."라고 말하기 전에 내가 상대를 찾는다.
- "내 말을 들어라."라고 하기 전에 내가 먼저 상대의 말을 듣는다.
- 큰 그림을 그릴 때, 상대를 그 그림 안에 포함시킨다.
- 내가 성공을 말할 때, 그것은 상대를 가리키는 것이다.
- 상대에게 "난 당신이 필요해요."라고 말한다.
- 상대가 '이 사람에겐 내가 필요해!'라고 깨닫게 한다.
- 여정이 끝난 뒤에, 리더와 따르는 쪽 모두 지쳐 있을 것이다.
- 승리를 쟁취한 뒤에, 상대가 트로피를 움켜쥘 것이다!

좋은 리더는 사람들을 승리할 위치에 데려다 놓는다. 존 맥스웰 팀의 공동 창립자로서 나는 우리 기관에서 훈련받는 코치들에게 이렇게 하려고 애쓴다. 1년에 두 번 우리는 신입 코치들을 트레이닝 콘퍼런스에 초대한다. 3일간 교직원들과 나는 참석자들에게 교육, 훈련, 강연을 통해 그들 자신 및 다른 사람들의 삶에 차이를 만들어 내는 방법을 가르친다.

모든 콘퍼런스에서 내가 하는 교육 중에 JMT-DNA(존 맥스웰 팀 DNA)라는 수업이 있다. 이 수업은 코치들에게 존 맥스웰 팀의 문화를 이해시키고, 리더로서 다른 사람들에게 가치를 더해 주어야 한다는 나의 가치와 행동을 받아들이게끔 촉구한다. 최근 몇 년 동안 나는 베테랑 코치들을 골라 무대 위로 올라오도록 했다. 우리는 어떻게 우리 팀의 가치를 구체화할 수 있을지 이야기를 나눈다. 이는 코치들에게 빛을 발할 기회를 부여하고, 신입 코치들이 코치로서 일하고 강연하는 시작점에서 진정성 있고 자기답게 일하는 방법을 알려 준다.

언젠가 이 수업이 끝나고 나서 두세 명의 코치가 내게 특별한 선물을 주었다. 몽블랑 레이저 포인터였다. 옆면에는 글귀가 새겨져 있었다. "선생님이 우리 삶에 빛을 비춰 주셨어요." 다른 사람들의 삶에 빛을 비춰 주고자 애쓰는 내게는 너무나 멋진 표현이 아닐 수 없었다. 날마다 나는 사람들을 고양시킬 기회를 찾는다. 그렇게 하고자 나는 다음의 간단한 공식을 따른다.

- 모든 사람에게 내재되어 있는 가능성을 보고,
- 사람들을 성장으로 이끈 베테랑 코치들에게 존경심을 품고,
- 그 비전을 획득할 수 있도록 신입 코치들을 초대하고,

- 신입 코치들이 무엇을 잘할 수 있는지 알려 주고 칭찬하며,
- 그들에게 감사를 표해 자신이 가치 있는 사람임을 확신하게 한다.

나는 날마다 이렇게 하려고 애쓴다. 알다시피 이러한 행동들은 대단히 뛰어난 것이거나 고도의 기술이 전혀 아니다. 하지만 이런 행동들에는 모두 의도가 요구된다. 좋은 지휘자가 되고 싶다면 한번 시도해 보라. 다른 사람들이 빛을 발할 수 있도록 도와라.

5. 다른 사람들이 매일 더 나아지게 도와라

성공적인 리더십을 지닌 지휘자가 되려면 속도를 낮춰야만 한다. 그래야 더 멀리 가고, 당신에게 다른 사람들이 필요하다는 것을 인식하고, 그들을 이해하려고 노력하며, 자신보다 그들이 더 빛을 발하게 되길 바랄 수가 있다. 또한 이끄는 사람들이 발전할 수 있도록 매일 어떻게 도와야 할지를 배워야 한다. 그러려면 당신 자신에게서는 눈을 떼고 사람들이 잠재력을 발휘할 수 있도록 도울 방법을 찾아야 한다. 때로 이는 도전이 될 수 있다.

수년 전 나는 우크라이나의 키예프에서 많은 사람을 앞에 두고 강연 준비를 하고 있었다. 통역사와 나는 배정된 대기실에 있었다. 우리는 함께 일한 적이 한 번도 없었지만, 수다를 떨다 보니 그가 나를 잘 알고 있다는 게 분명해졌다. 그는 내가 쓴 책들을 이미 읽었던 것이다.

무대에 올라가기 10분 전에 나는 그가 뭔가 중요한 이야기를 하고 싶어 한다는 것을 눈치챘다. "선생님은 다른 사람들에게 가치를 더해 주는 리더에 관해 가르치고 있지요. 하지만 그 메시지가 여기서는 통하지 않

을 겁니다. 100년 가까이 이곳 사람들은 자신들의 가치를 착취해 가는 리더 아래에 있었거든요. 자신에게 가치를 더해 주는 리더가 아니라요."

그가 무대에 올라갈 준비를 하러 자리를 뜬 뒤, 나는 의자에 앉아 생각하다가 내 앞에 엄청난 도전이 놓여 있음을 깨달았다. 자신을 이끌어 주고, 자신에게 가치를 더해 주는 리더를 한 번도 본 적이 없는 사람들에게 다른 사람들을 돕는 사람이 되라고 말할 수 있을까? 어떻게 그들과 소통할 수 있을까?

그날 저녁 나는 단상에 올라가 이렇게 물었다. "여러분 중 리더라는 존재에 의구심을 품고 계신 분이 얼마나 될까요?" 모두가 손을 든 것처럼 보였다.

"리더에게 상처 받은 분은 몇 명이나 될까요?" 다시 한번 모두가 손을 든 것 같았다. 그러고 나서 나는 청중들에게 말했다. "모든 일이 리더로 인해 성공하기도 하고 몰락하기도 합니다. 100년 가까이 여러분은 리더가 모든 일을 망친다고 생각해 왔겠지요. 오늘 저녁 저는 여러분에게 다른 사람을 돕는 법, 다른 사람들에게 가치를 더해 주는 법, 여러분의 리더십 아래에서 다른 사람들이 성장할 수 있게 돕는 법을 가르쳐 드리려고 합니다."

나는 청중들에게 그들의 리더에게 해야 할 세 가지 질문을 알려 주었다.

1. 당신은 나를 신경 씁니까?
2. 내가 당신을 믿을 수 있습니까?
3. 당신은 나를 도울 수 있습니까?

나는 각 질문들을 할 때마다 이 질문이 와닿느냐고 물었고, 청중들은 매번 그렇다고 대답했다.

매일 다른 사람들에게 가치를 더하는 뭔가를 하도록 리더시프트 하는 것은 좋은 리더십을 가능하게 한다. 수년 전 존 맥스웰 팀은 원 호프One Hope의 CEO 롭 호스킨스Rob Hoskins와 협약을 맺고, 고등학생들에게 리더십을 교육하는 커리큘럼을 개발했다. 이 프로그램은 가나에서 먼저 시범 실시되었다.

한 무리의 10대들이 선정되었고, 참가자들은 수업에 참여하기 전에 설문 조사를 받았다. 질문 하나는 이러했다. "당신은 리더가 되고 싶은가?" 이 교육에 참여하기 전에 질문을 받았을 때 응답자의 95퍼센트가 "아니요."라고 대답했다. 리더에 대해 그들은 부정적으로 생각했는데, 대부분이 자신들에게 가치를 더해 주기보다는 자신의 가치를 착취하는 부패하고 영악한 리더들을 익히 보아 왔기 때문이다. 그곳 리더들은 국민들을 신경 쓰지 않았고, 따라서 아이들은 리더가 되는 데 관심이 없었다. 하지만 수업을 듣고 나서 리더십에 관한 이런 태도는 변화했다. 같은 질문을 했을 때 85퍼센트의 아이들이 "그렇다."라고 대답한 것이다. 왜 이런 결과가 나타났을까? 아이들은 리더십이 사람들을 돕고, 사람들에게 가치를 더해 주고, 자신이 속한 지역사회를 성장시키는 데 영향력을 발휘할 수 있다는 사실을 배운 것이었다. 이것이 그들이 기여하고 싶은 것이었다.

받는 것에서 주는 것으로 초점을 바꾸어라

앞서 말했듯이 젊은 시절 리더로서 나는 사람들이 어떻게 나를 도울 수 있을 것인지에 초점을 맞췄다. 내가 사람들을 돕고 그들에게 가치를 더해 주는 것이 아니라 말이다. 이기적인 생각이었다. 또한 근시안적이기도 했다. 사회생활 초기에 나는 농장 지역에서 살았는데, 그때 이 사실을 깨달았어야 했다. 씨뿌리기와 수확 원칙, 그러니까 씨를 먼저 뿌려야 수확할 수 있다는 걸 생각해야만 했다.

리더로서 우리가 매일 해야 할 질문은 "수확할 수 있을까?"가 아니라 "오늘 씨를 뿌렸나?"이다. 음악에서 농장 일로 비유를 바꿨을 뿐이라는 걸 나도 안다. 하지만 계속 들어 주길 바란다. 다른 방식으로 말하자면, 리더로서 나는 가치를 얻어내려고 애쓰고 있는가, 아니면 가치를 더하려고 애쓰고 있는가? 받는 것에 초점을 맞추고 있는가, 주는 것에 초점을 맞추고 있는가? 독주자라면, 나 자신에 관해서라면 무슨 질문이든 대답하기가 무척이나 쉽다. 어떻게 연주할까? 오케스트라가 내 소리를 더 좋게 만들어 주는가? 내 기술이 바라는 만큼 훌륭한가? 청중들이 나와 내 연주에 감동했는가? 지금 이것이 내 음악 인생에 도움이 되는가? 등등 말이다.

좋은 리더들은 자기에게서 다른 사람들에게로 초점을 전환한다. 그들은 자신들이 취하는 것 이상으로 베푼다. 수확하기보다는 씨 뿌리는 데 초점을 맞춘다. 리더는 씨 뿌리는 사람의 마음가짐을 유지해야 한다. 이것은 무슨 의미일까? 우리는 다음과 같이 해야 한다.

- 매일 가치를 더해 나가는 데 초점을 맞추라.
- 가능한 한 시시때때로, 가능한 한 많은 가치를 더하라.
- 가치를 더해 주기를 주저하지 말라.
- 계산하지 말고 베풀어라. 동기를 순수하게 유지하라.
- 어떤 보상이든 예상치 못한 축복이라 여기고 감사하라.

이 장에서 나는 '지휘하는' 리더가 조직원들에게 가치를 더해 준다는 생각에 관해 일깨우고 싶다. 이런 사고방식의 각 측면을 살펴보고, 당신이 리더로서 그것을 받아들이고 실행할 수 있게 하고 싶다. 차례대로 하나씩 살펴보자.

1. 매일 가치를 더해 나아가는 데 초점을 맞추라

매일 나는 달력을 보면서 자문한다. "오늘 나는 어디에 가치를 더할 수 있을까?" 이 질문은 오늘 하루라는 큰 틀 안에서 다른 사람들에게 가치를 더해 주게끔 나를 정신적으로 준비시켜 준다. 그러고 나서 그날 회의 일정과 해야 할 일들을 훑어보며 사람들을 도울 곳을 찾는다.

그리고 또 한 가지 질문을 한다. "오늘 내 일정에서 사람들을 도울 기회가 더 없을까?" 오전에 이 질문을 할 때는 대개 그 답을 알지 못한다. 하지만 질문을 함으로써 계속 그 기회를 찾으려 애쓰게 된다. 그러니까 사람들의 삶에 긍정적인 씨앗을 뿌릴 수 있을 때를 찾고, 그 기회를 알아차릴 감정적·정신적 준비를 하는 것이다.

수년 동안의 경험으로 나는 우리가 스스로 믿는 것을 얻고, 그것을 다른 사람들에게 가치를 더해 줄 기회로 적용하게 된다는 것을 확신하고

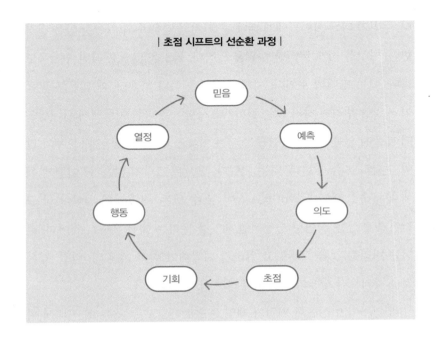

| 초점 시프트의 선순환 과정 |

있다. 기회가 많다고 생각하기에 그렇게 실행할 수 있는 것이다. 이는 세계를 더 나은 곳으로 만드는 긍정적인 순환의 일부이자 행동 연쇄이다.

믿음은 예측을 촉구한다. 예측은 의도를 만들어 낸다. 의도는 우리가 먼저 초점을 맞추게 한다. 초점을 맞추면 기회를 볼 수 있다. 기회를 볼 수 있어야 그에 대한 행동을 취할 수 있다. 행동하면 더 나아지고자 하는 열정에 불이 붙는다. 그리고 다시 믿음에 불이 옮겨붙는다. 이렇게 선순환이 이루어진다. 이러한 선순환이 계속 이루어지길 바라야 한다.

2. 가능한 한 시시때때로, 가능한 한 많은 가치를 더하라

우리가 뿌린 씨앗과 거둘 수확물들 사이에는 직접적인 연관 관계가 있다. 우리가 다른 사람들에게 더해 준 가치의 양은 수확 가능한 양을 결정한다. 씨앗을 적게 뿌리면 수확물도 적다. 씨앗을 많이 뿌리면 수확물도 많다. 이는 명백해 보인다. 여기서 질문을 하나 하겠다. 왜 많은 사람들이 씨앗을 뿌리려 하지 않는 걸까? 왜 사람들은 다른 이들에게 관대함을 더 베풀지 않을까? 왜 사람들은 다른 이들을 더 돕지 않을까? 모두가 많이 수확하고 싶어 한다. 나는 그렇다. 당신은 그렇지 않은가? 어떻게 적게 투자하고 많이 되돌려받고 싶어 할 수 있는가? 우리가 알아야 할 근간이자 핵심은, 꿈이란 긍정적인 씨앗을 뿌리는 데서 온다는 것이다. 리더는 바라는 것을 그만두고 일하기 시작해야 한다. 성공의 '비결' 같은 것을 찾기보다 성공의 씨앗을 뿌리기 시작해야 한다.

내 친구이자 성공한 기업가 제임스 크로커James Crocker는 최근 내게 이야기 하나를 들려주었다. 그는 한 자선 이벤트를 후원하기로 했고, 그의 아내도 동참했다. 후원 금액은 분담되어 있었다. 한데 이벤트의 일부이자 조직의 비전과 필요를 설명하는 연회 자리에서 부부는 설명을 듣고 후원금을 더 내기로 했다. 그날 밤 집으로 돌아온 제임스는 자신들이 어째서 그렇게 많은 후원금을 냈는지 의아해졌다.

그 질문에 대한 답을 찾으면서 그는 몇 달 전 자신에게 일어났던 일을 떠올렸다. 제임스와 친구 몇 명이 바닷가재 낚시를 하러 배를 타고 나갔는데, 그날 낚시에서 이들은 바닷가재를 125마리나 잡는 엄청난 수확을 거두었다. 집으로 돌아와 그는 냉장고를 바닷가재로 꽉 채웠다. 그해 내내 먹어도 차고 넘칠 만한 양이었다.

그 뒤에 친구 제프가 집에 들렀다. 제임스는 그에게 바닷가재 한 마리를 대접했다. 제프는 무척이나 좋아했다.

이 반응을 보고 제임스는 이렇게 생각하게 되었다. '또 누가 바닷가재 요리를 좋아하더라?' 제임스는 친구들에게 바닷가재 요리를 대접하겠다는 생각을 떠올리고 무척이나 흥분했고, 그 주말이 지나가기 전에 자기 집에 세 마리만 남기고 바닷가재 121마리를 친구들과 먹어 치워 버렸다. 그는 훌륭한 나눔의 시간을 가졌다. 한 해 동안 먹을 양이 한 끼분으로 줄어드는 것도 개의치 않았다.

며칠 뒤 제임스는 차고에 갔다가 어마어마한 악취의 습격을 받았다. 냉장고에 코를 대 보고 냉장고 문을 열자 전기가 나가서 남은 바닷가재 세 마리가 썩어 있었다.

그는 엉망이 된 냉장고를 청소하면서 한탄을 내뱉었다. 하지만 곧 바닷가재를 모두 친구들에게 나눠 준 것을 떠올리고는 엄청나게 뿌듯해졌다. 만일 다른 사람들에게 후하게 베풀지 않았더라면 모두 다 썩어 버렸을 터였다.

그는 이때 바닷가재가 준 교훈을 자선 이벤트에서 기부금을 내는 데 적용했고, 더욱더 많이 베풂으로써 기쁨을 느꼈다. 자기가 뿌린 씨앗이 어딘가로 가지 않는다는 것도 깨달았다. 버려지는 건 오직 뿌리지 않은 씨앗이다. "계속 가지고 있으면 잃을 것이고, 손에서 놓으면 계속 갖게 될 것이다."라는 모순적인 말에 담긴 함의를 그는 이제 받아들이게 되었다.

3. 가치를 더해 주기를 주저하지 말라

대부분의 사람은 선행을 베풀어야 할 때를 기다리고만 있다. 허락이라도 구하는 것처럼 말이다. 아니면 무엇인가 자신을 고무시킨 강력한 동기를 기다리는 것처럼 보인다. 하지만 다른 사람들에게 이득이 되는 씨앗을 뿌리는 걸 미뤄서는 안 된다. 기다리고 있을 시간에 다른 사람들에게 베풀거나 가치를 더해 주는 일을 하라.

다른 사람들에게 가치를 더해 줄 때, 특히 누가 시키지 않았는데 그 일을 하면, 그걸 본 사람들 또한 그 행동에 고무된다. 나 역시 다른 사람들의 긍정적인 행동에 고무되어 왔다. 예를 들어, 나는 멘토인 레스 패럿Les Parrott에게서 다른 사람들에게 가치를 더해 주고자 책을 쓴다는 말을 듣고 고무되어 같은 일을 시작했다. 유년 시절 나는 아버지가 군중들 사이에서 서서히 걸어 나가 다른 사람들의 삶에 감동을 주는 일을 하고, 사람들이 아버지에게 얼마나 긍정적인 반응을 돌려주는지 보고는 같은 일을 하고 싶어졌다. 이런 일들이 더욱 베푸는 삶을 살고, 다른 사람들의 삶에 씨앗을 뿌리게끔 나를 북돋았다.

사람들을 돕는 걸 주저하지 말아야 할 이유는 더 있다. 사람들은 자신에게 가치를 더해 준 사람을 기억하고, 처음 자신을 도와준 사람에게 특히 더 감사해한다. 나 역시도 그렇다. 수천 명의 사람이 내 삶에 셀 수 없을 만큼 많은 긍정적인 씨앗을 뿌려 주었다. 하지만 그중에서도 내 삶에 처음으로 씨앗을 뿌려 준 사람들은 특별하게 기억된다. 초등학교 4학년 때 담임 허튼 선생님은 내게 리더의 자질이 있다고 말해 준 첫 번째 사람이다. 중학교 시절 글렌 레더우드 선생님은 내 인생에 소명이 있음을 공유한 첫 번째 사람이다. 우리 어머니는 무조건적인 사랑을 베푼 첫 번째 사람이다. 돈 브라운 교수는 내게 재능이 있다고 말해 준 첫 번째 사람이고, 폴 도시 목사는 내 미래가 창창할 거라고 호언한 첫 번째 사람이다.

더 말해야 할까? 내 인생의 어떤 부분에 긍정적인 씨앗을 뿌려 준 첫 번째 사람은 수백 명쯤 된다. 그 사람들 이름을 나는 다 기억한다. 왜일까? 그들이 첫 번째 사람이기 때문이다. 우리는 자기 인생에 존재하는 수백 명의 '첫 번째 사람'을 기억하지만, 그와 같은 일을 해 준 '두 번째 사람'은 기억하기 어렵다. 첫 번째 사람은 다른 공여자들과 다르다.

다른 사람의 삶에 긍정적인 씨앗을 뿌려 도움이 되는 걸 주저하지 말라. 가능한 한 시시때때로, 가능한 한 빨리 가치를 더해 주라. 다른 사람들이 '더 잘 연주할 수 있도록' 도와라. 당신도 누군가에게 그들이 위대해지도록 격려해 준 사람으로 기억될 수 있다.

4. 계산하지 말고 베풀어라. 동기를 순수하게 유지하라

앞서 나는 씨를 뿌리지 않으면 어째서 수확할 수 없는지, 왜 먼저 베풀지 않고서는 보상을 받을 수 없는지 설명했다. 하지만 보상이 베풂의 동기가 되어서는 안 된다. 우리는 '가는 말이 고와야 오는 말이 고운' 세상에 살고 있다. 내가 다른 사람들에게 거리낌 없이 상처를 준다면, 사람들은 내 등에 기꺼이 손톱을 박아 넣을 수 있다. 다른 사람들에게 가치를 더해 주는 리더라면 결코 계산기를 두드려서는 안 된다. 그 일이 올바른 일이라는 이유에서 씨앗을 뿌려야만 한다. 동기를 순수하게 유지하고 있다고 확신하는 것만이 유일한 방법이다.

이에 대한 내 생각은 수년 동안 바뀌어 왔다. 처음에 나는 앞으로 받게 될 보상을 생각하며 움직였다. 수확할 것에 집중했다. 앞서 다른 사람을 도우라는 지그 지글러의 말이 내 관점을 어떻게 변화시켰는지 말한 바 있다. 하지만 시간이 흐르자 나는 보상에 중점을 두는 것이 사람들을 돕는 기쁨을 감소시킨다는 것을 깨달았다. 내가 어떻게 돕고 있느냐가 아니라 내가 얼마나 많이, 얼마나 오랫동안 베풀었는지 생각했다. 게다가 우리가 다른 사람들에게 가치를 더해 주는 일에 늘 보상이 따른다고도 할 수 없다.

그 시점에서 내 시선은 '보상'에서 '인정'으로 바뀌기 시작했다. 내가 보상을 생각하지조차 않는다 해도, 적어도 들였던 노력에 대해 인정을 받을 수 있었다. 무엇보다도 씨를 많이 뿌리는 사람은 흔치 않았다. 이런 사람들이 나타나면 무척이나 눈에 띈다. 그리고 나는 베푸는 사람으로 인식되는 걸 좋아했다. 사람들을 돕는 기저에 이런 인정 욕구가 깔려 있었던 것이다. 유감스럽게도 나는 누군가가 보고 있지 않을 때는 베푸는 걸 주저하기도 했다. '익명의 공여자들은 사진 찍힐 기회가 없다.' 불행하게도 내가 생각하는 방식이 이러했다.

"당신이 돕는 소외되거나 무시당하는 사람들은 바로 나이다. 당신은 내게 도움을 준 것이다."[3]라는 예수 그리스도의 말을 떠올리고 나는 태도를 고쳐 나가기 시작했다. 신앙인으로서 이 말은 유죄 선고나 다름없었다. 또한 이 말은 하느님께서 우리가 다른 사람들에게 더해 주는 가치를 보고 계신다는 확신을 주었다. 그리고 우리는 그분을 위해 그 일을 하고 있는 것이나 마찬가지다. 이는 마침내 내게 다른 사람들을 돕는 일에 대한 올바른 믿음을 가져다주었다. 도움을 베푸는 건 언제, 어디서, 누구에게든 올바른 일이라는 믿음이었다. 도움을 주는 가장 좋은 방식은 각자에게 맞는 방식으로 행하는 것이다. 베푼 날이 '좋은 날'이다. 결코 계산해서는 안 된다.

5. 어떤 보상이든 예상치 못한 축복이라 여기고 감사하라
리더십이 다른 사람들의 삶에 긍정의 씨앗을 뿌림으로써 가치를 더해 주는 것이라고 사고방식을 바꾸자, 리더십을 발휘하는 방법에 있어 더욱 창의력을 발휘하게 되었다. 리더가 된 초기에 나는 몇 안 되는 신자들 앞에서 한 주에 한 번 정도 강연을 했다. 얼마 지나지 않아 나는 나만의 자산을 만들어 가고 그것들을 공유하기 시작했다. 이윽고 글도 쓰기 시작했다. 콘퍼런스에서 강연도 시작했고, 얼마 후에는 직접 강연회를 열었다. 리더들을 교육했는데, 그 리더들 역시 자신을 따르는 사람들을 교육할 수 있게 되었다. 2009년 초에는 소셜 미디어까지 영역을 넓혔다. 기업체나 단체 들의 리더를 교육하는 회사도 운영하기 시작했다. 그리고 코치들을 육성하기 시작했다.

이런 일을 하는 동안 나는 가치를 더하는 데 초점을 맞췄다. 내 목표는 오직 씨앗을 뿌리는 것이었다. 하지만 그 결과는 믿기지 않을 만큼 어마어마했다. 내가 준 영향력과 부가한 가치들은 내 상상의 범주를 뛰어넘었다. 수확의 결과가 내가 뿌린 씨앗 그 이상, 수 곱절에 달하는 것처럼 느껴졌다. 무척이나 은혜로웠다. 계속 씨를 뿌려 나가고, 보상보다 베푸는 데 초점을 맞추면서 그 일을 해 나간다면, 당신 역시 예상치 못한 축복을 거두어들이게 될 것이다.

이상이 가치를 더하는 일에 대한 내 생각이다. 그리고 이 일이 독주자에서 지휘자로 전환하는 리더들이 해야 하는 일이다. 이런 리더들은 최선을 다해 다른 사람들을 돕는 데 중점을 둔다. 마지막으로, 당신이 독주자로서 성공할 수 있을까? 의심할 여지없이 "그렇다." 당신이 성공한 리더가 될 수 있을까? 나는 "어쩌면?"이라고 말하겠지만, 여기에는 큰 한계가 있을 것이다. 리더로서 자신의 잠재력을 끌어내려면, 그리고 더욱 중요하게 다른 사람들이 개인적·집단적 잠재력을 끌어낼 수 있게 하려면 독주자에서 지휘자로 전환해야 한다. 그 전환을 기꺼이 이루어 내고 다른 사람들을 잘 이끈다면 작가 매튜 켈리Matthew Kelly가 묘사한 것 같은 인생을 살 기회가 올 것이다.

> 음악가가 없는 세상에서,
> 이야기꾼, 교육자, 시인이 없는 세상에서,
> 비전과 리더십을 지닌 사람들이 없는 세상에서,
> 전설과 성자와 영웅이 없는 세상에서,
> 꿈꾸는 자들이 없는 세상에서,
> 사람들은 대부분 쇠하게 될 것이다.
> 하지만 당신과 나, 우리가 음악을 만드는 사람이다.
> 우리가 이야기꾼이고, 교육자이고, 시인이다.
> 우리가 비전과 리더십을 가진 사람이다.
> 우리가 전설이고, 성자며, 영웅이다.
> 그리고 우리가 꿈속의 꿈을 꾸는 사람이다.[4]

나는 여기에 한 구절을 덧붙이고 싶다. 우리는 다른 사람들이 아름다운 음악을 함께 연주할 수 있게 해 주는 지휘자라고.

제 2 장

목표 달성보다
성장 자체를 중시하라

LEADER
SHIFT

목표는
내가 더 '잘할 수 있게' 해준다.
하지만 성장은
나를 더 '나아지게' 해 준다.

모든 것을 향상하려면
자기 자신을 먼저 향상해야 한다.
_작자 미상

처음 리더로 일하기 시작했을 때 내게는 두 가지 목표가 있었다. 나를 따르는 신자들을 돕고, 언젠가 자리에서 물러날 즈음에는 500명 정도 신자가 참석하는 교회로 성장시키고 싶었다. 첫 번째 임무는 꽤 잘할 수 있었다. 아버지가 늘 사람들을 돕는 모습을 매일같이 보고 자란 데다 대인관계 능력에서 타고난 부분도 있었기 때문이다. 하지만 두 번째 임무는 열심히 하는 것 말고는 어떻게 해야 할지 감조차 잡지 못했다.

《사람은 무엇으로 성장하는가》에서 나는 1972년 석세스 모티베이션Success Motivation의 영업 사원 커트 캄프마이어Curt Kampmeier를 만난 일에 관해 썼다. 쿠르트는 내게 무려 799달러나 되는 자기 계발 키트 하나를 소개했다. 마거릿과 나는 6개월 동안 함께 돈을 긁어모아 그 키트를 샀다.

지금 돌이켜 생각해 보면 그 키트가 가르쳐 준 건 정말이지 무척 간단했다. 목표 설정과 그것을 완수하는 기본 방법이었다. 하지만 내게는 의미가 있었다. 그것을 통해 목표를 명확하게 하고, 단계별로 쪼개고, 달성하기 위해 훈련하는 하나의 길을 만들 수 있었다. 나는 그 자기 계발 키트를 3년간 사용해 보았고, 그 뒤 목표를 달성하는 것이 내 직업 인생의 일부가 되었다.

그 시기에 나는 미국에서 급성장 중인 교회들에 관한 기사 하나를 읽고 무척이나 흥분했다. '우리가 저 교회들 중 한 곳이 될 수 있다면?', '우리가 오하이오주에서 급성장하는 교회가 될 수 있다면?' 하는 생각이 든 것이다. 그것은 내 목표가 되었다. 크고 거창한 목표였다. 교회는 이미 500명의 신도라는 내 일생의 목표에 가까워지고 있었고, 나는 20대였다. 하지만 나는 그것을 위해 기꺼이 분투했다. 지나치게 자세히 설명해 당신을 지루하게 하고 싶진 않다. 다만 우리는 1년 뒤에 신자 수가 두 배가 되었고, 1975년에는 오하이오주에서 급성장 중인 교회로 인정받았다. 우리 모두 이를 축하했다.

이와 같이 목표를 달성했을 때 축하가 끝나고 나면 우리는 이렇게 자문하게 된다. '다음엔 뭘 하지?' 이것이 내가 시작해야 할 일이었다. 다음 해에도 똑같은 일을 하고 싶은가? 뒤따라 해야 할 다른 목표가 있는가?

이를 곰곰 생각하고 궁구하면서 나는 한 가지를 깨달았다. 교회를 성장시키면서 배운 교훈들이 어떤 수치나 목표를 달성하는 것보다 훨씬 더 중요하고, 내게 있어 훨씬 더 가치 있다는 점이다. 그 순간 시프트가 일어났다. 목표에서 성장으로 전환하는 자기 계발 시프트Personal Development Shift가 일어난 것이다. 내가 세우고 달성한 목표들은 멋졌지만, 그것들이 내가 경험한 성장만큼 의미 있지는 않았다. 목표는 내가 더 '잘할 수 있게' 해 준다. 하지만 성장은 나를 더 '나아지게' 해 준다. 성장 경험은 개인적인 목표를 달성한 것보다 훨씬 큰 만족감을 안겨 주었다.

여기에는 엄청난 이득이 하나 더 있었다. 곧 다른 리더들이 어떻게 교회를 성장시켰는지 물어 오기 시작했고, 나는 그동안 배운 것들을 가르치게 되었다. 그렇게 리더십 강사로서의 일이 시작되었다. 목표를 달성하는 것은 기회의 문을 열어 주었는데, 트레이너이자 강연자로서 다른 사람들을 교육하고 내 직업을 계발하는 능력은 계속 발전했고, 이는 내 개인적 성장이라는 결실에서 온 것이었다. 그리고 자기 계발에 초점을 맞추게 되면서 나는 강연을 계속해 나갈 수 있었다.

성장만이 오늘보다 더 나은 내일을 만든다

목표에서 성장으로 자기 계발 시프트가 일어난 시기를 돌이켜 보면, 더 나은 리더가 되는 데 접근하는 방식에 세 가지 상당한 변화가 있었다.

1. 외적 성장에서 내적 성장으로

초등학교 2학년생 소년이 수업 시간에 손을 들고 선생님에게 질문을 했다. "오늘 전 뭘 배웠나요?" 선생님이 기초 덧셈, 뺄셈 수업을 마칠 때였다.

"이상한 질문이구나, 조니." 선생님이 대답했다. "그걸 왜 내게 묻는 거니?"

"집에 가면 부모님이 그렇게 물어보실 거라서요." 조니가 대답했다.

나는 이것을 '외부적 동기'라고 부른다. 목표에서 성장으로 전환하기 위해서는 내부적 동기를 찾아야만 한다.

내가 직업적 커리어를 쌓기 시작했을 때에는 수치적 목표를 충족하겠다는 욕구가 동기가 되었다. 해마다 나는 스스로 이런 식의 목표를 세웠다. 직업상의 모든 측면을 살펴보고, 각각의 커다란 목표를 더 작고 달성 가능한 목표로 잘게 쪼개어 하나씩 공략했다. 나는 목표한 수치를 달성하면 자연히 내가 더 나아지리라고 믿었다. 그리고 외적 성과가 내적 동기를 올려 주기를 바랐다. 하지만 곧 그렇지 않음을 깨닫게 되었다. 오히려 수치에 집중하는 건 나를 지치게 했다. 그러면서 내적 성장이 외적 성장에 불을 지핀다는 사실을 깨달아 갔다. 그 반대가 아니라 말이다. 내게는 리더시프트가 필요했다.

2. 모든 방면의 성장에서 몇 가지 필수 요소의 성장으로

외부가 아니라 내부에 초점을 맞추어야 한다는 걸 이해하자, 어디에서 어떻게 성장하고 싶은지 생각하게 되었다. 그러자 내가 얼마나 헤매고 있었는지 깨달았다. 스물여섯 살의 내게는 성장에 대한 갈구가 어떤 부분을 특화해야 할지에 대한 의지보다 훨씬 컸다. 만일 누군가가 어느 부분에서 성장하고 싶냐고 물었다면 나는 이렇게 대답했을 것이다. "전부요." 하지만 한 번에 모든 방면에서 성장하기란 불가능하다. 그럼 어떻게 나아가야 할까?

나는 성공에 대해 연구하기로 결심했다. 1년 동안 무엇이 사람들을 성공으로 이끄는지 살펴보고, 성공한 사람들의 공통점은 무엇인지 알아내기 위해 노력하기로 했다. 이런 과정을 시작하고 곧바로 첫 번째 자질이 무엇인지 알게 되었다. 태도였다. 아버지는 내게 그것을 가르쳤다. 태생적인 낙관주의자는 아니었지만, 아버지는 젊은 시절 성공한 사람들을 연구하고, 그들 모두가 긍정적인 태도를 지니고 있었음을 발견했다. 아버지는 노먼 빈센트 필Norman Vincent Peale의 저작처럼 긍정적인 태도를 길러 주는 책들을 정기적으로 읽었고, 내가 자라면서 이런 책들을 읽을 때면 용돈을 주었다. 나는 이 분야에 관해서는 의도적으로 계발된 것이다.

곧이어 알게 된 두 번째 특성은 성공한 사람들은 튼튼한 관계를 맺는 능력이 있다는 것이다. 이는 나의 타고난 강점이기도 했다. 10대 시절 나는 사람들이 함께 어울려야 서로 같은 목표를 향해 나아간다는 것을 관찰했다. 나는 사람들을 좋아했고, 사람들이 대체로 내게 호의적이라는 것도 알았다. 그래서 이런 타고난 강점을 지렛대 삼아 관계를 꾸준히 쌓아 나가기로 했다.

이런 태도와 인간관계가 성공에 필수이지만, 또 한편으로 이런 자질들이 누군가를 성공으로 이끌기에는 충분하지 않다는 것 역시 깨닫게 되었다. 내가 아는 사람들 중에도 사교적이고 좋은 태도를 지녔음에도 어느 것도 성취하지 못한 사람들이 많았다. 그렇지 않은가? 나는 핵심 요인이 무엇인지 알아내고 싶었다.

알아내기까지는 시간이 좀 걸렸지만 그 과정이 내 삶을 변화시켰다. 나는 오스왈드 샌더스가 쓴 《영적 리더십》을 읽고, 좋은 리더십이 끼치는 영향을 알게 되었다. 그리고 리더십에서 모든 일이 일어나고 몰락한다는 것도 알게 되었다.

내게 딱 들어맞는 성공의 마지막 퍼즐 조각을 알아차리는 데는 더 많은 시간이 걸렸지만, 그 발견은 실패로 돌아왔다. 처음 맡은 리더의 자리에서 나는 조직을 성장하도록 도왔는데 그 여정을 시작한 지 6개월 만에 조직이 침체되었다. 나는 6개월간 실패 원인을 살펴보고 그 이유를 알아 냈다. 나는 나 없이도 그 일을 계속 수행할 수 있도록 누구 한 사람도 채 비를 시켜 놓지 않았던 것이다. 이 사실은 내 리더십 방식을 바꾸었으며, 또한 교육자로서 더 배우고 발전해 나가는 계기가 되었다.

그러고 나서 나는 네 가지 핵심 분야에서의 성장에 중점을 두었고, 사람들에게도 이것을 가르칠 수 있게 되었다. 네 가지 핵심 분야란 관계 Relationships, 훈육 Equipping, 태도 Attitude, 리더십 Leadership이다. 이를 앞 글자만 따서 REAL이라고 부른다. 나는 책이나 기사를 읽을 때, 팟캐스트를 들을 때, 콘퍼런스에 참석할 때 이 네 가지 부분에 중점을 둔다. 글을 쓰거나 가르칠 때도 마찬가지다. 내 강연이나 책을 보면, 이 네 가지 부류 중하나에 속함을 알 수 있을 것이다. 자신의 역량을 키우고 더 나은 리더가되고 싶다면 이 네 가지 영역에서 성장해야만 한다. 또한 당신의 직업에 필요하고 부가해야 할 성장이 어느 것인지 규정해야 한다.

3. 시간표상의 성장 vs. 결승선이 없는 성장

리더로서 젊은 시절 나는 목표를 달성하는 데 중점을 두었다. 목표를 세울 때 내가 계속해서 자문하는 것 중 하나는 "이걸 달성하는 데 시간이 얼마나 걸리는가?"였다. 나는 성격이 급한 편인 데다가 종종 주어진 일을 하는 데 걸릴 시간에 집착했다. 하지만 목표에서 성장으로 전환하자 마음가짐도 바뀌었다. 내 생각은 더 큰 그림으로 옮겨 갔고, 나는 조금 덜 초조해하게 되었다. ('인내심'이 생겼다고는 말하지 않겠다. 지인들 모두 내게 "인내심을 좀 가져."라고 하니까 말이다!)

이런 전환을 이루자 뭔가를 하는 데 얼마나 오래 걸릴지 걱정하는 대신 이렇게 묻게 되었다. '얼마나 더 가야 하지?' 내가 무엇을 얻고 있는지, 그것을 얻고자 얼마나 대가를 치렀는지를 생각하는 대신, 내가 어떤 사람이 되어 가고 있는지와 그로써 내가 만들어 낼 영향력에 관해 생각하게 되었다. 나는 내가 성장의 여로에 있음을 깨달았다. 나는 자기 계발에 푹 빠져 버렸다. 일흔한 살인 지금도 여전히 그렇다.

나는 우리 조직에도 목표가 아니라 성장에 중점을 둔 문화를 촉구함으로써 이 같은 애정을 구축하고자 애쓴다. 목표 지향 문화와 성장 지향 문화는 다음과 같은 차이가 있다.

목표 지향 문화	성장 지향 문화
성과에 가치를 둔다	발전에 가치를 둔다
상태에 초점을 맞춘다	확장에 초점을 맞춘다
특권을 기린다	헌신을 기린다
교사를 강조한다	학생을 강조한다
도달이 목표이다	성장이 목표이다

리더로서 규정된 시간표를 따르는 데서 규정되지 않은 결승선을 좇는 일로 시프트를 이루자, 특히나 글쓰기 작업에서 한층 더 분명하고 큰 보상을 받게 되었다. 나는 서른두 살에 첫 책을 썼는데, 내가 만나 보지 못할 사람들, 내 강연을 들을 수 없을 것 같은 사람들에게 영향을 끼치고 싶어서였다. 그 책이 《이런 것들을 생각하라》Think on These Things이다. 나는 최선을 다해 이 책을 썼다고 정직하게 말할 수 있다. 하지만 결과는 그리 좋지 않았다. 책은 겨우 100쪽 남짓한 분량이었다. 하지만 괜찮았다. 나는 누군가에게 깊은 인상을 주기 위해 그 책을 쓴 것이 아니었다.

차이를 만들어 내기 위해 쓴 책이었다.

첫 번째 책을 쓰고 나서도 계속 글을 썼다. 시간 관리를 주제로 한 책에서 한 장을 쓰기도 했다. 질문과 답에 기반해 쓴 책도 있다. 성경 문구에 관한 책도 썼다. 어느 것 하나 특별히 잘 팔리진 않았지만, 나는 더 괜찮게 글을 쓰는 법을 배워 나가고, 새로운 청중들에게 내 이야기를 전달하는 것으로 행복했다.

이렇게 글을 쓰던 초기에 리버티 대학교 교수이자 내 영웅들 중 한 사람인 엘머 타운스Elmer Towns 교수와 대화를 나눈 적이 있다. 그리고 그가 일생 동안 쓴 책들이 모두 11만 부 팔렸음을 알게 되었다. 이때는 1980년대 초기였다. 나 같은 시시한 작가에게는 다리가 휘청거릴 만한 판매 부수였다. 어느새 나는 스스로에게 묻고 있었다. '내가 과연 저기에 비견될 수 있을까?', '내 평생 내가 쓴 책들이 11만 부나 팔리길 기대해도 될까?' 짧은 시간 안에 그것은 내 목표가 되었다. 하지만 오래지 않아 나는 한 사람의 작가로 성장하는 것으로 목표를 바꿨다. 강연하는 것만큼 글을 잘 쓰게 되는 것으로 말이다.

몇 년 뒤 내 비서인 린다 에거스에게 전화가 한 통 걸려 왔다. 내 출판업자인 토머스 넬슨이 선물을 보냈다는 것이었다. 사무실에 가자 아름다운 크리스털 독수리 한 마리가 있었다. 독수리가 놓인 기단에는 '존 C. 맥스웰, 100만 부 달성'이라는 글귀가 새겨져 있었다. 놀랍기 그지없었다. 어느 시점에서 나는 과거에 세웠던 판매 부수 목표를 뛰어넘고, 그 사실조차 인식하지 못하고 있었다. 성장을 중점으로 삼는 것은 마치 케이크를 먹는 것과 같다. 성장이 주는 최고의 보상은 우리가 그것에서 얻어 낼 것이 아니라, 그것으로 말미암아 우리가 어떤 사람이 되느냐 하는 것이다.

칙필레Chick-Fil-A의 창업자 트루에트 캐시Truett Cathy는 한때 측근들로부터 회사를 확장하라는 압력을 받았다. "우리는 더 커져야 합니다." 나는 그때 캐시가 했던 대답을 무척 좋아한다. "우리가 더 나아지면 고객들이 우리에게 더 커지라고 요구할 겁니다."[1] 개인적 성장에 관해 나는 이 말에 동감한다. 당신이 더 나아지면 그것이 당신을 커지게 해 줄 것이다. 성장은 지속된다. 성장만이 오늘보다 내일 더 나아지리라는 걸 보증해 준다.

성장 지향형 리더가 되는 법

목표 지향에서 성장 지향으로 리더시프트를 하는 것은 복잡하지 않지만, 그렇다고 쉽지도 않다. 거기에는 의식 전환이 필요하다. 시간이 걸리지만 할 만한 가치는 충분하다. 목표를 겨냥하면 목표는 달성하겠지만 성장할 수는 없을 것이다. 하지만 성장을 겨냥하면 성장하고 또 목표도 달성할 것이다. 이렇게 전환하려면 다음 7가지 일을 하라.

1. 기회를 받아들여라

1974년 나는 리더십 리소스 그룹Leadership Resource Group의 현 CEO 올랜 헨드릭스Olan Hendrix에게서 이런 말을 들었다. "성장은 변화를 의미한다." 이 말은 나를 늘 전율케 하는데, 인간이란 성장하고자 하는 욕구와 동시에 변화에 저항하려는 태도를 본능적으로 가지고 있다고 생각하기 때문이다. 하지만 이는 불가능하다.

더 나은 리더, 더 나은 직원, 더 나은 사람이 되고 싶다면, 우리는 경직된 사고방식에서 성장형 사고방식으로 전환해야 한다. 왜 그래야 할까?

경직된 사고방식	성장형 사고방식
지능은 고정불변의 것이라고 믿는다	지능은 계발될 수 있다고 믿는다
도전을 피한다	도전을 받아들인다
쉽게 포기한다	차질이 생겨도 고집 있게 계속해 나간다
노력을 헛되이 여긴다	노력을 습득 과정으로 여긴다
건설적인 비판을 무시한다	건설적인 비판에서 배운다
다른 사람의 성공을 위협으로 느낀다	다른 사람의 성공에서 용기를 얻는다
빨리 안정 상태를 유지하고, 잠재력을 완전히 발휘하지 못한다	더 높은 수준의 성과에 도달한다

경직된 사고방식은 일찍 안정기에 들어서서 덜 성취하고 사람들에게 잠재력을 완전히 발휘하지 못하게 한다. 반대로, 성장형 사고방식은 사람들이 더 높은 수준의 성취를 이루는 데 불을 지핀다. 최고의 오페라 가수 비벌리 실즈Beverly Sills는 이렇게 말했다. "가치 있는 곳으로 가는 지름길은 없다." 성장에 관해서라면 이 말은 진실이다. 그 길은 길고 속도가 나지 않지만, 큰 보상이 있는 길이다. 그리고 그것은 우리가 쭉 뻗어 나가기를 요구한다.

어느 해인가 나는 손자들과 콜로라도주 배일로 스키 휴가를 갔다. 첫날 저녁, 나는 저녁 식탁 주위에 모양과 색깔이 가지각색인 고무 밴드를 놓았다. 그날 저녁 우리가 이야기한 주제는 자신의 안정 지대를 넘어서 뻗어 나가는 일의 가치에 대한 것이었다. 나는 아이들에게 고무 밴드를 손목에 차라고 했다. 그것은 휴가 기간 동안 확장되고 성장하는 것을 일깨워 줄 물건이었다. 다음 날 저녁에 가장 어린 손녀딸 엘라가 내게 와서 손목을 내밀었다. 손목에는 고무 밴드가 두 개 감겨 있었다. "오늘 아침에 바닥을 보다가 고무 밴드 하나를 발견했어요. 전 이게 제가 두 배 이상 뻗어 나갈 거라는 신호같이 느껴졌어요!"

나는 그 아이의 이런 태도를 좋아한다. 이것이 우리가 하루하루 지녀야 하는 방식이다. 뻗어 나가는 것은 성장하는 사람이 지니는 삶의 형태이다. 이는 그것을 느끼지 못하는 순간에도 계속 변화가 이루어지고 있다는 말이다. 우리는 그것이 우리를 진정으로 원하는 인생으로 이끈다는 것도 안다.

2. 배우려는 마음을 가져라

성장은 배우려는 마음에서 시작된다. 여기에는 무엇이 수반될까? 배우고자 하는 열정이 있고, 매일 배우려는 의도를 가지고, 배운 것을 숙고해 어떻게 적용할지 안다는 말이다. 다소 정원 일과 비슷하다. 정원만 있다고 해서 생명이 발아하지는 않는다. 계획과 노력, 올바른 환경 조성이 필요하다. 정원사가 토질을 고르고, 씨앗을 심고, 물을 주고, 비료를 뿌리고, 잔디를 심고, 잡초를 제거해 주어야 한다. 이는 의도된 과정이며, 매일 해야 하는 일이다.

나는 성장 환경을 조성하고 배우려는 마음을 유지하려고 애쓴다. 어떻게 해야 할까?

- 성장을 최우선으로 삼는다. 나는 하루 24시간 1주일 내내 배워야 할 필요를 의식적으로 떠올리는데, 성장 없이 보낸 하루는 좋은 하루가 아니기 때문이다.

- 어떤 상황에서든 성장 가능성을 찾는다. 내가 무엇을 하든, 성공하든 실패하든, 성장 기회는 거기에 있다. 해야 할 질문은 이렇다. "그것을 보았는가? 그리고 그것을 이용했는가?"

- 나를 성장시킬 질문을 한다. 성장이 나를 찾아와 주진 않는다. 내가 그것을 찾아내야만 한다. 모르는 것을 알아내는 가장 빠른 길은 질문을 던지는 것이다. 더 깊이 파고 더 많이 배우는 가장 좋은 방법 역시 질문하는 것이다. "이게 이해가 되는가?" 하고 말이다.

- 배운 것들을 파일로 철해 둔다. 우리는 배운 것들 중 많은 것을 잊어버린다. 그것을 떠올리고 싶어도 그럴 수 없을 때가 있다. 찾을 수 없을 때도 있다. 나는 가치 있는 기사를 발견하면 그것을 오려서 주제별로 나누어 놓은 파일 폴더에 끼워 둔다. 좋은 문구를 읽으면 주제별로 정리된 인덱스 카드에 기입해 둔다. 배운 것은 파일로 철해 두는데, 그렇게 함으로써 늘 빨리 찾을 수 있다.

- 배운 것을 다른 사람들에게 전달한다. 배운 것을 공유하는 건 성장을 한층 더 굳건히 하고, 나 스스로 이해할 수 있게끔 해 준다. 또한 내가 다른 사람들을 돕게도 해 준다.

3. 실패에 대한 두려움보다 배움을 더 사랑하라

수년 동안 나는 실패의 산물들을 경험했다. 하지만 손실을 계산하지는 않았다. 거기에서 배운 교훈들을 셈에 넣었다. 그리고 사람들이 손실을 통해 배울 수 있도록 《어떻게 배울 것인가》를 썼다. 거기에서 뭔가를 배운다면 실패는 실패가 아니다. 이것이 실패를 친구로 만드는 방법이다.

처음 실패의 두려움을 친구로 삼은 날이 기억난다. 로스앤젤레스에서 열린 한 콘퍼런스에 강연을 해 달라는 요청을 받았을 때였다. 프로그램에 참석한 연사들은 모두 나보다 더 성공하고 경험 많고 원숙했으며, 저명했다. 나는 모든 면에서 부족했고, 스스로도 그것을 느끼고 있었다. 대기실에서 나는 한 연사에게 속내를 털어놓았다.

"제가 여기서 강연할 자격이 되는지 모르겠어요." 이렇게 말하면서 나는 그가 나를 안심시켜 주기를 은근히 바랐다. 하지만 그의 대답은 나를 깜짝 놀라게 했다.

"네, 그래요." 그가 말했다. "두려움을 갖고 강연하세요. 기꺼이 두려워하세요. 그러면 결국 선생은 이곳에서 강연할 자질을 갖추게 될 겁니다."

이는 계시와도 같았다. 그리고 이것이 리더시프트를 만들어 냈다. 나는 두려움을 갖고 강연을 했고, 최선을 다했고, 그리고 깨달았다. 행동은 두려움을 줄여 주고, 용기를 끌어올려 준다. 이 깨달음은 배움에 대한 애정을 더 크게 만들고, 실패에 대한 두려움을 줄여 주도록 이끄는 주요 단계였다.

실패가 당신 인생을 위협하게 두지 마라. 실패를 떠나보내면, 그렇게 할 수 있다. 많은 사람이 매일 실패로 겁을 집어먹는다. 하지만 그러기보다는 실패를 친구로 삼아야 한다. 어떻게 할 수 있을까? 먼저 실패하고,

자주 실패하고, 실패한 뒤 앞으로 나아가라.

이 시기에 나의 가장 큰 목표는 국가의 민주화를 위한 촉매가 되는 것이었다. 나는 남아메리카 및 중앙아메리카 지역에서 사람들에게 가치를 더하고, 또 그들이 다른 사람들에게 용기를 북돋워 줄 방법을 가르쳐 주면서 상당히 오랜 시간을 보냈다. 최근 나는 어떤 리포터에게서 그 목적을 달성하리라고 생각했느냐는 질문을 받았다. 나는 이렇게 대답했다. "그럴 것 같지 않았어요."

리포터의 얼굴에 놀란 표정이 떠올랐다. "정말요?"

"네. 내가 살아 있는 동안은 그 모습을 볼 것 같지 않았어요. 하지만 그래도 내가 달성할 수 있을 법한 작은 일보다는, 내 능력으로는 실패할 가능성이 높지만 그래도 더 큰 일을 시도해 보려고 했지요." 실패의 두려움은 더 이상 내 인생에 위협이 되지 않았다. 뻗어 나가고 성장하는 한 나는 실패를 두려워하지 않는다.

4. 성장하는 사람들과 관계를 맺어라

긍정적인 성장 환경에 있다면 성장하는 사람이 되기가 훨씬 쉬워진다. 나는 이 사실을 20대에 깨달았고, 이것이 성장 환경에 관한 글을 쓰는 계기가 되었다. 그리고 성장 환경은 열 가지 특성을 지니고 있음을 관찰했다. 최근에는 그중 다섯 가지가 사람과 관련 있음을 깨달았다.

1. 내 앞에 다른 사람들이 있다.
2. 나는 다른 이들로부터 지속적으로 도전받고 있다.
3. 내 시선이 남들보다 앞을 향해 있다.

4. 성장하리라는 확신이 있다.

5. 나는 종종 안정 지대를 벗어나 도전 지대로 향한다.

6. 나는 신이 나서 잠에서 깬다.

7. 실패는 적이 아니다.

8. 다른 사람들이 성장하고 있다.

9. 사람들이 변화를 열망한다.

10. 성장을 모델로 삼고, 그것이 기대된다.

내 개인적 성장의 대부분은 성장하는 사람들과 시간을 보낸 결과로 일어났다. 앞서 엘머 타운스 교수에 관해 말한 바 있다. 내가 성장하던 시기 초기 멘토였던 그 역시 성장하고 있는 사람들 중 한 사람이다. 그가 가르쳐 준 것들 중에 '달궈진 부지깽이' 원칙이라는 것이 있다. 아직 불이 남은 난로 근처에 부지깽이가 하나 있다. 난롯가에서 부지깽이를 치우면 얼마 뒤 차가워질 것이다. 타운스 교수는 이를 성장에 불이 붙은 사람에 비유해 종종 나를 일깨워 주었다. "존, 불 가까이에 있어야 하네."

나는 지금까지 그렇게 하고 있다. 당신도 성장하는 사람들이라는 '불' 가까이에 있길 바란다. 인생에서 성장하는 사람들과 대화를 나누는 것보다 더 좋은 일은 별로 없다. 이런 대화들은 내가 성장하는 데 커다란 촉매가 된다. 내 성장의 여정에 나와 함께 걸어 주고 가르침을 주었던 많은 이들에게 감사드린다.

5. 겸손을 길러라

"겸손은 자신의 강점을 부정하는 것이 아니다." 저술가이기도 한 릭 워런Rick Warren 목사의 말이다. "겸손은 자신의 약점에 대해 정직해지는 것이다." 겸손의 본질은 자신이 잘못하고 있을 때 그것을 인정하기를 두려워하지 않는 것이다. 이는 오늘보다 내일 더 현명해지고 싶다고 말하는 것과 같다. 더 많이 배우고 성장할수록 알지 못했던 것을 깨달을 일이 더 많아진다.

겸손한 리더들은 확신이 있지만 자신이 주목을 끌어야 할 이유를 느끼지는 않는다. 그들은 스스로에 대해 편안한 상태임에도 성장해야 한다는 것도 알고 있다. 이들에게는 자기 인식이 있다. 또한 비판을 관대하게 받아들인다. 다른 사람들이 빛나는 것을 위협으로 느끼지 않는다. 스스로를 행복한 사람으로 여긴다.

당신은 성장을 위해 비판을 기꺼이 받아들이는가? 변화하고 성장하려는 욕구를 존중하면서 자신의 잘못을 기꺼이 인정하는가? 기꺼이 나쁜 습관을 버리고, 잘못된 우선순위를 바꾸고, 새로운 사고방식을 받아들이는가? 여기서 해야 할 것은 바로 성장을 위한 리더시프트이다. 자신의 잘못이 어디에서 일어났는지를 기꺼이 인정해야 무엇이 올바른 것인지 알아낼 수 있다. 누구나 이러한 선택을 할 수 있지만, 여기에는 겸손이 요구된다.

6. 자신을 믿어라

《사람은 무엇으로 성장하는가》에서 나는 거울 법칙에 관해 언급했다. "자신에게 가치를 더하기 위해서는 자신의 가치를 믿어야만 한다." 자신을 어떻게 생각하느냐가 자신에 대한 투자액을 결정한다. 스스로에 대한 가치판단이 낮으면 자신에게 적게 투자할 것이다. 만일 자신을 10점

만점에 2점 정도로 보고 있다면, 2점 수준의 투자를 하게 될 것이다. 자신을 8점으로 인식하면 8점 수준의 투자를 하게 될 것이다. 성장은 투자한 것을 초과하지 않는 법이므로 이것은 중요하다.

벤저민 프랭클린은 이렇게 말했다. "지갑에 있는 동전 한 푼까지 털어 정신을 살찌우는 일에 투자하라. 그러면 정신이 지갑을 두둑이 채울 것이다." 멋진 생각이다. 기꺼이 자신에게 투자하라.

7. 중첩적 배움을 수용하라

1954년에 정치가 아들라이 스티븐슨Adlai Stevenson은 프린스턴 대학교 4학년생들 앞에서 이렇게 연설했다. 여기에 일부를 소개한다.

사람이 20대에는 알지 못했지만 50대에 알게 되는 것은 대부분 말로 표현하기 어렵습니다. 법칙, 격언, 일반화, 보편적인 믿음, 우화, 속담같이 말로 손쉽게 전달되는 인생에 관한 온갖 관찰들은 50대가 될 때를 신경 쓰는 20대라면 익히 잘 알고 있는 것입니다. 그런 친구들은 이 모든 것을 들었고, 읽었고, 어쩌면 대학을 졸업하기도 전에 이 말을 하고 다닐 수도 있습니다. 하지만 그 일들을 겪진 않았지요.

20대에는 알지 못했지만 50대에 알게 되는 것은 이렇게 요약할 수 있습니다. 나이 들어 감에 따라 얻은 지식은 공식이나 단어의 형태가 아니라 사람, 장소, 행동에 관한 것이라고요. 지식은 언어로 얻어진 것이 아니라 만지고, 보고, 소리 내고, 승리하고, 실패하고, 잠 못 이루고, 헌신하고, 사랑함으로써 얻은 것입니다. 즉 이

땅에 관한, 자기 자신과 다른 사람에 관한 인간적 경험과 감정에 대한 겁니다. 그리고 또 어쩌면, 우리가 볼 수 없는 것들에 관한 약간의 경외감과 신앙심도 있을 수 있습니다.[2]

이 연설을 한 시기에 스티븐슨은 50대 중반이었다. 그가 말한 것을 나는 '중첩적 배움'이라고 부른다. 인생의 교훈 하나하나는 서로서로 영향을 미치고, 이들은 더 큰 시야를 열어 주고, 인생에 깊이와 무게를 더해 준다. 이는 스스로 얻어 낸 지혜이자 시간이 흐름에 따라 적용되는 것이며, 나는 이것이 최고의 배움이라고 생각한다.

중첩적 배움에는 시간과 의도가 요구된다

어떤 정원사든 자연이 의도한 것보다 씨앗을 더 빨리 자라게 할 수 없다는 걸 안다. 나무가 다 자라기 전에 좋은 과실을 열리게 할 수 없다. 계절을 독촉할 수도 없다. 식물들은 틀림없이 자라고 있지만, 매일 자라고 있다 해도 그것이 매일 눈에 보이지는 않는다. 많이 자라야 겨우 눈에 띌 뿐이다.

이것이 우리가 매일같이 성장하지 못한다는 말은 아니다. 작은 성장이 쌓여 큰 차이를 만들어 낸다. 지식은 배움의 층위를 하나 만들고, 그 하나의 층 위에 다른 층들이 하나하나 더 쌓여서 결국에는 지혜가 된다. 하루아침에 성공한 것처럼 보여도 사실은 몇 년, 몇십 년, 때로는 평생에 걸쳐 이룩된 것이다.

《존 맥스웰 리더십 불변의 법칙》은 크게 성공을 거둔 책 중 하나로, 중첩적 배움에 관한 내용을 담고 있다. 나는 리더십에 관해 따로 수십 년간

공부했다. 수백 권의 책을 읽었고, 십수 명의 멘토를 두었다. 나는 수백 가지 견해를 들었다. 배운 것을 매일 적용했다. 실패도 하고 성공도 했다. 그리고 서서히, 공을 들여, 이 책을 쓸 만큼 리더십을 배웠다. 이는 중첩적 배움의 결과물이었다.

중첩적 배움은 더 큰 그림을 보여 준다

중첩적 배움은 한 번에 한 조각씩 그림을 맞춰 나가는 것과 같다. 리더십이라는 직소 퍼즐 조각들을 하나씩 얻어 하나씩 제자리에 놓으면, 마침내 그림이 커지는 것이다. 점점 더 적절한 그림이 보이게 된다. 이는 우리를 리더로서 확장해 준다. 얻어 낸 조각이 많아질수록 관점이 더 넓어지고, 리더십 원칙들에 대한 이해가 더 커지기 때문이다.

- 중첩적 배움이 원칙의 깊이를 결정한다.
- 중첩적 배움이 원칙의 지속 기간을 결정한다.
- 중첩적 배움이 원칙의 밀도를 결정한다.
- 중첩적 배움이 원칙의 영향력 배수를 결정한다.

우리는 배움의 층위들을 덧붙일 수 있고, 지금 가진 그림보다 더 큰 그림을 그릴 조각들을 더 많이 얻어 낼 수 있다.

중첩적 배움은 더 나은 그림을 제공한다

나는 《리더십의 법칙》 출간 25주년을 기념해 개정판을 냈다. 출판사는 그 책에서 최소한 15퍼센트의 내용을 개정해 달라고 했다. 그래야 신판으로 낼 수 있기 때문이다. 책을 증보하는 작업은 즐거웠고, 나는 그 작업에 빠져들었다. 작업이 끝나 갈 즈음 다시 쓴 부분은 15퍼센트가 아니었다. 85퍼센트를 새로 썼다! 나는 무척 많이 내용을 바꾸었고, 출판사는 그 원고에 《리더십의 법칙 2.0》이라는 제목을 붙이기로 했다.

이미 엄청난 성공을 거둔 책에서 내가 어떻게 그토록 많은 부분을 바꿀 수 있었을까? 바로 배움의 층위가 생겨서이다. 그 책을 처음 쓴 뒤로 25년이 지나는 동안 나는 계속해서 리더십 분야에서 성장했다.

목표에서 성장으로 자기 계발 시프트를 이루고, 중첩적 배움을 수용한다면 당신의 성장은 멈추지 않을 것이다. 성장 수준 역시 계속 확대될 수 있다.

배움에 관한 클라이브 스테이플스 루이스C. S. Lewis의 말은 중첩적 배움을 떠올리게 한다. 그는 배움이란 기차가 한 정거장에서 다른 정거장으로 가는 것, 그러니까 한 장소를 떠나 다른 어느 곳으로 가는 것과는 한참이나 다르다고 말했다. 그보다 우리의 성장은 나무가 자라는 것과 비슷하다. 우리는 배우고 성장하면서 나이테를 하나씩 늘려 가는데, 그런다고 그 전에 생긴 나이테가 없어지지는 않는다. 우리는 과거에 경험한 것을 토대로 자신을 강화하며 세워 나간다. 그리고 새로운 것이 탄생한다.[3]

성장을 우선으로 삼으면 삶은 어떻게 바뀔까?

목표에서 성장으로 전환하는 것보다 더 크고 긍정적인 영향을 끼치는 건 거의 없다. 내가 왜 이런 말을 할까? 이득이 수없이 많기 때문이다. 성장을 우선으로 삼아라. 그러면…

- 잠재력을 찾아내고 더 많이 발휘하게 된다.
- 자신에 대해 좋은 감정을 가지게 된다.
- 자신의 가치와 능력을 강화하게 된다.
- 겸손과 자기 인식을 키우게 된다.
- 더 나아지고, 그럼으로써 더 많은 것을 할 수 있게 된다.
- 따르는 사람들에게 모범이 된다.

다음 단계의 리더시프트로 넘어가기 전에, 목표에서 성장으로 전환하는 일에 대해 한 가지 더 말하고 싶다. 목표 지향적이라는 건 단기적인 사고방식을 지니고 있다는 말이다. 종종 우리는 빠른 성취에서 오는 긍정적인 기분을 느끼고 싶어서 눈앞의 목표를 우선시하기도 한다. 하지만 성장에 중점을 두는 쪽으로 전환하면 사고방식이 장기적으로 바뀌기 시작한다. 성장에 중점을 둠으로써 우리는 잠재력을 발휘하고 하루하루 성장에 성장을 거듭하게 된다. 지속적인 노력은 서로 결합되어 몇 배로 커진다. 이것은 중요하다. 목표 지향적 사고방식으로는 결코 개인의 발전 수준을 넘어설 수 없기 때문이다.

제3장

특권을
누리려 하지 말고
대가를 치르는
리더가 되라

LEADER
SHIFT

위대한 리더는
다른 사람들보다 '먼저 행동'하고,
다른 사람들보다 '더 많이' 한다.

강점과 성장은 지속적인 노력과 고통에서 온다.
_나폴레온 힐Napoleon Hill

나는 리더가 되고 싶어 하는 사람들을 많이 만났다. 리더십을 주제로 강연을 하고 글을 많이 쓰고 있으니 자연스러운 일이다. 이런 사람들과 일대일로 소통할 기회가 생기면 나는 종종 왜 리더가 되고 싶은지 묻는다. 그 대답에서 이따금 리더가 누리는 특권 때문에 리더가 되고 싶다는 동기가 표출되기도 했다. 통제하는 사람이 되고 싶은 것이다. 그들은 자기가 말하는 것을 사람들이 따르기를 바랐다. 임원 자리를 바랐다. 더 높은 연봉을 바랐다. 더 특권 있는 위치를 바랐다.

젊은 리더였던 시절 나 역시 비슷한 생각을 했다. 목사라는 직함에 경도되어 있었다. 그로 인해 나는 스스로를 양을 이끄는 목자로 여기고, 내가 필요해서 사람들이 자연히 나를 따르는 것이라고 생각했다. 사람들은 내가 이끄는 방향에 의존했고, 내가 그들을 위해 한 모든 일에 감사를 표했다. 간단해 보였다.

그러고 나서 현실에 부딪쳤다. 교인들은 친절했지만 자연히 나를 따르는 건 아니었다. 이때 나는 내가 나중에 허턴E. F. Hutton 법칙이라고 부르는 것을 배웠다. 진짜 리더가 말을 하면 사람들은 듣는다는 것이다. 내가 그토록 중요하게 여긴 직함에는 내가 생각하는 특권 중 어느 것도 당연히 딸려 있지 않았다. 그 과정에서 나는 스스로 영향력을 만들어 내야 함을 깨달았다.

50년 뒤 나는 리더로서 상상 가능한 온갖 특권을 다 얻었다고 말할 수 있다. 나는 직함, 인정, 명예 학위들, 권위, 멋진 사무실, 좋은 주차 공간, 돈, 특별 대우 그리고 당신이 이름 붙일 수 있는 것들을 모두 얻었다. 해 낸 것이다! 하지만 이 중 어느 것도 리더로서 내게 동기를 부여해 주지는 않았다. 나는 내가 사람들을 위해 할 수 있는 일들 때문에 사람들을 이끈다. 사람들을 이끈다는 것이 가장 큰 동기다. 거기에 도달하는 데는 시간이 걸렸지만, 나는 리더로서 얻어 낼 수 있는 것(특권)에서 리더로서 줄 수 있는 것(대가)으로 관점을 전환하는 비용 시프트Cost Shift를 이루었다.

리더로서 어디에 중점을 두고 있는지 스스로 해 볼 질문들은 다음과 같다.

특권에 중점을 둔 리더	대가에 중점을 둔 리더
내가 얻을 수 있는 것은 무엇인가?	내가 줄 수 있는 것은 무엇인가?
이 결정이 내게 어떤 영향을 끼칠까?	이 결정이 사람들에게 어떤 영향을 끼칠까?
이걸 하는 데 얼마나 걸릴까?	우리가 어디까지 나아갈 수 있을까?
일을 계속하기 위해 내가 당신에게 무엇을 받을 것인가?	일을 계속하기 위해 내가 무엇을 주어야 하는가?

특권을 얻기 위해 리더가 되는 선택은 누구에게도 이득이 되지 않는다. 심지어 리더 자신에게조차도 그렇다. 특권에 중점을 두는 것은 우리를 가치 있는 어디로도 데려다주지 않는다. 특권이 내면 깊숙한 충족감을 안겨 주지는 않기 때문이다. 특권이 주는 건 궁극적으로 공허감이다. 그리고 그러한 것은 리더가 지닌 잠재력을 발휘하는 데 도움이 되지 않는다. 특권에 중점을 둔 리더는 마침내는 리더십을 악용하게 되는데, 그들이 사람보다 특권을 사랑하고, 계속 자신이 특권을 받고 유지하거나 더 확장하고자 사람들을 이용하려는 유혹에 끌리게 되기 때문이다.

자신의 잠재력을 발휘하고, 할 수 있는 한 최고의 리더가 되고, 큰 영향을 발휘하고 싶다면, 리더십으로 비롯되는 특권에서 리더로서 치러야 할 대가로 관점을 바꾸어야만 한다. 그 대가는 당신과 당신이 지닌 잠재력 사이에 놓여 있다. 더 나은 리더가 되고 싶다면 그에 대한 비용을 지불해야 한다.

리더로서 치러야 할 비용은 저마다 다르지만, 모든 리더가 치러야 하는 공통 비용이 다소 존재한다. 특권에서 대가로 초점을 바꾼 리더들이 치러야 할 것들 중 세 가지를 이야기하고자 한다.

리더로 성공하려면 하고 싶지 않은 일을 해야 한다

대형 가구업체 헤르만 밀러Herman Miller의 CEO 맥스 드프리Max De Pree는 이렇게 말했다. "리더의 첫 번째 책무는 현실을 파악하는 것이다." 리더의 현실을 말하자면, 내내 오르막을 올라야 할 것이다. 누구도 저절로 성공까지 가지는 못한다. 우연히 성공을 거둔 사람은 아무도 없다. 진정한 가치가 담긴 것 중 쉽고 빠르고 수월한 것은 없다. 인생에서 소중한 것은 모두 대가를 요한다. 또는 언젠가 강연 중간 쉬는 시간에 누군가 내게 말했듯이 "힘들지 않은 일은 할 가치가 없다."

할 수 없는 것과 하지 않는 것 사이에는 큰 차이가 있다. 하지 않는 것은 할 수 없는 것 이상으로 성공을 가로막는다. 대부분의 성공에 가장 큰 방해물은 재능이나 능력이 없는 것이 아니라 형편없는 선택이다. 리더로서 성공하고 싶다면 하고 싶지 않은 일을 해야만 한다. 그래야 해야 하는 일을 할 수 있다. 기꺼이 대가를 치러야 한다. 초기 미국의 선교사 아도니람 저드슨Adoniram Judson은 이런 말을 했다고 알려져 있다. "희생하지 않으면 성공할 수도 없다. 당신이 희생하지 않고도 성공을 거두었다면, 그건 당신보다 앞서 누군가가 희생했다는 말이다. 당신이 희생만 하고 성공하지 못했다면, 그건 다음에 누군가가 성공하게 될 것이라는 말이다."

리더로서 당신은 잠재력을 발휘하는 데 필요한 비용을 치를 준비가 되었는가? 길고 긴 오르막길을 가기 위해 어떤 준비를 하고 있는가? 여기서 미 해군 중장 제임스 스톡데일James Stockdale에게서 교훈을 얻을 수 있을 것이다. 짐 콜린스는 《좋은 기업을 넘어⋯ 위대한 기업으로》에서 이를 가리켜 '스톡데일 패러독스'라고 썼다.

스톡데일은 베트남 전쟁에 비행사로 참전했다가 총을 맞고 북베트남의 악명 높은 하노이 교도소에서 8년간 수감 생활을 했다. 그는 온갖 고문과 학대에 시달렸다. 콜린스의 인터뷰에서 스톡데일은 수감 생활에 대해 "내 인생에서 가장 본질적인 사건"이라고 말했다. "이 이야기의 끝까지, 나는 신앙심을 잃지 않았습니다. … 나는 결국 그곳을 나갈 것임은 물론, 내가 승리하리라는 것 역시 믿어 의심치 않았습니다."

콜린스는 수십 년 뒤에도 여전히 육신에는 다친 흔적이 남았지만 불굴의 영혼을 지닌 이 남자에게 큰 흥미를 느꼈다.

"빠져나오지 못한 사람은요?" 콜린스는 다소 머뭇거리며 물었다.

"낙천주의자이요." 그가 말했다. 콜린스가 다소 혼란스러워하면서 설명을 좀 더 해 달라고 하자 스톡데일은 말했다. "'우린 크리스마스 때까지는 나가게 될 거야'라고 말하는 사람이죠. 그리고 크리스마스가 다가오고, 다시 지나가죠. 그럼 '부활절까지는 나가게 될 거야'라고 말하죠. 그리고 부활절이 다가오고, 다시 지나갑니다. 그러면 그다음은 추수감사절이 되고, 또다시 크리스마스가 됩니다. 그 사람들은 상심으로 죽었죠."

스톡데일이 그다음에 한 말을 바탕으로 콜린스는 스톡데일 패러독스라는 개념을 떠올렸다. "이것은 매우 중요한 교훈입니다. 우리가 종국에는 승리하게 되리라는 믿음과(이건 결코 잃을 수 없는 겁니다), 현재 맞닥뜨린 극도로 야만적인 현실에 맞설 훈련을 혼동해서는 안 됩니다."[1] 콜린스가 스톡데일 패러독스를 어떻게 묘사했는지 보자.

어려움을 신경 쓰지 말고,
종국에는 승리하리라는 믿음을 버리지 마라.
그리고 동시에, 그것이 어떤 종류의 것이든
현재 맞닥뜨린 극도로 야만적인 현실에 맞서라.[2]

믿음과 사실에 관한 동시적 기대는 우리가 마침내는 그것을 넘어설 수 있다고 믿게 함과 동시에, 그 과정이 쉽지 않으리라는 깨달음을 준다.

이런 동전의 양면과 같은 특징을 리더십에 적용한다면, '희망'과 '고난'으로 대치할 수 있다. 이 두 단어는 리더십에 따르는 힘든 일들을 다룰 수 있도록 돕는다. '희망'은 목표 지점에 오를 수 있다고 믿는 힘을 부여한다. 이는 지칠 때 계속 나아갈 에너지를 공급한다. 그리고 내가 함께 걷고 있는 사람들의 삶에 희망을 줄 수 있게 한다. 나 자신이 희망을 가지고 있지 않다면 다른 사람들에게 희망을 줄 수 없다. 희망은 날조할 수 없다. 진실된 곳에서만 나온다. 스스로 고취되어 있어야만 다른 사람도 고취시킬 수 있다. 그것은 모두를 앞으로 계속 나아가게 하는 긍정적인 순환을 만들어 낸다.

나는 '희망'이 주는 격려를 좋아하지만, 또한 '고난'이라는 단어도 가치 있게 여긴다. 이는 내가 지닌 기대들 사이의 균형을 잡아 주고 순진한 낙관주의에 빠져들지 않게 해 준다. 리더로서의 여정이 종종 어렵다는 것을 일깨워 준다. 성공의 대부분은 올바른 기대에 놓여 있다.

리더십 여정 초기에 나는 과도한 희망을 품었지만, 리더의 일이 얼마나 어려울지 거의 알지 못했다. 예상도 못 했다고도 할 수 있다. 결과적으로 나 자신은 물론 따르는 사람들을 실망시켰다. 우리는 최고의 결과를 기대했는데, 그것이 준비한 전부였다. 일이 어려워지고 완벽하게 돌아가지 않게 되었을 때 우리는 그에 대한 준비가 되어 있지 않았다. 최악을 대비하지 않으면 그 최악이 이긴다!

캘리포니아주 레몬그로브의 스카이라인 교회에서만큼 도전적인 경험을 한 곳은 없다. 나는 1981년에 그곳에서 리더의 역할을 수행했다.

신자 수는 상당히 오랫동안 안정적으로 유지되다가 곧 다시 늘어나기 시작했고, 곧 이전을 해야 한다는 사실이 분명해졌다. 교회 시설은 낡고, 교회의 한구석까지 모두 사용되고 있었으며, 더 확장할 공간이 없었고, 교회가 위치한 지역은 점점 더 안전하지 않은 곳이 되어 갔다.

이전 교회 두 곳에서 새 건물들을 짓는 일에 착수해 본 적이 있어서 나는 무작정 이 과정을 진행하지는 않았다. 이 일이 쉽지 않으리라는 걸 알았기 때문이다. 그리고 교회 전체가 새로운 부지로 옮겨 가야 하는 일이라 그 전에 관장했던 프로젝트들보다 훨씬 더 어려운 작업이 될 것임을 예상했다.

나는 위원회와 함께 교회 이전과 관련된 결정을 내리는 과정에 들어갔다. 실사도 시작했다. 시간이 다소 걸렸지만, 우리는 결정을 내리고 교회 이전 과정에 관한 계획을 세우고, 1987년 10월에 캘리포니아주 앨카혼 근처에 약 32헥타르의 땅을 사는 신도 투표를 시행했다.

이 일을 시작하던 시점에 우리는 부지 매입부터 이전에 이르기까지 전체 과정에 4년, 2,500만 달러가 들 것이라고 예상했다. 우리가 이를 과소평가했다고 하는 건 그야말로 과소한 표현이리라. 우리는 180만 달러에 부지를 매입했고, 조사 결과 그 땅은 실제로 약 45헥타르였다는 것이 밝혀졌다. (게다가 추가 면적을 얻어 내 모두 53헥타르 정도가 되었다.) 우리는 일이 생각대로 되어 가고 있다고 여겼다.

그 땅은 새 두 종류의 서식지 보호구역으로, 건축 시기와 장소에 제한이 엄격한 곳이었다. 환경부는 또한 그 땅 연안에서 세이지 숲을 발견하고 세이지가 자라는 곳에는 건물을 지을 수 없다고 선포했다. 지역 상수원 관리국은 교회에 추가 용수권을 구입하라고 요구해 왔다. 지역 위원단은 건설 계획에 반대하며 교회에 건축 장소를 변경하고 계획을 수정하라는 압력을 가해 왔다. 주 정부는 토지 인근 고속도로 발전 기금을 내라고 주장했다. 카운티는 건축 허가를 거부했다. 또 알고 보니 그 땅의 많은 부분이 화강암 지대라 큰 암석들은 폭파해야 했다. 건축물에 관한 지진 안전 기준 역시 바뀌었고, 건축 비용은 엄청나게 상승했다. 그 밖에도 숱한 일이 이어졌다.

1987년부터 내가 그 교회를 이끄는 자리에서 내려온 1995년까지 나는 숱하게 전투를 벌였다. 내 후임인 짐 갈로Gim Garlow는 마침내 2000년 4월 새 건물에 입성할 때까지 그들과 싸웠다. 나는 4년간 2,500만 달러가 소요될 것이라고 생각했지만, 13년간 3,600만 달러 이상이 들었다. 그리고 짐은 그 이후로도 다시 10여 년을 더 건물을 짓고 싸우면서 보내고 있다!

그 기간에 나는 계속해서 신자들과 소통하면서 '희망'과 '고난' 사이에서 균형을 잡아야만 했다. 그들에게는 계속 비전을 간직할 만큼의 독려, 우리가 직면한 온갖 장애들을 극복할 만큼의 열정, 그 과정에 계속 참여할 만큼의 격려, 감정적·재정적 지원이 꾸준히 필요했다. 또한 장애물과 후퇴 상황 역시 받아들여야 했다. 그들이 그 과정이 얼마나 힘든지 이해한다면, 앞으로도 더욱더 잘 받아들이게 될 것이었다. 하지만 나는 그들이 좌절하는 것을 원치 않았다. 리더로서 가장 도전적인 시기였다. 그 시기는 예측한 것들을 솔직하게 소통하는 법을 가르쳐 주었다.

경영관리 컨설턴트이자 비즈니스 구루 피터 드러커는 이렇게 말했다. "격변의 시기는 위험한 시기이고, 거대한 위험은 현실을 부정하도록 유혹한다." 리더로서 우리는 현실을 부정해서도, 따르는 사람들에게 그 현실을 포장해 전달해서도 안 된다. 되도록 대화 속에 현실을 가져와야 한다. 즉 리더는 사람들을 데리고 가고자 계획한 여정에서 고난의 시기를 맞닥뜨렸을 때 앞장서서 분투해야만 한다.

사람들에게 어려운 현실을 전달하기 위해 나는 적절한 때를 기다리곤 했다. 하지만 나쁜 소식을 전달할 좋은 시기란 절대 오지 않았다. 기다릴수록 그것에 대해 말하기는 점점 더 어려워졌다. 그때 이후로 나는 상황이 나쁘다는 것을 보고 그에 대해 언급하는 것을 정기적인 소통 과정으로 만들었다. 나는 발전에는 치러야 할 대가가 있음을 사람들이 알기 바란다.

삶에서 무엇을 바라든 우리는 현실에 직면해야 하고, 위로 올라가는 데 필요한 대가를 기꺼이 치러야만 한다. 올라가는 걸 더 빨리 시작할수록 대가를 기꺼이 더 많이 치러야 하고, 그래야 더 높이 올라갈 수 있다.

리더는 '가장 먼저' 하는 사람이다

리더의 자질을 지닌 사람들은 모두 한 가지 공통된 관점을 가지고 있다. '먼저' 그리고 '더 많이'이다. 리더는 다른 사람들보다 '먼저' 보고, 다른 사람들보다 '더 많이' 본다. 하지만 평범한 리더를 위대한 리더로 만들어주는 건 다음과 같다. 그들은 다른 사람들보다 '먼저 행동'하고, 다른 사람들보다 '더 많이 한다'. 위대한 리더는 불확실성과 의심을 정면으로 마주하고, 그곳으로 나아가 다른 사람들이 갈 수 있도록 그 길을 포장한다. 그들은 기꺼이 다른 사람들보다 먼저, 때로는 더 많이 대가를 치르기 때문에 "나를 따르라."라는 말을 할 당위성을 지닐 수 있다.

위대한 리더가 보통 사람들 같은 인간적 결함을 지니고 있지 않다는 말은 아니다. 심지어 나는 모세가 홍해를 건널 때 '왜 내가 늘 앞장서야 하지?'라고 생각하진 않았을지 궁금하다.

어렵고 도전적인 시기는 힘들고, 앞장서는 것은 특권이 아니다. 오히려 치러야 하는 비용이다. 가치 있는 것을 얻고자 언덕을 오를 때 리더는 먼저 오르고 그 길을 이끎으로써 그 대가를 치러야만 한다. 정상으로 향하는 엘리베이터는 없다. 누군가는 그 길을 찾아내고 실례實例를 만들어야 한다.

여기에서 한 사람의 직함이나 지위가 도움이 되진 않는다. 대학 학위가 등반을 더 잘하게 해 주는 것도 아니다. 물질적인 자산도 마찬가지다. 이런 것들로는 누구도 고취할 수 없다. 사람들이 따르도록 고양하고, 비전으로 결집하는 것은 리더가 취하는 행동이다. 위대한 리더는 행동한다. 그들은 앞으로 나아가고, 앞에 서 있지만 자기 사람들을 시야에 두고 있으며, "나를 따르라."라고 말한다. 좋은 리더가 보이는 본보기는 사람들을 지속적으로 고무시킨다.

'나를 따르라' 유형의 리더는 실례를 만들어 내는 것이 자신의 책무임을 알고 있다. 오랜 시간 그들을 관찰하면서 나는 그들에게 세 가지 공통적인 '먼저 그리고 더 많이'의 특성이 있음을 알게 되었다.

'나를 따르라'형 리더는 다른 사람보다 '먼저' 하고 '더 많이' 자신을 믿는다

성공한 사람들 중에는 다른 사람들의 믿음을 얻지 못한 이도 많다. 하지만 자기 자신을 믿지 않고 성공한 사람을 나는 아직까지 보지 못했다. 자신을 믿는 것이 먼저다. 스스로 가지지 못한 것을 다른 사람들에게 줄 수는 없다.

강연자이자 저술가인 밥 버그Bob Burg는 믿음의 힘에 관한 멋진 이야기를 하나 했다.

한 변호사가 살인죄로 기소된 의뢰인을 변호하고 있었다. 피해자의 시체는 발견되지 않았음에도 상황 증거는 넘쳐 났고, 배심원을 포함해 법정 안에 있는 사람들은 모두 피고인이 유죄임을 알고 있었다. 영리한 변호사는 마지막 변론에 전부를 걸기로 결심했다. 최후 변론에서 그는 배심원들에게 연설하면서 법정 문을 가리키고는 이렇게 말했다. "배심원 여러분, 정확히 60초 안에, 이른바 시체가, 여러분이 죽임을 당했다고 '믿고 있는' 그 남자가, 이 법정 안으로 걸어 들어오게 될 겁니다. 바로 저 문으로 말입니다. 이제부터 숫자를 세어 봅시다."

그 즉시 모든 배심원의 눈이 법정 문으로 향했다.

시간이 째깍째깍 흘러갔다. 1초, 2초, 3초, 10초, 20초, 45초, 55초, 56, 57, 58, 59초 그리고 마침내 1초가 더 흘렀다. 딱 1분이 되었을 때, 생각해 보시라. 누가 그 문으로 성큼성큼 걸어 들어왔을까?

아무도 들어오지 않았다. 정확히 말해 피해자는 들어오지 않았다. 변호사는 이제 배심원단을 다시 정면으로 바라보고는 달래면서도 논리적으로, 거드름을 피우며 말했다. "자, 배심원 여러분, 사과드리겠습니다. 제가 말한 건 분명 실현되지 않았습니다. 하지만 여기서 인정해야 할 건, 여러분 모두가 방금 저 문을 쳐다보았다는 겁니다. 그건 저와 여러분 그리고 이 법정 안의 모든 사람이 '살해당한 남자'가 들어올지도 모른다는 의구심을 다소 품었다는 걸 보여 줍니다. 판사님께서 여러분에게 지시하실 것처럼, 만일 여러분 마음속에 어떤 의심이 있다면, 어쨌든 의구심이 든다면, 여러분은 '유죄가 아니라'는 평결을 '내려야만', 그렇습니다, 그렇게 해야만 합니다. 그리고 제 의뢰인은 풀려나야 합니다."

배심원은 배심원실로 가서 평결을 들고 단 5분 뒤에 돌아왔다. 배심원장이 일어서서 피고인을 바라보았다. 판사가 평결이 무엇이냐고 묻자, 배심원장은 피고인에게 이렇게 선언했다. "유죄!"

배심원장은 피고인의 변호사를 응시하며 이렇게 대답했다. "그렇습니다, 변호사님. 우리는 저 문을 봤습니다. 하지만 우리는 변호사님과 당신의 의뢰인도 보고 있었습니다. 하지만 변호사님은 저 문을 '보지 않았습니다'. 당신의 의뢰인 역시 '보지 않았고요'. 두 사람 모두 한순간이라도 저 문으로 누군가가 걸어 들어올 거라고 믿지 않았기 때문이지요."

이 이야기가 전하고자 하는 건 무엇일까?

당신 스스로가 믿지 않는 것은 다른 어느 누구도 믿게 할 수 없다는 말이다![3]

자신을 믿는 건 나 자신에게 긍정적인 말을 하거나 다른 사람들에게서 그런 평가를 듣는 것 그 이상이다. 라디오 방송 진행자인 폴 하비Paul Harvey는 이렇게 말했다. "그렇게 살지 않으면, 그것을 믿지도 못한다." 성취 작업이 없는 확신의 말은 공허하다. 다른 사람들이 당신을 믿어 준다면, 그들에게서 차용한 믿음은 성공으로써 활성화되어야 하며, 그것이 계속 유지된다면 자신에 대한 믿음으로 이어질 것이다. 결과가 없다면 차용한 믿음은 곧 그 힘을 잃고 만다. 리더의 자기 확신은 진실성을 지녀야 하며, 그것은 성공적인 행동으로 뒷받침되어야 한다.

'나를 따르라'형 리더는 다른 사람보다 '먼저' 하고 '더 많이' 자신에 대한 기대치를 설정한다

제2장에서 내가 존 맥스웰 팀 신입 코치들에게 만날 때마다 존 맥스웰 팀 DNA라는 수업을 한다고 말했다. 내가 바라는 것 중 하나는 우리 코치들이 다른 사람들이 그들에게 기대하는 것보다 훨씬 더 스스로에게 기대를 갖는 것이다. 강연가이자 저술가 브라이언 트레이시Brian Tracey는 이렇게 말했다. "직업적 성공은 목표를 이룬 뒤에 한 일에 비례한다."

자신이 아닌 다른 사람들의 기대 수준을 맞출 때 리더는 곤경에 빠진다. 이런 일이 계속되면 리더가 될 수 없다. 하지만 많은 리더들이 이런 실수를 저지른다. 그리고 자신이 할 수 있는 것보다 훨씬 적게 노력한다. 이는 올림픽 수영경기에서 물을 첨벙대며 걸어가는 것이나 마찬가지다. 그들은 다음의 직원 평가에서 흔히 언급되는 직원들과 같다.

- "지난번 보고서 이후로 이 직원은 최저점을 찍었는데 이제 아예 그 밑으로 내려가고 있습니다."
- "지속적인 감독하에서 그리고 덫에 걸린 쥐처럼 코너에 몰렸을 때만 일을 잘합니다."
- "그는 주차장에 고인 물웅덩이만큼 깊이가 없습니다."

- "이 사람은 무엇이 적절한지 모릅니다."
- "그는 개인적 기준을 낮게 세웠는데, 그것조차 달성하지 못합니다."
- "이 직원은 장차 성공할 겁니다. 그가 빨리 시작할수록 더 나아질 겁니다."
- "그가 이 사무실을 떠나면 엄청 기쁠 겁니다."
- "두 사람이 대화하는 걸 보았는데 한 사람이 지루해 보인다면, 그가 상대편일 겁니다."
- "불빛이 보이는데도 기차가 들어오지 않고 있습니다."
- "그의 아이디어에 1페니를 낸다면, 거스름돈이 있을 겁니다."
- "지식의 샘에서 물을 마실 수 있어도 그는 그저 입만 헹굴 것이다."[4]

많이 회자되는 말이지만 실제 현실에서 직원 평가를 할 때 이런 말들이 쓰이는지 어떤지는 나는 모른다. 하지만 당신은 느끼는 점이 있을 것이다. 스스로에 대한 성과 기준을 낮게 설정하고서는 다른 사람을 효과적으로 이끌 수 있으리라 기대할 수 없다. 좋은 리더가 되고 싶다면 스스로에 대한 기대 수준을 높여야 한다. 나는 퍼스트 리퍼블릭 뱅크First Republic Bank의 부사장이자 CMO 다이앤 스네대커Dianne Snedaker의 조언을 좋아한다.

기준을 높이고 그것을 계속 높게 유지하라. 성공에 관심이 있다면 다른 사람의 성과를 바탕으로 자신의 기준을 세우기 쉽다. 그러고 나서 다른 사람들이 그 기준에 맞춰 당신을 평가하도록 하라. 하지만 당신이 자신에 대해 세운 기준을 더 중요하게 여겨라. 그것은 다른 사람들이 당신에 대해 세운 기준들보다 높아야 한다. 종국에 당신은 자기 자신과만 남게 될 것이고, 스스로를 판단하고 스스로가 훌륭하다고 느껴야만 하기 때문이다. 그렇게 하는 최선의 방법은 당신의 높은 잠재력에 부응하는 것이다. 자신의 기준을 높게 설정하고 그것을 유지해 나가라. 아무도 보지 않는 것 같아도 말이다. 누군가는 그것을 알고 있을 것이다. 최소한 당신 자신뿐이라고 해도 말이다.[5]

리더라면 다른 사람이 그렇게 하기 전에 스스로에 대한 기준을 높이 세워 두어야만 한다.

'나를 따르라'형 리더는 다른 사람보다 '먼저' 하고 '더 많이' 자신에게 헌신한다

성공하기 위해 리더는 계속 헌신해야 한다. 헌신이 핵심이다. 하지만 가장 중요한 첫 번째 헌신은 자기 자신에 대한 것이다. 진실성, 책임감, 이타심에 몸을 바쳐야 한다. 좋은 리더는 어떤 환경에서든 대가를 치르고 이행하겠다고 스스로에게 약속한다.

내가 가장 존경하는 리더 중 한 사람은 에이브러햄 링컨이다. 대통령이 되기 전에 그가 한 국가의 위대한 리더가 되리라고 기대한 사람은 극히 적었다. 사실 〈뉴욕 타임스〉는 그가 미합중국 대통령직을 맡을 자질이 없다고까지 썼다. 하지만 링컨은 국가를 돕는 데 헌신했다. 또한 훗날 헌신적인 사고방식의 소유자임이 밝혀졌다. "나는 내 개인적 권력을 강화하기 위한 시각에서 공적인 행동을 한 적이 한 번도 없습니다, 이제 와서 그렇게 하고 싶지도 않습니다."[6]

당신이 리더라면 또는 리더가 되고 싶다면, 먼저 언덕을 오르는 데 대한 준비가 되어 있고, 그것을 기꺼이 하고, 거기에 헌신해야만 한다. 먼저 오르고, 실례를 만들고, "나를 따르라."라고 외쳐라. 기꺼이 이 일을 한다 해도 아직 리더십의 대가로 보여 주어야 할 자질이 한 가지 더 남아 있다.

리더는 절대 멈추어 서서는 안 된다

한 가지 고백할 것이 있다. 리더십 초기에 나는 잠깐 리더로서 잘해 내면 지름길로 갈 권리를 획득하고, 희생하지 않을 수 있으리라고 생각했다. 잠깐만 대가를 치르고, 그것을 되돌려받고, 그러면 멋진 삶을 즐길 수 있으리라고 생각했다. 대가를 치른 데 대한 특권이 따를 것이라고 여긴 것이다. 이는 내 리더십에 맹점을 가져왔으며 '목적지 병'을 앓게 했다. 어느 때, 어느 장소, 어느 상황에 도달하면 온갖 멋진 특권들이 주어지리라고 여긴 것이다. 그러니까 인정은 받되 책임은 없는 상황 말이다.

하지만 그런 곳은 없다. 우리가 일을 그만두지 않는 한 말이다. 하지만 나는 일을 그만둘 생각은 없었다. 나는 일흔 살이 넘었음에도 여전히 내 일을 좋아한다. 내가 발견한 사실은 더 높은 곳으로 올라가려면 포기해야만 하고, 그 위에 계속 머물고 싶다면 더 많이 포기해야만 한다는 것이었다!

스포츠 팀이 연달아 챔피언십을 따내는 일이 거의 없는 것도 이 때문이다. 첫 번째 챔피언십에 따르는 특권들은 종종 다음 챔피언십을 따는 데 방해가 된다. 과거의 챔피언십이 다음 챔피언십을 거저 가져다주지는 않는다. 미합중국 대통령이자 제독으로 복무하면서 리더십 경험을 쌓은 드와이트 아이젠하워는 이렇게 말했다. "승리는 할인 품목 코너에 있지 않다."

높은 수준의 리더십으로 올라서고 싶다면 계속 그에 대한 비용을 치러야 한다. 그 비용은 당신 생각보다 높을 것이고, 계속 꾸준히 발생할 것이다. 짐 콜린스는 이렇게 말했다. "보통 사람은 습관적으로 꾸준히 해 나가지 못한다." 훌륭한 사람이 끈질기게 꾸준히 해 나간다는 건 당연하다. 하지만 훌륭한 사람은 빨리 드러나지 않는다. 우리는 꾸준히 해 나가야만 한다.

언젠가 PGA 선수 몇몇과 함께 골프 몇 라운드를 돈 적이 있었다. 그들 중 한 선수가 내게 토너먼트 대부분이 몇 번의 라운드로 구성된 이유를 설명해 주었다. 그는 어떤 프로 골퍼든 대부분 한 라운드는 잘 칠 수 있다고 했다. 두 번째 라운드를 잘 치면 전형적으로 경쟁자들의 절반이 나가떨어진다. 세 번째 라운드에서는 남은 선수들 중 또 다른 절반이 탈락한다. 네 번째 라운드는 선수의 일관성에 관한 진짜 시험이다. 계속해서 일관성을 유지할 수 있는 사람은 결국 남은 사람들 위로 우뚝 서고 그만한 보상을 받게 된다.

빌 브래들리Bill Bradley는 위대한 야구 선수로, 훗날 미 상원에 입성했다.

그의 기억에 따르면 멘토인 에드 맥컬레이Ed Macaulay가 언젠가 이렇게 말했다고 한다. "연습하기 싫을 때면 누군가는 어딘가에서 연습을 하고 있다는 걸 기억해라. 그리고 대강 비슷한 능력을 타고났고, 너희 두 사람이 언젠가 만나게 된다면, 그가 널 이길 것이다." 브래들리는 야구 인생에 이 조언을 받아들여 한 시즌도 쉬지 않고 뛰었다.[7] 리더 역시 이런 생각을 지녀야 할 것이다. 리더십에는 휴지기가 없다. 게임을 하고 있는 한 계속 일하고 계속 올라야만 한다. 그러면 노력이 보답받는 걸 아는 기쁨도 누리게 될 것이다. 여기에 일관성이 리더를 돕는 몇 가지 방법을 소개한다.

일관성은 다른 사람들에게 안정성을 제공한다

인류학자 마거릿 미드는 다음과 같은 사실을 관찰했다. "사람들이 말하는 것, 행동하는 것, 할 거라고 말하는 것은 완전히 다른 문제다." 당신이 리더로서 일관성을 지니고 있다 해도 당신 자신에게는 그렇지 않을 수도 있다. 그럼에도 당신의 말, 의도, 행동은 모두 동일 선상에 있어야 한다. 사람들은 당신이 어디에 서 있는지, 어떻게 전달하는지를 안다. 그리고 그 모습을 보고 사람들이 당신을 따른다면 그것이 리더로서 받을 수 있는 최고의 찬사일 것이다.

일관성은 명성을 만들어 준다

누구나 한 번쯤은 잘해 낼 수 있다. 늘 잘하는 건 훨씬 어렵다. 일관성은 당신을 다른 사람들과 구별되게 해 준다. 다른 사람들이 당신을 알아차리게 해 준다. 이는 리더십에서 특히 중요하다. 사람들은 늘 리더를 주시하기 때문이다. 리더십 여정에서 시시때때로, 필요할 때마다 리더로서의 역할을 해내기 위해서는 명성을 만들어야 한다. 일관성은 리더가 영향력을 발휘하게 해 줄 뿐만 아니라 팀을 위한 분위기를 조성해 준다. 리더는 다른 사람들이 계속해서 보고 있는 일을 한다. 당신에게 일관성이 있을수록, 그들이 원하는 것도 일관될 것이다.

일관성은 리더십 게임에서 최고의 자리를 유지하게 해 준다

일관성이 생긴다는 건 다시 시작하지 않는다거나 진자 운동처럼 계속 반복한다는 말이 아니다. 진자 운동이라면 이미 하고 있다. 거듭된 발전은 계속해서 도덕성을 높이 유지하고, 꾸준히 열정이 넘쳐흐르게 하며, 추구하는 목표에 더 투자하게끔 한다. 저자이자 강연자인 마이클 앤지어Michael Angier는 이렇게 말했다. "성공을 습관으로 기르면 성공이 습관이 된다." 당신이 꾸준히 최고의 자리를 유지하고 있다면 게임을 새로 시작하기 위해 준비할 필요가 없다.

일관성은 복리로 늘어난다

천재 과학자 알베르트 아인슈타인이 역사상 가장 위대한 수학적 발견이라고 칭한 것은 무엇일까? 아라비아숫자는 아니다. 미적분도 아니다. 상대성이론도 아니다. 복리다. 이는 꾸준한 재투자를 기반으로 부富가 이루어지는 것을 의미한다. 그렇다면 복리의 비결은 무엇일까? 일관성이다! 일관성은 결코 성장을 멈추지 않는다.

일관성이 지닌 복리의 힘에 관해 내가 가장 좋아하는 예는 1980년대와 1990년대 프로야구 세계에서 칼 립켄 주니어Cal Ripken Jr.에게 일어난 일이다. 그는 명예의 전당에 올랐는데, 최고의 타자거나 야수거나 도루 왕이라서가 아니었다. 그는 일관성으로 명예의 전당에 올랐다.

립켄은 2,632경기 연속 출장 기록을 세웠는데, 이 기록은 아직까지 메이저리그에서 깨지지 않고 있다. 2,000회를 넘은 선수도 딱 한 사람, 루게릭으로, 2,160회 출장했다. 40년 이상 야구팬들은 게릭의 기록이 깨지지 않을 것이라고 믿어 왔다. 이런 종류의 영속성이 희귀한 것임은 1,000회 이상 연속 출장한 선수가 메이저리그 역사상 딱 다섯 명뿐이라는 사실로 더욱 분명해진다. 립켄이 게릭의 기록을 깬 것이 게릭의 1939년 은퇴 연설과 행크 에런의 홈런 기록, 재키 로빈슨이 1947년 인종 장벽을 깨뜨린 것을 제치고 MLB 역사상 가장 기념비적인 일로 표를 받은 것은 어쩌면 이 때문일 것이다.[8]

립켄은 자신이 다른 사람들보다 재능이 뛰어나서 성공한 것은 아니라고 말했다. 슈퍼스타냐는 질문을 받았을 때, 그는 이렇게 대답했다. "슈퍼스타요? 오, 아뇨…. 난 내가 리그에서 위대한 재능을 발휘했다고는 생각하지 않아요. 나는 재능이 있습니다. 의심할 바가 없지요. 내 장점은 게임을 잘 알고 있다는 겁니다. 그 이유는 내가 그 안에서 성장했고, 우리 아버지라는 좋은 스승을 두었기 때문이지요. 내가 자란 방식이 나를 한 사람으로, 한 사람의 야구선수로 만들어 준 것입니다."[9] 몇 년 뒤 립켄은 자신의 기록에 관해 이렇게 말했다.

이 연속 출장은 무척 단순하고 정직한 접근 방법에서 탄생했습니다. 아버지는 늘 내게 경기장에 매번 나타나 매일 경기할 준비를 하고, 내가 그날 팀을 승리로 이끌 아홉 명의 선수 중 한 사람임을 매니저가 믿게 만든다면, 그는 나를 셈에 넣고 라인업에 세워야 한다는 걸 알 거라고 가르치셨습니다. 이것이 연속 출장이 시작되고, 수년 동안 꾸준히 성장할 수 있었던 방법입니다.[10]

즉 그는 나타나고, 노력하고, 몸 바쳐 경기하고, 최선을 다했다. 16년 동안 하루도 빼먹지 않고. 그는 일관성의 정의 그 자체였다.

나는 최근 한 강연을 시작하기 전, 무대 뒤에서 사회자의 소개를 기다리고 있었다. 사회자가 나를 "놀랍도록 멋진 리더입니다."라고 소개했다. 이 말을 하는 건, 나 스스로가 '놀랍도록 멋지지 않다'는 것을 알기 때문이다. 그보다 나는 리더로서 경험이 있고, 일관성이 있다. 나는 단지 정말 오랫동안 리더로서 발전하기 위해 대가를 치른 것의 복리 효과를 경험하고 있는 것뿐이다. 그리하여 내 커리어에서 이 시점에 나는 실제 나 자신보다 더 나아 보이고 있다.

리더로서 놀랄 만한 영향력을 발휘하고 싶다면, 특권을 얻는 것에서 대가를 치르는 것으로 초점을 전환하고, 리더십의 고된 언덕을 올라가면서 전혀 멋지지 않은 많은 일을 해내고, 팀에 실례를 만들어 주어야 한다. 현실은 이러하다.

- 연습은 멋지지 않다.
- 공부는 멋지지 않다.
- 출석 도장을 찍는 건 멋지지 않다.

- 열심히 일하는 건 멋지지 않다.

- 질문하는 건 멋지지 않다.

- 변화는 멋지지 않다.

- 시도하는 건 멋지지 않다.

- 실패는 멋지지 않다.

- 다시 시도하는 건 멋지지 않다.

하지만 이 모든 일은 필수다. 이것들은 당신이 잠재력을 발휘하기 위해 매일 치러야 하는 대가다. 대가를 치르고 끊임없이 해 나간다면 최종 결과는 놀랍도록 멋질 것이다.

제4장

조직에 긍정적이고
도전적인
의식을 심어라

LEADER
SHIFT

최고의 선수 한 사람만
있으면 된다고 생각하면,
팀은 최선을 다하지 않는 법이다.

당신이 사람들을 필요로 한다면
당신은 사람들을 이끌 수 없다.

리더는 사람들에게 기쁨을 주는 사람이 아니다. 이것이 내가 리더십에서 배운 첫 번째 중요한 교훈이다. 이 교훈을 얻기까지 무척 힘들었지만, 이는 내게 새로운 현실을 규정해 주었다. 어린 시절 나는 대부분의 사람이 나를 좋아한다는 것을 깨달았다. 나와 사람들 사이의 유대 관계는 견고했다. 선생님들은 나를 좋아했고, 아이들도 나와 오래 놀고 싶어 했으며, 교실과 운동장에서 나와 가까이 있고 싶어 했다. 나는 직관적으로 사람들에게 무엇이 문제시되는지, 무엇이 그들을 기쁘게 할 수 있는지 알았다. 자연스럽게 나는 주위 사람들을 기쁘게 하는 기술을 발전시키는 데 노력을 다했다. 나는 리더로서의 내 매력이 모든 사람을 행복하게 만들어 준다고 느꼈다. 그리고 그렇게 함으로써 '나 역시' 행복해졌다.

어린 시절 내내 나는 리더십이란 "사람들을 행복하게 해 주고, 사람들이 나를 따르게 되는 것"이라고 여겼다. 그래서 끊임없이 한 가지를 스스로에게 물었다. "모두가 행복한가?" 하지만 리더에게 있어 그 대답은 "그렇지 않다."이다. 당신은 '모든 사람'을 행복하게 해 줄 수 없다. 그렇게 하기를 바라는 것은 실망이나 실패의 기초를 놓는 일이다.

리더가 모든 팀원을 기쁘게 할 수는 없다

나는 스물두 살에 처음으로 리더의 역할을 맡게 되었다. 앞서 말했듯이 인디애나에서 소규모 신자들을 이끌었다. 첫 6개월 동안 나는 모든 사람이 행복하다고 느꼈다. 사람들은 나를 좋아했고, 나도 그들을 좋아했다. 모든 것이 '주여, 이곳에 임하소서'였다.

그 천국에서 어느 날 나는 문제를 일으켰다. 교회 안 조그만 로비에 조금 못난 그림이 하나 걸려 있었다. 갑자기 그것이 눈에 띄어서 떼어야겠다고 생각했는데, 우선적으로 처리해야 하는 일은 아니었다. 나는 누구한테도 아무 말 않고 그 그림을 없앴다. 그리고 그것이 작은 개선이라고, 기쁜 일이라고 생각했다.

반응은 즉시 부정적으로 나타났다. 내가 누군가의 자녀를 못생겼다고 말했다고 생각하면 될 것 같다. 당장에 나는 신도 두 명이 그 그림을 교회에 선물로 주었으며, 손수 중요한 위치에 걸어 두었음을 알게 되었다. 내가 그것을 치웠다는 사실을 알고 그들이 좋아하지 않았다고 말하는 건, 무척 절제된 표현일 것이다.

나는 잽싸게 사과하고 그림을 제자리로 되돌려 놓았다. 휴! 그것으로 상황은 끝났다. 나는 총알을 피했고, 썩은 동아줄을 버리고 좋은 동아줄로 갈아탔다. 모든 사람이 다시 행복해졌다.

하지만 몇 주 뒤 나는 또 다른 문제에 직면했다. 우리 교회의 청년들이 한창 야구 경기 중이었고, 나는 참석하기로 약속을 한 터였다. 하지만 그때 교회 관계자가 긴급 상황이라고 부르는 통에 경기를 놓치고 말았다. 이러한 상황을 우리 팀 코치와 부모 몇 명이 탐탁지 않아 했다. 나는 뭔가를 해야만 했다. 그래서 상황을 설명하자, 부모들은 다시 만족스러워했다. 하지만 코치는 여전히 기분 나빠 했다.

나는 코치를 기쁘게 할 일을 하러 갔다. 그 일을 수습하기 위해 그를 두 번이나 찾아갔다. 그리고 내가 약속하지도 않았던 다음 두 경기에 참석했다. 마침내 나는 그를 행복한 편에 되돌려 놓는 데 성공했다. 나는 성공했다. 하지만, 이 행복한 일이 나를 지치게 하기 시작했다. 어떻게 하면 모두를 행복하게 할 수 있을까?

2년 동안 내가 한 일이라고는 내가 이끄는 모든 사람을 행복하게 만들려고 애쓴 것뿐이었다. 나는 리더십을 잘 발휘하면 모두가 나와 내가 하는 일을 좋아해 주리라고 진심으로 믿었다. 누군가가 나나 내가 하는 일을 좋아하지 않는다면, 그건 곧 내 리더십에 잘못된 부분이 있고, 그것을 고쳐야 한다는 의미였다. 이런 생각은 나의 모든 행동과 결정을 좌우했다.

이게 실수였다! 늘 모두를 기쁘게 하는 리더란 존재할 수 없었다. 심지어 역사상 가장 위대한 리더들도 반대파가 있었다. 하지만 당시에는 그런 사실을 깨닫지 못했다. 모두가 늘 행복하지는 않다는 현실이 덮쳐왔을 때 나는 감정적 장벽에 부딪혔다. 내가 나쁜 리더라는 생각이 들었고, 심지어 사임하고 다른 곳을 이끌어야 하는 게 아닌가 하는 생각까지 들었다.

하지만 그때 나는 더 경험 많은 리더들에게서 현명한 조언을 들었다. 그들은 모든 사람을 기쁘게 하기란 불가능하다는 점을 내가 이해할 수 있게 도와주었다. 그리고 나 자신에 대해 더 중요한 시각을 가르쳐 주었다. 나는 뒷걸음질하고 있었다. 내 목표는 사람들이 나를 좋아하게 만드는 것이었고, 그리하여 내가 그들에게 헌신을 요구할 자신감을 얻는 것이었다. 그들이 거부하면 나는 그저 그들이 나를 더욱 좋아하게 만들려고 더 열심히 일했다. 그것이 문제를 해결해 주리라 생각하면서 말이다. 상황은 계속 좋지 않았다. 나는 가장 불만 많고 헌신하지 않는 사람들에게 시간과 에너지를 가장 많이 들였다. 심지어 그들이 조직의 비전에 기여하지 않아도 또는 조직이 발전하는 걸 돕지 않는다고 해도 말이다. 본말이 전도된 행동을 하고 있었던 것이다.

나는 마침내 내가 사람들을 이끌고 있지 않다는 것을 깨달았다. 나는 그들과 나 자신을 기분 좋게 만들려고 애쓰고 있었다. 조직을 발전시키고 있지 않았다. 리더십이 아니라 우정 관계를 맺고 있었다. 나는 그들을 어딘가로 데려다주거나 또는 그들이 더 나은 일을 하거나 더 나아지도록 돕고 있지 않았다. 행복 마을에 살려고 애쓰고 있었다.

사람들에게서 최선을 이끌어 내려면 리더는 그들에게 최선을 요구해야만 한다. 나는 그것을 전혀 하지 않고 있었다. 일단 이 사실을 깨닫고 나서 내가 기쁨을 주는 사람에서 도전 의식을 고취하는 사람으로 빨리 손쉽게 전환했다고 말할 수 있길 바라지만, 그렇지는 않았다. 내 변화 과정은 무척이나 더뎠다. 내 안에 다른 사람들에게 사랑받고자 하는 욕망은 무척이나 뿌리 깊었다. 리더십 여정에서 가장 좋았던 날들은 사람들이 내게 동의해 줄 때였다. 나는 매일 그렇게 인정을 갈망했다. 하지만 그 인정이 리더십을 달성한 것이라는 말은 아니라는 사실을 깨닫고, 나는 변화하기로 맹세했다. 나는 한 단계씩 나 자신에게 이상적인 생각과 감정을 불어넣었다. 내가 젊은 리더로서, 단순히 사람들이 원하는 리더가 아니라 정말로 그들에게 필요한 리더가 되도록 나 자신을 훈련해야 한다고 말이다. 나는 기쁨을 주는 사람에서 도전 의식을 고취하는 사람으로 관계 시프트Relational Shift를 이루었다.

기쁨을 주는 사람에서 리더로 전환하는 법

한때 내가 사람들을 기쁘게 하고자 했던 성향이 당신에게도 있는지 모르겠다. 만일 그런 성향이라면 당신에게도 리더시프트가 필요하다. 당신이 실제로 조직의 팀원들에게 도움이 되고 있는 게 아닐 터이기 때문이다. 또한 늘 다른 사람들을 행복하게 해 주려고 노력하고 있다면 리더로서 역량을 발휘하지도 못할 것이다. 자신에게 타당해 보이는 일을 하기 전에 사람들과 조직을 위해 타당한 일을 '해야만' 한다. 이런 전환을 이루기 위해서는 다음 일곱 가지 일을 해야 한다.

1. 리더십에 관한 기대를 바꾸어라

내가 가진 문제, 즉 사람들을 기쁘게 한다는 문제의 중심에는 나를 기분 좋게 만드는 일을 하고 싶다는 열망이 자리했다. 여기에는 어려운 문제를 다루기를 꺼리는 마음이 포함되어 있다. 이를 바로잡고자 나는 리더십에 관한 사고방식과 커뮤니케이션 방식을 바꾸어야 했다. 나는 인정을 추구하는 일을 그만두기로 했다. 모든 사람의 친구가 되고자 하는 시도도 그만두었다.

이때 내가 개선되도록 도와준 사람은 멘토인 프레드 스미스_{Fred Smith}다. (컨설턴트로, 페덱스의 창업자와 동명이인이다.) 언젠가 사람들과 관련한 어려운 상황을 어떻게 다루어야 할지 의논하는데 그가 말했다. "자네에게 최선인 것과 조직에 최선인 것을 늘 구분 하게나." 한 대 얻어맞은 것 같았다. 종종 나는 나 자신을 우선순위에 놓았기 때문이다. 나는 늘 내게 최선인 일을 생각했다. 프레드는 내게 새로운 관점을 주었고, 일에 대해 다른 순서로 생각해 보라고 제안했다.

1. 조직에 무엇이 최선인가?
2. 조직 내의 다른 사람들에게 무엇이 최선인가?
3. 내게 무엇이 최선인가?

순서대로 이 세 가지 질문을 하자 나는 리더로서 결정을 내릴 때 그 동기가 무엇인지 명확히 알 수 있었다.

기쁨을 주는 리더에서 도전 의식을 고취하는 리더로 상대적 리더시프트를 하는 동안 나는 리더로서 엄청난 외로움을 느꼈다. 내 귀에 무척이나 멋지게 들리는 찬사의 말들이 이 기간에는 들려오지 않았다. 내게 동의를 구하고자 했던 사람들은 기분이 좋지 않을 때면 나를 피했다. 내게 찬사를 보내곤 했던 사람들 중 몇몇은 이제 나를 들들 볶았다. 하지만 군

중 사이에서 한 걸음 물러나자 나 자신이 발견되기 시작했다. 그래서 나는 사람들을 행복하게 만들어 주는 것에서 그들이 더 나아지도록 돕는 것으로 전환할 결심을 하게 되었다.

심지어 나는 나 자신을 기분 좋게 하는 일보다 내가 이끄는 사람들에게 최선인 일을 열망하기 시작했다. 인정받고 싶은 욕구가 줄어듦에 따라 리더로서 올바른 일을 하는 게 마음이 편안했다. 비전을 공유하고, 기대치를 높이고, 사람들의 도전 의식을 북돋우고, 길을 보여 주고, 헌신을 요구하고, 잠시 멈춰 합의되길 기다렸다. 조직이 암초에 부딪힐 가능성이 있으면, 나는 사람들이 하느님께 부여받은 잠재력을 발휘하도록 도울 수 있었다. 나와 함께 가고자 하지 않는 사람들을 되돌리는 데 에너지를 더 쓰지 않고서도 그들이 원하는 길을 갈 수 있도록 도왔다.

시간이 걸렸지만 나는 리더로서 새로운 내 모습을 좋아하는 법을 배웠다. 더 이상 모든 사람이 내 배에 타기를 기다리거나 걱정하지 않았다. 불행한 사람들이 나를 조종하고 내 기쁨을 빼앗아 가게 하던 날들은 끝났다. 더 이상 "모두 좋은가?" 하고 묻지 않았다. 대신 계속해서 이렇게 묻기 시작했다. "우리가 전념하고 있는가?"

이 기간에 배운 가장 큰 교훈은 내가 헌신을 요구하기 전까지는 사람들이 진정으로 나와 함께하고 싶은지 절대로 알 수 없다는 점이었다. 사람들에게 헌신을 요구하면, 헌신적이지 않은 사람들은 잃겠지만 헌신적인 사람들을 얻게 된다. 헌신을 요구하지 않으면, 헌신적이지 않은 사람들은 계속 남아 있겠지만 헌신적인 사람들을 잃을 것이다. 즉 어떤 사람을 잃을지 선택하는 것이다. 또한 나는 이따금 존경이란 어려운 상황에서 얻어짐을 배웠다. 사람들은 어려운 결정을 하는 리더를 존경한다. 어려운 시기에 명령하는 것이 아니라 모범이 되어 이끄는 리더, 자신들을 가장 중요하게 여기고, 그들 안에 존재하는 훌륭함을 끌어올리고자 청하며, 그들을 가치 있게 여기는 리더를 말이다. 리더시프트를 행한 지 45년이 흘렀지만, 나는 여전히 그것이 어떻게 나와 내 리더십을 바꾸었는지 느끼고 있다.

당신의 리더십이 다른 사람들을 기쁘게 하거나 사람들에게 인정을 받으려는 기대에서 동기를 부여받는다면, 그 기대를 변화시켜야 한다. 내가 무엇을 얻을지에서 내가 어떻게 사람들을 도울 수 있을지, 조직을 향상할 수 있을지, 나의 비전을 달성할 수 있을지로 관점을 전환하라. 그렇지 않으면 당신의 리더십에는 늘 한계가 생길 것이다.

2. 당신 자신만큼 사람들을 가치 있게 여겨라

내 인생의 최우선순위 중 하나는 바로 사람들을 가치 있게 여기는 것이다. 나는 매일 의도적으로 다른 사람들에게 가치를 부가한다. 이는 늘 나자신을 가치 있게 여기는 데서 시작된다. 우리는 자기 자신을 보듯 사람들을 본다. 그래서 자신을 가치 있게 여기면 다른 사람들도 가치 있게 여길 수 있다.

자신에 대한 가치 평가는 내가 사람들을 어떻게 평가하느냐에 달려 있다. 만일 당신 자신이 기회를 가질 자격이 있다고 느낀다면, 다른 사람들에게도 기회를 줄 것이다. 당신 자신을 10점 만점에 9점으로 평가한다면, 다른 사람들에게도 기꺼이 그 이상의 높은 가치를 부여할 것이다. 자신의 가치를 깎아내린다면, 다른 사람들에 대해서도 가치를 깎아내릴 것이다. 이는 중요하다. 다른 사람들의 가치를 깎아내리고서는 좋은 리더가 될 수 없기 때문이다.

- 자기 사람들을 가치 있게 여기는 리더는 그들에게 최선의 노력을 한다.
- 자기 사람들의 가치를 깎아내리는 리더는 그들에게 최소의 노력만 한다.
- 자기 사람들을 가치 있게 여기는 리더는 그들에게 봉사한다.
- 자기 사람들의 가치를 깎아내리는 리더는 그들이 봉사하길 바란다.
- 자기 사람들을 가치 있게 여기는 리더는 그들에게 권한을 준다.
- 자기 사람들의 가치를 깎아내리는 리더는 그들을 통제하려고 한다.
- 자기 사람들을 가치 있게 여기는 리더는 그들에게 동기를 부여한다.
- 자기 사람들의 가치를 깎아내리는 리더는 그들을 조종한다.

사람들이 능력을 최대한 발휘하게 하려면, 당신이 그들의 최대 능력을 '믿어야' 한다. 그래야만 당신이 그들에게 최선을 다하게 된다. 그래야 당신에게 최선을 다해 달라고 그들에게 요구할 수 있다.

3. 앞장서서 기대치를 달성하라

사람들을 기쁘게 하려고 애쓰던 시기에 나는 앞장서서 기대치를 달성시킨 적이 없었다. 나는 언젠가, 어디선가, 어떻게든이라고 나 자신에게 말했고, '적절한 때가 되었을 때' 기대치에 관해 입을 뗐다. 하지만 그때는 결코 적절한 때가 아니었고, 나는 이런 대화를 시작할 수 없었다. 그 대신 사람들을 이성적으로 설득하려고 노력했다. 내가 그들에게 바라는 것, 힘든 시기가 오고 있다는 것을 그들이 예상하고 나와 함께 남아 주기를 기대하면서 말이다. 하지만 이런 추정은 리더십 세계에서는 좋은 실행 방법이 결코 아니다. 이는 늘 충족되지 못한 기대와 실망을 안겨 준다.

리더로서 당신은 전위front end에서 기대를 설정하고 성공을 위한 작업 관계를 세울 수도 있고, 또는 후위back end에서 당신과 당신 사람들 모두를 위해, 무언의 기대를 남겨 두고 좌절을 다루게 될 수도 있다.

나는 전위에서 기대를 공유하고 설정하는 일이 리더에 관한 리트머스 시험지라고 본다. 나는 앞자리에서 사람들과 함께 애쓴다.

- 앞장서서 감사하는 일은 사람들에게 가치를 부여하고, 우리가 함께하는 시간의 가치를 증진한다.
- 앞장서서 기대치를 설정하는 일은 회의의 가치를 증진한다. (내가 기대치를 빨리 설정할수록 회의가 더 빠르고 쉬워진다.)
- 앞장서서 질문하는 일은 사람들이 서로를 이해하는 가장 빠른 방법이며, 우리가 함께하는 시간의 가치를 증진한다.
- 앞장서서 논의하는 일은 우리가 다른 사람들을 이끄는 방식과 방향에 영향을 준다.
- 앞장서서 결정하는 일은 우리가 함께하는 시간의 가치를 증진한다.

앞장서는 것은 당신이 남보다 앞서 있다는 말이다.

누군가와 대화를 앞장서서 준비할 때, 나는 한 가지 질문과 일곱 가지 서술로 상호작용 수준을 설정한다. 먼저, 질문은 다음과 같다.

우리의 대화에서 당신이 기대하는 것은 무엇인가

누군가와 대화할 때 나는 늘 먼저 상대에게 이렇게 운을 뗀다. 예의는 아닐 수 있지만, 영리한 질문이다. 서두 없이 좋은 질문을 하는 것은 좋은 방법이다. 상대가 정말로 무슨 생각을 하는지를 알아내는 것이 내가 그들을 어떻게 생각하는지보다 훨씬 중요하기 때문이다. 게다가 내가 먼저 들으면 상대가 내 말을 경청할 가능성도 높아진다. 이미 자기 말을 들어주었기 때문이다.

누군가와 직업적인 관계를 시작할 때는 먼저 서로에 대한 기대를 확립하는 것이 가장 중요하다. 상대가 나에게 기대하는 건 무엇인가? 내가 상대에게 기대하는 건 무엇인가? 이 방법으로 서로의 열망이 양립 가능한지를 알아낼 수 있다. 서로의 기대가 합치되게 조율함으로써 서로가 그것들을 인정할 수 있게 된다. 그리고 이 관계에서 내가 리더라면 상대를 더 잘 알수록 그를 어떻게 이끌어야 할지도 더 잘 알게 된다.

질문을 함으로써 다른 사람이 무엇을 기대하는지 미리 알아냈다면, 나는 다음의 일곱 가지 이야기를 전달함으로써 사람들의 기대에 부응한다.

이건 나에 대한 것도, 당신에 대한 것도 아니다. 큰 그림에 관한 것이다

어른이라면 서로 다른 관점들을 보고 존중할 능력이 있다. 하지만 팀이나 부서, 조직을 이끌 때는 늘 큰 그림에 눈을 고정하고 있어야 한다. 나는 이에 대해 《팀워크를 혁신하는 17가지 불변의 법칙》에서 '큰 그림의 법칙'이라고 표현한 바 있다. 목표가 역할보다 훨씬 더 중요하다는 것이다. 사람들은 각자 팀에서 한 가지 역할을 가진다. 왜 그럴까? 팀이 목표를 달성하도록 돕기 위해서다. 큰 그림을 완성하려면 누구도 목표 시야를 잃거나 스스로에게 사로잡혀선 안 된다. (그 어떤 팀원도, 리더도 마찬가지다.) 이 말은 내가 "나에 관한 게 아니야."라고 말하는 자리에서 시작할 때만 힘을 가진다. 나는 어쩌면 회사의 주인일 수도 있다. 하지만 그것이 정말로 나에 관한 것이 아님을 기억해야 한다.

내가 리더로서 모든 결정을 할 필요는 없다. 모든 회의에서 내 아이디어가 채택될 필요도 없다. 조직은 성공을 요구한다. 사람들이 그것을 '리더의 성공'이 아님을 안다면, '자신의 성공'을 쟁취하는 일 또한 아니라는 점도 기꺼이 받아들일 것이다. 이는 어떤 사람들에게는 힘든 일일 수 있다. 무척이나 재능 있고 스타성 자질이 있는 사람들에게 특히 그럴 것이다. 그러나 재능은 많을지라도 자존감이 낮은 사람이라면 성공보다는 현상 유지를 원할 것이다. 이 때문에 기대치를 먼저 설정해야 하는 것이다. 최고의 선수 한 사람만 있으면 된다고 생각하면, 팀은 최선을 다하지 않는 법이다.

다른 사람들을 가치 있게 여겨야 한다

리더는 모두 인간에 관한 비즈니스를 한다. 사람들과 함께 일을 잘하고 싶다면, 그들의 가치를 소중히 여기고 그들에게 가치를 더해 주어야만 한다. 좋은 소식은, 사람들에게 가치를 더해 주는 일은 비즈니스에도 좋다는 것이다.

나와 함께 일하는 누구든 가치 있게 여겨야 한다. 이는 모든 리더의 핵심 가치이자 모든 조직의 핵심 가치다. 리더는 다른 사람들에게 기꺼이 봉사해야 한다. 리더가 사람들을 가치 있게 여긴다면 섬김의 리더십servant leadership은 어려운 것이 아니다. 내가 상대를 가치 있게 여길 때 상대도 그것을 느낀다. 그러면 임무를 성공리에 달성할 수 있다.

당신은 계속 성장할 것이다

당신은 조직을 어떻게 성장시켰는가? 개별 구성원들의 성장을 통해서다. 우리 조직의 미래는 조직을 이루는 사람들의 성장 속에서 발견될 수 있으며, 특히 조직을 이끄는 사람들에게서 그러하다. 뚜껑의 법칙Law of the Lid(큰 용기를 만들려면 먼저 뚜껑의 크기를 키워야 한다는, 존 맥스웰이 만든 법칙이다. 용기가 커도 뚜껑 입구가 작으면 병목 현상이 일어나 용기를 제대로 사용할 수 없기 때문이다. 용기는 조직의 성과, 뚜껑은 리더를 비유한 것이다.—옮긴이)에 따르면, 리더십 능력은 개인의 효율성 수준에 따라 결정된다.

나는 인생에서 하루하루 뭔가를 배워 나가려는 마음을 품고 있는 평생 학습자이다. 또한 성장하는 사람들에게 매력을 느낀다. 나의 가장 좋은 친구들은 지속적으로 스스로를 발전시키고 있는 사람들이다. 우리의 대화는 각자의 성장 여정에 자극된다.

나는 내 팀에 합류하는 사람이 개인적·직업적 성장을 목표로 하기를 기대한다. 함께 성장하는 것은 혼자 성장하는 것보다 훨씬 낫다. 팀은 함께 성장하거나 따로 성장한다. 매일 성장에 몰두하고, 성장하는 사람들과 관계를 발전시켜 나가는 것은 성장 일로를 걷게 해 준다.

변화에 준비되어 있어야 한다

변화가 불가피하다고 인정하는 것과 변화가 필수라고 믿는 것 사이에는 엄청난 차이가 존재한다. 변화가 불가피하다고 인정하는 사람은 그것을 어쩔 수 없이 받아들이기 시작하고, '변화가 일어나고 있어. 내가 어떻게 해야 하지?'라고 반응하고 생각한다. 변화가 필수라고 생각하는 사람은 앞서서 상황을 주도하고, '나는 변화를 일으킬 거야. 그래야 우리 팀을 발전시킬 수 있어'라고 생각한다. 성장을 기대한다면 변화는 필수다. 변화 없이 성장할 수는 없다. 오늘 더 나은 일을 한다는 것은 그 자체로 내가 어제 뭔가를 배우고 발전시켰다는 의미다.

리더의 시간을 모두에게 주어야 한다

나는 내 조직에서 모든 사람에게 공짜로 많은 것들을 준다. 비전, 믿음, 자원, 지지, 리더십 등을 말이다. 늘 주어야만 하는 것은 내 시간이다. 내 개인적인 자원 중 가장 제한적인 것이며, 따라서 누군가가 얻어 내야 내가 줄 수 있다. 누군가가 내 시간을 어떻게 얻어 낼까? 팀에 생산적인 팀원이 됨으로써다. 이때 나는 80-20 규칙을 실행한다. 팀 생산량의 80퍼센트를 책임지는 20퍼센트의 팀원에게 내 시간의 80퍼센트를 주는 것이다.

직업 초기에 나는 비생산적인 사람에게 시간을 많이 쏟았다. 내가 그들을 변화시킬 수 있으리라고 생각하면서 말이다. 너무 순진했다. 내가 말하려는 건, 처음에 나는 그저 모든 사람을 설득하고 싶어 했다는 것이다. 사람들의 역량에 대해 생각하기 시작하고 나서야 나는 이렇게 묻게 되었다. "그들이 이것을 할 것인가?", "그들이 이것을 할 수 있는가?", "그들에게 요청하려고 애쓸 가치가 있는가?"

지금 나는 무척이나 실용적인 사람이며 이런 질문을 하지 않는다. 이 것들은 아주 주관적이라 지나치게 추측에 의존하기 때문이다. 이제 나는 딱 한 가지를 묻는다. "그들이 생산적인가?"

나는 이 기준을 나 자신에게도 똑같이 적용한다. 내가 누군가와의 우정을 즐긴다는 건 내가 생산성 기준을 통과했다는 것만을 의미하지는 않기 때문이다. 예를 들어 몇 년 동안 톰 멀린스와 토드 멀린스는 나를 크라이스트 펠로십 교회의 목회자 팀에 합류할 수 있게 해 주었다. 톰은 설립 목사이고, 아들 토드는 주임 목사였다. 두 사람은 좋은 친구이고, 나는 내 목회 시간을 매분 매초 즐겼다. 하지만 나는 매년 그들에게 이런 질문을 했다. "올해에도 두 분은 내가 이 목회자 팀에 있길 바랍니까, 아니면 변화를 원합니까?" 그들은 내가 그 팀의 목표를 위해 언제든 단상에서 내려갈 준비가 되어 있음을 안다. 만일 그들에게 있어서 생산적이지 않다면, 그때가 내가 떠날 때이다.

만일 당신이 누군가를 위해 일한다면, 그 사람의 시간을 가치 있게 여기고 당신이 그것을 얻어 낼 필요가 있음을 인식하라. 만일 다른 사람들이 당신을 위해 일한다면, 당신의 시간을 오직 생산적인 이들, 기꺼이 배우고 성장하고 계속 그렇게 시간을 얻어 내려고 노력하는 사람들에만 주어라.

늘 책임감을 가져라

사람들 대부분은 먼저 책임과 의무를 져야 할 때 권한을 원한다. 앨버트슨스Albertsons의 관리 위원회 부위원장이자 회장 및 CEO의 수석 고문인

케빈 터너Kevin Turner는 이렇게 말했다. "사람들은 자신의 행동이 아니라 의도로 평가받고자 합니다." 하지만 결과는 차이를 만들어 내는 것이다. 제아무리 의도가 좋아도 소용없다. 결과는 사람들이 스스로에 대해 책임을 다할 때 온다.

나는 세스 고딘의 다음과 같은 말을 좋아한다.

직원들은 승진 대상자로 발탁되거나 회의를 주도하거나 또는 회의에서 크게 발언하기를 그저 기다린다.

"날 발탁해 줘요. 날 발탁해 줘요."는 시스템의 힘을 인정하는 말이며 누군가에게 책임을 떠넘기는 태도다. 심지어는 비난의 화살을 당신에게서 다른 사람에게로 떠넘긴다.

당신이 발탁되지 않았다면, 그건 그들의 잘못이지 당신의 잘못이 아니다.

당신이 발탁되었다면, 그들은 당신이 적합하다고 말할 것이다, 그렇지 않은가? 더 이상 당신의 잘못이 아니다.

누군가가 발탁해 주는 걸 거부하라. 스스로를 발탁하라.[1]

책임을 진다는 건 이런 것이다. 스스로를 발탁하라. 스스로 동기부여를 하라. 자신이 하는 모든 일에 계획과 에너지를 불어넣어라.

에너지에 대해 말하자면, 내가 특히 사람들에게 책임을 갖기를 기대하는 영역인데, 슬프게도 에너지 수준이 낮으면 종종 팀이 붕괴되기 때문이다. 부정적인 에너지와 태도를 지닌 사람은 긍정적인 에너지를 지닌 사람이 팀을 끌어올릴 수 있는 것보다 훨씬 더 빠른 시간에 팀을 끌어

내릴 수 있다. 이 진실은 특히 회의에서 드러난다. 리더는 이 문제를 어떻게 다루어야 할까?

나는 회의 시작 시점에 에너지 수준을 점검한다. 회의를 시작할 때 회의실에 있는 사람들에게 그들의 에너지 수준 수치가 어느 정도냐고 간단히 묻는다. 이는 모든 사람이 회의에 완전히 참여할 수 있게 하는 동기를 부여한다. 필요하다면 나는 모든 사람의 이름과 숫자를 보드에 적어 두고, 성공적인 회의를 위해 이 사무실 안에 있는 모든 사람에게 필요한 에너지 수준이 어느 정도인지 알게 한다. 사람들은 대개 기대 수준만큼 자신의 에너지를 끌어올리는 데 책임을 다하며, 그것은 회의에서 에너지 넘치고 긍정적인 결과를 도출할 수 있게 한다.

하기 어려운 대화를 피하지 마라

리더십은 우리가 문제에 솔직해질 것을 요구한다. 여기에는 하기 어려운 대화가 포함된다. 이는 문제가 쉽지 않을 때, 우리 팀에 있는 사람들과 관련될 때 더욱 어렵다. 하지만 하기 어려운 대화를 절대로 미뤄서는 안 된다. 미룰수록 솔직하게 말하기가 더 어려워진다. 왜 그럴까?

- 대부분의 사람들이 침묵하고 있는 것은 찬성을 의미한다.
- 스스로 빈칸을 채워야 할 때 사람들은 무척이나 부정적이 된다.
- 해결되지 않고 남겨진 문제는 눈덩이처럼 불어난다. 더 커지고 가속도가 붙는다.
- 해결되지 않고 남겨진 문제는 내적 붕괴를 유발한다. 우리는 스스로에 대한 내적 존중을 잃게 된다.

- 몰입도 감소의 법칙이 효과를 발휘한다. 지금 해야 할 뭔가를 오래 미룰수록, 그 일을 하지 않게 될 가능성이 커진다. '언젠가' 는 없다.

나는 많은 직원을 직접 관리하던 때에 이렇게 말하곤 했다. "당신이 어떻게 하고 있느냐에 대해 결코 걱정하지 마라. 문제가 있다면 내가 즉시 당신에게 알릴 것이다." 나는 문제를 그냥 가지고 있지 않는다. 하기 어려운 대화를 해야 한다면 나는 되도록 인간적으로 빨리 그렇게 한다.

"끝이 좋으면 모두 좋다."라는 말을 들어 본 적이 있을 것이다. 나 역시 시작이 좋으면 모두 좋다고 믿는다. 이 때문에 리더로서 해야 할 일은 먼저 기대치를 세우는 것이다. 그렇게 해야 시작을 잘하고, 사람들에게 최선을 다하도록 도전 의식을 고취시킬 수 있다.

4. 어려운 대화를 나누기 전에 먼저 스스로에게 질문을 하라

기쁘게 하는 사람에서 도전 의식을 고취하는 사람으로 리더시프트를 하고 성장해 나갈 때 나는 어려운 대화를 더 잘하려고 노력했다. 이때 자문하기 시작한 질문 하나는 "이 어려운 대화를 하도록 만든 문제의 근원은 무엇인가? 내부적 사안인가, 다른 사람들에게 있는 문제인가, 아니면 내 문제인가?" 그 사안이 외부적인 것이라면, 다시 말해 형편없는 의사소통, 잘못된 시스템, 외부 문제라면 풀기 쉽다. 사람의 자세나 행동과 관계된 문제라면, 다소 어려워진다. 잘못이 나에게 있다면, 다른 사람들과 전혀 만날 필요가 없다. 그저 그러한 사실을 인정하고 나 자신을 고치면 된다! 어떤 식으로든 이 세 가지가 결합되어 있다면, 그 대화는 복잡하고

고려해야 할 질문	네	아니요
이 관계가 충분히 솔직해지도록 관계에 투자했는가?		
내가 그들 개개인을 가치 있게 여긴다는 것을 보여 주었는가?		
이것이 그들의 사안이지 내 사안이 아닌 것이 확실한가?		
내게 위협을 느껴서 크게 말하지 못하는 건 아닌가?		
그 사안이 이 관계보다 더 중요한가?		
이 대화가 내 이익이 아니라 그들에게 이익이 되는가?		
그들이 변화하도록 돕는 데 내 시간과 에너지를 기꺼이 투자했는가?		
분명하고 특정한 기대치를 세웠는가?		
잘못되었다고 말하는 것만이 아니라, 어떻게 할지를 그들에게 보여 주었는가?		
비공식적인 상황에서 내가 그 사안이나 문제에 대해 이미 언급한 적은 없는가?		
총합		

무척 어려워질 것이다.

나는 어려운 대화를 하기 전에 다음 체크리스트를 점검하며 준비했다.

'네' 또는 '아니요'가 몇 개인지 더해 보라. '아니요'가 하나 이상이라면 중요한 대화를 하기 전에 '아니요'를 '네'로 만드는 데 필요한 단계들을 고려해 보라.

5. 문제가 생긴다면 피하지 말고 그때그때 대화로 풀어내라

이는 한때 내게 너무나 어려운 일이었다. 이를 좀 덜 어렵게 만들어 줄 방법에 관해 당신에게 약간의 조언을 해 주고 싶다. 먼저 당신이 왜 대화를 하고 있는지 기억하라. 그건 당신이 상대에 대해 신경 쓰기 때문이다. 그들과 정면으로 맞서는 걸 지나치게 신경 쓰기 때문이다. 당신의 목표는 그 사람을 돕는 것이다.

올바른 태도를 견지하는 것은 필수다. 종종 말보다 행동에 더 무게가 실리기 때문이며, 부정적인 태도는 더욱 큰 피해를 입힌다. 사람들은 당신이 말한 것은 잊어도 그때 어떤 감정을 느꼈는지는 그 뒤에도 오랫동안 기억한다. 이해하려고 애씀으로써 당신은 올바른 태도를 전달할 수 있다. 대화 지침은 다음과 같다.

- 처음에 사안을 분명하게 언급하라. "~을 알고 있습니까?"라는 말을 사용해 보라.
- 상대에게 그의 관점을 말해 달라고 청하라. "당신 상황을 제가 이해할 수 있도록 설명해 주세요."라고 시작해 보라.
- 질문하라. 그리고 "제가 제대로 들었나요?"라고 되물어라.
- 당신이 들은 것을 반복해 말해 보라.
- 그들이 대답하게 하라.
- 공통의 기반을 찾으려고 애써라.
- 양쪽 모두에게 무엇이 최선인지에 관한 합의에 도달하라.
- 이 사안과 문제에 합의하지 못한다면, 다시 만날 약속을 하라.
- 하기 어려운 대화 안에 있는 성장 기회를 보라.
- 긍정적인 관계를 유지하도록 시도하라.

이 패턴을 따르고 긍정적인 결과에 이르는 것이 늘 가능하지는 않지만, 해 볼 가치는 있다. 어려운 대화를 하고 지금 서 있는 자리를 알아내는 것이 그것을 피하고 문제가 그저 자연히 풀리기만을 기다리기보다는 언제나 훨씬 낫다. 자연히 풀리는 문제란 없기 때문이다.

6. 25-50-25 원칙을 이해하라

좋은 리더십은 늘 난국에 대처하고, 최선을 다하고, 더 많이 얻어 내도록 사람들의 도전 의식을 고취한다. 어떤 사람들은 도전을 받아들이고 팀이 승리하도록 돕는다. 하지만 어떤 사람들은 그렇지 않다. 리더는 사람들이 나아가는 과정을 관리해야만 한다. 25-50-25 규칙을 사용하면 도움이 될 것이다. 내가 수년 전 로스앤젤레스에서 열린 리더십 학회에 참석했을 때 배운 것이다.

이 규칙이 어떻게 작동하는지 보자. 당신이 비전을 제시하고, 사람들이 그 노력의 결과를 만드는 데 일부가 되도록 도전 의식을 북돋으면, 사람들은 셋 중 한 가지 그룹으로 나뉘게 된다. 전형적으로 25퍼센트의 사람들이 당신의 노력을 지지하고, 50퍼센트의 사람들은 결심하지 못하며, 25퍼센트의 사람들이 저항한다. 당신이 할 일은 중간에 있는 50퍼센트의 사람들이 첫 번째 그룹에 합류하도록 만드는 것이다. 그렇게 할 방법은 다음과 같다. 이는 또한 세 그룹 모두와 함께 일하는 방법이기도 하다.

- 저항하는 하위 25퍼센트의 사람들은 당신이 뭘 하든 상관없이 거기에 동조하지 않으리라는 점을 깨달아라. 세계에서 가장 위대한 리더가 함께한다고 해도 그들은 여전히 변화에 저항할 것이다. 이 사실을 받아들여라.

- 이 하위 25퍼센트의 사람들을 행복하게 하려고 노력을 낭비하지 마라. 그들은 행복해지지 않는다. 그들을 달래려고 시도하는 것은 저항감만 키울 뿐이다.
- 이 하위 25퍼센트의 사람들에게 연단을 내주거나 신뢰를 주지 마라. 당신이 올바른 일을 한다고 믿는다면, 왜 그들이 그 일을 방해하게 두는가?
- 하위 25퍼센트의 사람들을 아직 마음을 정하지 못한 50퍼센트의 사람들에게서 떼어 놓아라. 메이저 리그 감독이었던 케이시 스텡걸Casey Stengel은 이렇게 말했다. "관리의 비결은 당신이 내린 결정을 싫어하는 친구들을 아직 마음을 정하지 못한 친구들에게서 떼어 놓는 것입니다."
- 25퍼센트의 지지자들에게 아직 마음을 정하지 못한 50퍼센트의 중간 집단에 긍정적인 영향력을 발휘해 달라고 요청하라.
- 25퍼센트의 지지자들에게 신뢰를 주고 그들이 말할 연단을 제공하라. 그들은 당신이 조직을 앞으로 나아가게 하는 데 도움을 줄 것이다.

50퍼센트의 중간 집단이 당신의 리더십과 비전으로 향하게 만들 수 있다면 그게 무엇이든 승리할 것이다. 그것이 조직을 올바른 방향에 놓기 때문이다. 그것을 기리고, 계속 앞으로 나아가라.

7. 관심과 솔직함의 균형을 맞춰라

사람들의 도전 의식을 고취하는 것과 관련해 한 가지 더 조언하고 싶다.

리더는 관심과 솔직함으로 관계를 만들어야 한다. 이것이 왜 중요한지 곧 설명할 것이다. 하지만 먼저 내가 리더들을 계발하는 데 사용하는 핵심 가르침 중 하나를 설명함으로써 포석을 깔아 두고 싶다. 영향력을 계발하는 과정인 '리더십의 5단계'이다.

1. 지위(권리에 기반함): 그렇게 해야 하기 때문에 당신을 따른다.
2. 허용(관계에 기반함): 그러고 싶기 때문에 당신을 따른다.
3. 성과(결과에 기반함): 당신이 팀을 향상시키기 때문에 당신을 따른다.
4. 인재 계발(재생산에 기반함): 당신이 그들의 자기 계발을 이끌어 주기 때문에 당신을 따른다.
5. 정상(존경에 기반함): 4단계에서 그들이 리더가 되게 도와주기 때문에 당신을 따른다.[2]

나는 40년간 리더들을 훈련시키고 계발하는 데 이 다섯 단계를 사용했다. 대부분의 리더들이 가장 어려워하는 건 2단계에서 3단계로 넘어가는 것이었다. 호감형 사람은 대부분 2단계에서 사람들에게 관심을 가지고 친밀감을 쌓으면서 인간관계를 발전시킬 수 있다. 하지만 3단계는 생산에 관한 단계이다. 사람들을 얻는 일에서 사람들에게 더 나은 결과를 만들어 내게 하는 일로 이행하는 것은 힘든 단계이다. 4단계, 즉 다른 사람들에게 투자하고, 그 사람이 좋은 리더가 되도록 도움으로써 리더 자신이 거듭나는 일은 훨씬 더 어렵다. 리더로서 다른 사람들의 생각을 '난 팀에 있는 것이 좋아.'에서 '난 팀을 위해 뭔가를 만들어 내야 해.'로 어떻게 이행시킬 수 있을까? 그 답은 관심과 솔직함의 균형을 맞추는 데 있다. 이렇게 말하는 이유는 사람들 대부분이 태생적으로 이 중 한 가지 특성을 지니고 있기 때문이다. 하지만 당신에게 이 양자를 실행하는 것이 왜 중요한지는 다음과 같다.

- 솔직함 없는 관심은 절름발이 관계를 만든다.
- 관심 없는 솔직함은 거리감 있는 관계를 만든다.
- 관심과 솔직함이 균형을 이룰 때 발전적인 관계가 이루어진다.

관심과 솔직함은 비행기의 양 날개와 같다. 날개 하나로는 날 수 없다. 두 개가 함께 작동해야 한다.

관심	솔직함
사람을 가치 있게 여긴다	사람의 잠재력을 가치 있게 여긴다
관계를 수립한다	관계를 확장한다
약점을 받쳐 준다	강점을 끌어낸다
편안함을 제공한다	도전 의식을 제공한다
팀을 기쁘게 한다	팀을 생산적으로 만든다

관심은 절대로 솔직함을 능가하지 못한다. 하지만 솔직함 역시 절대로 관심을 대신하지 못한다. 사람들을 이끄는 책임을 갖게 되면, 그들에게 관심을 가져야 하지만 또한 그들이 발전하도록 솔직한 대화를 시작함으로써 그들에게 도전해야만 한다. 나의 사고방식은 "당신을 너무 좋아하니까 당신이 지금 있는 자리에 머물게 하고 싶지 않아요."이다. 젊은

시절에는 이런 생각을 하기가 어려웠다. 관심을 주기는 쉬웠다. 솔직하기는 어려웠다. 지금 나는 사람들과 함께 둘러앉아 허심탄회하게 어려운 대화를 나눌 수 있다. 하지만 나를 이끄는 법칙은 오래전에 받아들인 한마디이다. "당신이 얼마나 자기들에게 관심을 가지는지 알 때까지, 사람들은 당신이 얼마나 아는지 관심을 가지지 않는다." 이 말이 내가 관심과 솔직함 사이의 올바른 균형을 유지할 수 있게 도와주었다.

내가 기쁨을 주는 리더에서 도전 의식을 북돋우는 리더로 리더시프트를 이룬 지 거의 50여 년이 되었다. 내가 리더십에서 해냈던 가장 어려운 변화 중 하나였지만, 가장 보상이 큰 변화이기도 했다. 변화할 필요를 직시하지 않았더라면 내 리더십은 좌초되었을 것이다.

사람들을 기쁘게 하는 일이 당신에게 얼마나 어려운지 나는 알지 못한다. 어쩌면 이건 쟁점이 전혀 안 될 수도 있다. 그러길 바란다. 어쨌든 당신이 가능한 한 최고의 리더가 되고 싶다면 사람들에게 긍정적인 도전 의식을 심어 주는 법을 습득해야 한다. 사람들이 자신의 역량을 긍정적으로 발휘하도록 돕는다면 그들과 팀은 물론 당신 자신에게도 도움이 될 것이다.

제 5 장

익숙함에
안주하지 말고
새로움을 창조하라

LEADER
SHIFT

모두가 규칙을 따라야 한다는
생각에 너무 많은 에너지를
쓰게 될 때 창조성은 질식한다.

기쁨은 현상 유지가 아니라 창조에서 온다.
_빈스 롬바디Vince Lombardi

당신의 직업이나 당신이 속한 당신에게 기대하는 바를 생각해 본 적 있는가? 당신이 이끄는 사람들이 계속 당신을 따를 것이라 생각하는가? 그 길을 계속 유지할 것인가? 방향을 바꿀 것인가? 상자에서 나올 것인가? 상자를 날려 버릴 것인가?

일을 처음 시작했을 때 나는 이러한 점들을 고민하지 않았다. 나는 일찍부터 내가 목사가 되리라는 것을 알았다. 대학에서 어떤 수업을 들을지는 이미 이것으로 결정되었고, 졸업하고 나서 인디애나주 시골 마을에서 얻은 첫 일자리에 나는 행복해했다. 마거릿과 결혼하고 몇 주 뒤에 우리는 그곳으로 이사를 갔다! 1969년 당시에 목사의 역할이란 상당히 고정적이었다. 우리는 목자였고, 주로 해야 할 일은 양들을 기르고 돌보는 것이었다. 전체적으로 '유지'적 사고방식이면 되었다. 신도들을 사랑하고 목사가 되기를 학수고대한 것만큼, 내가 불안감을 느끼기까지는 오랜 시간이 걸리지 않았다.

내가 속한 조직은 매년 모든 교회의 목사와 신도 들을 위한 회의를 열었다. 목사가 된 첫해가 끝나 갈 무렵, 나는 우리 교회 리더로서 첫 회의에 참석했다. 대학 친구들을 만나서 근황을 나누기에도 좋은 때였다. 나를 가장 충격으로 몰아넣은 것은 모든 일이 얼마나 '전통적인지'였다. 회의의 절정은 그해의 목사를 알려 줄 때였다. 처음에는 그것이 충격적이었다. 그들이 기리는 사람은 늘 가장 오래 재임한 사람, 가장 신실한 리더, 즉 현상을 계속 유지하는 사람이었다.

나는 현상 유지자가 되고 싶지 않았다. 재임은 내 목표가 아니었다. 전통과 규범을 따르는 것을 가치 있게 여기는 무리에서 부적응자가 된 듯한 기분이 들기 시작했다. 불안정한 기분은 점점 더 커져 갔다. 그리고 조직이 작동하는 방식은, 그러니까 만일 내가 조그마한 교회의 신실한 목자이고 평지풍파를 일으키지 않는다면, 마침내 더 큰 교회의 목사로 초빙될 것이었다. 거기에서 충실하게 신앙생활을 한다면 교파를 지휘하는 자리를 제공받게 될 것이었다. 명망 있는 목사들은 계속 가장 높은 자리로 올라가는 길을 따른다. 죽 그렇게 가다가 은퇴가 다가올 때, 목사 생활의 마지막을 향해 가면서 인정을 받기에 이를 것이다. 내 앞에도 이런 경로가 놓여 있었다. 그리고 그것은 나에게 잘 맞지 않아 보였다. 나는 혁신을 바랐다. 사람들에게 다가가고 싶었다. 위대한 교회를 세우고 싶었다.

몇 년 뒤 목사 세계에 있는 어떤 이가 목사는 실제로 목자가 아니라고 말했다. 그는 대신 다른 비유를 들었다. 교회 리더는 목장 주인이라는 것이다. 그리고 이것이 어떻게 다른지 설명했다. 목자는 자신이 이미 데리고 있는 양들을 보살피는 '유지자'이고, 목장 주인은 새로운 아이디어를 개척하고 건설하는 리더라는 것이다. 지금 사람들을 가축에 비유하는 게 아니다. 다만 두 가지 유형의 사람들 사이에 존재하는 의식 차이를 말하는 것이고, 내가 어떤 유형인지 말하는 것뿐이다. 나는 '건설하고' 싶었다.

이런 속담이 있다. "그 울타리가 왜 거기 있는지 알 때까지는 허물지 말라." 우리 조직에서 울타리를 허물고 싶어 안달하는 사람이 누군지는 알지 못했지만, 내가 '질문하는 사람'임은 알았다. 나는 왜 울타리가 세워졌는지 곧장 질문했다. 그리고 그것이 여전히 그 자리에 있어야 할 이유가 있는지, 더 나은 것으로 대체할 수는 없는지 질문했다. 이미 행해진 어떤 일이 합리적이라면 나는 그것을 내버려 두었다. 그렇지 않다면 이렇게 질문했다. "왜 다른 방식으로 하지 않지? 더 나은 방식으로 말이야."

질문을 하고, 창조성에 불이 붙도록 탐구했다. 그러나 우리 조직에서 이렇게 하는 사람은 나뿐인 것처럼 보였다. 사실 내 질문은 그들의 화를 돋우었다. 그들은 내 질문에 질문으로 답했고, 왜 내가 자신들에게 질문하고 있는지 전혀 이해하지 못했다. 결국 내가 그 문화에 동화될 수 없다는 게 분명해졌다. 내게는 변화가 필요했다. 그래서 나는 조직을 떠났다.

당신은 창조 지대에 있는 리더인가?

내가 몸담았던 또는 나를 길러 준 사람들이 있는 조직을 폄하하고 싶지는 않다. 그들은 좋은 사람들이었다. 하지만 나는 그들이 속해 있는 문화가 그들에게 반작용을 일으키고 있다고 믿었다. 유지 중인 문화를 극복하기란 어렵다. 그리고 혁신이 일어났을 때 당신이 활동하지 않는 성향을 내재화하게 된 상태라면 극복할 게 훨씬 더 많아진다.

혁신이 일어났을 때 우리는 네 가지 지대 중 한 곳에 떨어지기 쉽다. 이것들은 우리가 살아가는 방식, 이끄는 방식, 얻어 낼 것에 영향을 끼친다. 그 네 가지 지대를 대표적인 말로 묘사해 보겠다.

1. 타성 지대—"되도록 일을 적게 할 거야."
2. 안정 지대—"늘 하던 대로 할 거야."
3. 도전 지대—"전에 안 해 본 걸 시도할 거야."
4. 창조 지대—"전에 한 번도 해 본 적 없는 생각을 할 거야."

당신의 성향상 끌리는 곳은 어느 지대인가? 타성 지대, 그러니까 수동적이라고 할 수 있는, 되도록 적게 행동하는 쪽으로 기우는가? 위험을 회피하는 안정 지대에 머무는 경향이 있는가? 새로운 것들을 시도하고, 기꺼이 실패의 위험을 감수하는 도전 지대에 관계하는가? 새로운 아이디어를 탐구하고, 다른 관점들을 찾아내고, 그 경계를 건너가는 모습을 상상하고, 종국에는 실제로 거기에 도달하는가? 즉, 창조 지대에 살면서 더 먼 곳까지 스스로를 확장하려고 하는가?

좋은 소식은 우리에게는 타고난 성향과는 다른 지대를 선택하는 능력이 있다는 것이다. 그리고 나는 창조 지대를 추천한다. 그곳에서는 많은 경험을 하고 잠재력을 확장할 수 있기 때문이다. 자신의 리더십을 더 높은 수준으로 끌어올리고 싶다면, 유지에서 창조로 리더시프트를 이루어 창조 지대에서 살아야 한다.

창조 지대를 가로막는 정신적 장벽을 뛰어넘어라

어떻게 유지에서 창조로 전환할 수 있을까? 당신은 안에서 밖으로 나오는 과정을 시작해야 한다. 많은 사람에게 창조적인 잠재력이 제 기능을 하지 못하게 만드는 일부 정신적 장벽을 제거함으로써 시작하라. 로저 본 외흐는 《꽉 막힌 한쪽 머리를 후려쳐라》에서 이와 관련된 내용을 다루었다.[1] 그중에는 내가 좋아하는 말들도 많다. 이제부터 소개할 말들 중에 당신에게 해당하는 것이 있는지 살펴보라.

정신적 장벽 1. "올바른 대답을 찾아라"

어떤 질문에 올바른 대답이 단 한 가지 존재한다고 믿는 건 잘못이다. 늘 다른 해결책들이 있다. 이 사실을 믿고 기꺼이 그것들을 찾으려 한다면, 찾게 될 것이다.

정신적 장벽 2. "그건 논리적이지 않아"

아인슈타인은 이렇게 말했다. "상상력이 지식보다 훨씬 중요하다. 지식은 한계가 있다. 상상력은 세계를 둘러싸고 있다."[2] 상상력은 가능성을 현실로 바꾸어 준다. 상상력은 논리가 할 수 없는 일, 그러니까 갑자기 한 곳에서 다른 한 곳으로 건너뛰게 해 준다. 논리의 가치는 대단히 크고 우리는 논리적이어야 한다. 그리고 거기에 의도적으로 창조성을 덧붙여야 한다.

정신적 장벽 3. "규칙을 따르라"

나는 토머스 에디슨의 이 말을 좋아한다. "이 근처에 규칙 따윈 없다! 우리는 무언가를 달성하기 위해 시도하는 중이다!"[3] 가장 혁신적인 아이디어들은 규칙 체계를 파괴하는 데에서 나왔다.

정신적 장벽 4. "모호성을 피하라"

인생은 복잡하다. 너저분하다. 모순적이고, 역설적이다. 왜 이 세상에서 모호성을 피해야 한다고 생각하는가? 무언가를 이해하는 데 정해진 단한 가지 방법이란 없다. 모든 것은 한 가지 이상의 방식으로 이해할 수있다.

정신적 장벽 5. "실패는 나쁘다"

창조적인 사람들은 실패를 회피하지 않는다. 친구로 여긴다. 그들은 실험하고 혁신하고 창조하고 있다면 자신들이 실패할 것임을 안다. 그들은 위험 요소를 받아들인다.

정신적 장벽 6. "바보처럼 굴지 마라"

서 있으면 두드러져 보인다. 당신은 목을 쭉 빼고 군중들 위로 머리를 들어 올려야만 한다. 처음에 다른 사람들이 당신을 이해하거나 받아들이지 못한다 해도 그게 뭐 어떤가? 위대한 몽상가들은 모두 누군가에게는 어리석은 사람으로 보였다. 다른 사람들에게 어떻게 보이느냐는 당신이 얼마나 영향력을 발휘할 수 있느냐보다 중요하지 않다.

정신적 장벽 7. "나는 창조적이지 않아"

창조적이 되는 걸 가로막는 정신적 장벽은 자신에게 창조성이 없다는 믿음이다. 이런 자기 인식은 재능, 기회, 지능의 장벽이 된다. 하지만 진실은 누구나 창조적이 되는 걸 배울 수 있다는 것이다. 창조성의 진정한 장벽은 오직 스스로가 지닌 불신이다.

나는 블로거 휴 매클라우드Hugh MacLeod의 이 말을 좋아한다. "누구나 창조적으로 태어난다. 누구나 유치원에서 크레용을 한 상자 받는다. 그러다 사춘기가 오면 크레용을 치우고 그 자리를 딱딱하고 재미없는 대수학이나 역사학 같은 것들로 채운다. 이렇게 '창조성 해충'과 함께 몇 년을 보내면 마음 한구석에서 이렇게 속삭이는 소리가 들려온다. '크레용을 다시 가져오고 싶어. 정말로.'"[4]

리더가 반드시 배우고 따라야 할 창조성의 규칙

삶과 리더십에서 유지에서 창조로 전환하고 싶다면 크레용을 다시 가져와야 한다. 어떻게 해야 할까?

1. 창조적 문화를 세운다

당신이 팀, 부서 또는 조직을 이끌고 있다면 창조성을 촉진하고 창조적인 문화를 세울 책임이 있다. 몇 년 전 나는 《포브스》에서 기사 하나를 보았다. 조시 링크너의 《창의는 전략이다》에 실린 몇 가지 조언을 다룬 기사로, 조직 문화를 더욱 창조적으로 만드는 방법에 관한 멋진 시각을 보여 준다.[5] 나는 그의 아이디어들을 내 방식대로 해석하고, 거기에 내 관점을 조금 덧붙였다.

열정에 연료를 공급하라

창조성은 시간, 끈기, 테스트, 선택 사항들, 유턴, 상상력, 의문, 실패, 변화를 필요로 한다. 이 모두에는 무척 많은 에너지가 필요하다. 열정은 그 연료가 된다.

아이디어를 기념하라

무언가를 기념하는 것은 일의 마무리이다. 당신이 아이디어에 대해 돈이나 칭송, 기회 등으로 보답한다면, 사람들은 아이디어에 가치를 부여하고, 아이디어를 만들고 공유하는 방향으로 일하게 될 것이다.

자율성을 발전시켜라

노르망디 상륙 작전에서 활약한 조지 스미스 패튼George S. Patton 장군은 이렇게 말했다. "사람들에게 '어떻게' 일하라고 절대로 말하지 마라. '무엇을' 해야 하는지 말하라. 그러면 그들은 각자가 지닌 기발한 재주로 당신을 놀라게 할 것이다." 이 말은 사람들로 하여금 창조성을 발휘하게 하려면 자율성을 충분히 허용하라는 것이다. 사소한 부분까지 통제하는 것은 창조성을 제한한다. 반대로, 창조성을 발전시키는 것은 자유와 융통성이다.

용기를 북돋우라

창조성은 위험을 수반하며, 위험을 받아들이는 데는 용기가 필요하다. 리더는 먼저 용기를 보여 주어야 하고, 또 용기를 북돋아 주어야 한다. IMD 비즈니스 스쿨의 대니얼 데니슨Danial R. Denison이 말했듯이, "미지의 것을 다룰 수 있는 존재는 언제나 극히 드물었다. 사람들은 그 일을 하는 것이 안전하리라고 느끼면 그 모험을 무릅쓸 것이다. 그렇게 안전하게 느끼게 하는 것, 그것이 리더의 직무다."

계급을 축소하라

창조적인 환경에서 의사결정은 문제와 가장 가까운 곳에서 이루어진다. 그렇게 되기 위해 리더들은 계급의 가장 윗부분과 아랫부분 사이의 간격을 줄여야만 한다. 수년 전 나는 로버트 캐플란이 쓴 기사를 읽었는데, 지금은 은퇴한 스탠리 매크리스털Stanley McChrystal 장군을 인터뷰한 내용이었다. 매크리스털 장군은 이렇게 말했다. "그 어떤 복잡한 문제도 계급을 수평화하는 것이 최선의 접근법이다. 이는 모두가 자신이 관계자라고 느끼게 하며, 그리하여 주인 의식을 갖게 된다."[6]

규칙을 줄여라

작가 헨리 데이비드 소로는 이렇게 썼다. "어떤 바보는 규칙을 만들 수 있고, 바보는 모두 그것을 신경 쓴다." 모두가 규칙을 따라야 한다는 생각에 너무 많은 에너지를 쓰게 될 때 창조성은 질식한다. 지나치게 많은 규칙은 아이디어의 목을 조른다. 더글러스 맥아더 장군은 이렇게 말했다. "당신이 깨뜨릴 규칙들을 기억하라." 나는 이러한 생각이 좋다.

실패하며 나아가라

언젠가 이런 표지판을 본 적이 있다. "회사의 이념: 우리는 새로운 실수를 만들어 낸다." 나는 이 말이 좋다. 나는 실패하며 나아간다는 생각을 엄청나게 지지한다. 그렇기 때문에 내 책들에서 무척 많이 언급했다. 실패한다면 우리는 거기에서 배우고, 일어나고, 앞으로 나아갈 것이다. 무언가가 작동하지 않는다는 것은 무엇이 잘 작동하는지 아는 데 한 발짝 더 다가섰다는 말이다.

작은 것에서 시작하라

작은 것을 찾아내야 하는 상황에서 우리는 자주, 거대한 돌파구나 혁신을 원한다. 만일 어떤 한 가지 위대한 생각을 원한다면, 좋은 생각들을 많이 찾아야 한다. 만일 의미 있는 무언가를 만들어 내고 싶다면, 작은 조각들로 그것을 세워야 한다. 그 일을 지속적으로 해 나가라. 그러면 창조적인 진보가 이루어질 것이다.

당신의 영향력이 발휘되는 환경에서는 당신이 창조성을 더욱 발전시켜 나갈수록 풍요의 사고방식을 기르게 될 것이다. 내가 이 리더시프트를 '풍요 시프트'Abundance Shift 라고 부르는 건 이러한 까닭이다. 시인 마야 안젤루의 말처럼 말이다. "창조성은 고갈되지 않는다. 쓰면 쓸수록 더 많아진다. 슬프게도, 창조성을 기르기보다는 질식시켜 죽이는 일이 훨씬 더 많이 일어난다. 창조성은 새로운 방식으로 생각하고, 인식하고, 질문하는 분위기에서만 존재한다."[7] 리더로서 당신은 창조적인 분위기를 만들어 낼 영향력과 의무가 있다.

2. 모든 것을 더 낫게 하라

이런 말을 들어 본 적이 있을 것이다. "이것보다 나은 건 없어." 자, 새로운 소식을 알려 드리겠다. 그것은 더 '나아질 수' 있다. 무엇이든 더 나아질 수 있다. 리더는 발전의 촉매여야만 한다. 시인 제임스 러셀 로웰James Russell Lowell이 한 말의 지지자가 되어야 한다. "창조성은 어떤 대상을 찾는 것이 아니다. 그것이 발견된 뒤 거기에서 무언가를 끌어내는 것이다."

나는 일을 더 낫게 하는 프로세스를 만들고, 우리 팀과 함께 사용하고 있다. 10-80-10 전략이라는 것이다. 어떤 업무나 프로젝트를 시작할 때면 우리는 먼저 타깃을 확실히 규정하는데, 이는 프로세스의 약 10퍼센트를 차지한다. 10-80-10 전략에서 첫 번째 10은 우리가 달성하려는 것이 무엇인지 '아는 데' 초점을 맞춘다. 내가 찾아야 하는 것, 모르는 것이 무엇인지 어떻게 찾을 수 있을까? 이 과정은 두 번째 단계에서 일어나는데, 프로세스의 80퍼센트를 차지한다. 이때의 초점은 '생산'이다. 업무 방향이 올바로 결정되었다면 팀은 그것을 실행할 방법을 찾는다. 때로 어떤 일들을 해결해야 하고, 다른 접근법들을 실행해 보아야 하며, 무엇이 작동하는지 찾아내야 한다.

팀이 이 지점에 도달하면 리더가 일을 끝마치는 경우가 많다. 하지만 아직 한 단계가 더 남아 있다. 이 지점이 일을 완전히 새로운 단계로 끌고 간다. 10-80-10 전략에서 마지막 10에 해당하는 단계인데, 이는 아이스크림 꼭대기에 체리를 얹는 것과 같다. 팀이 이 전략과 프로세스를 완전히 습득하면 모든 것이 작동한다. 심지어 프로젝트를 훨씬 더 낫게 만든다.

우리는 어떤 아이디어를 다음 단계로 발전시킬 수 있을까? 어떤 메시지를 훨씬 더 갈고닦는 걸 목표로 삼을 수 있을까? 고객의 경험을 더 낫게 만들 수 있을까? 무엇을 더해 프로젝트를 훨씬 더 멋지게 만들 수 있을까? 너무 복잡해서 미처 알아차리지 못한, 다른 팀원들이 보지 못하는 중요한 무언가가 있을까? 더 나아가기 위해 무엇을 할 수 있을까? 이러한 질문들에서 종종 위대한 혁신이 일어나고, 아이디어들이 극대화된다. 또한 '팀'이 당초의 기대를 뛰어넘는 성과를 올리는 이유도 여기에 있다.

3. 계획을 세워라. 하지만 선택안들을 찾아라

좋은 리더는 일을 완수하기 위해 계획을 세운다. 하지만 계획 세우기는 리더십의 대단원이 아니라 가장 중요한 부분이다. 융통성 없이 계획에 집착하는 리더는 창조성을 질식시키고 기회를 놓친다. 창조성을 발휘하려면 계획에 선택지들을 덧붙여야 한다. 나는 이것을 계획 A에서 선택안 A로 이동하는 것이라고 생각한다. 이에 대해 설명하기 전에 계획 세우기에 대해 말하고 싶다. 계획 세우기란 일차적으로 다음과 같다. 계획은 내일 어떤 결과가 나올지 오늘 미리 결정하는 것이다. 지금 우리가 하고 있는 일이 내일을 통제한다는 약속을 해 주는 것이다. 젊은 시절 나는 확실성을 바랐고, 확실성에 의지하고 싶어 했다. 계획 세우기가 그 일환으로 보였다.

나는 매일 업무 계획을 세우고, 계획대로 일했다. 심지어 나 자신이 계획적인 사람이라고 생각했다. 10개년 계획? 세웠다. 5개년 계획? 확인했다. 2개년 계획? 서면으로 작성해 두었다. 그것도 상세하게. 그리고 누구든 그것을 읽도록 준비해 두었다. 내 성격은 통제적이었고, 계획은 나를 통제했다. 거기에다 무척이나 변화가 적은 힐햄, 인디애나, 소규모 농장 사회에 살았던 경험이 이런 성향을 더욱 뒷받침해 주었다. 내가 모든 것들을 내려다보고 있는 듯했다.

리더십이 발전함에 따라 계획은 더욱 복잡해졌다. 또한 나는 계획이란 복잡성을 다루는 일이라고 여겼다. 리더로 일하면서 10년 정도 나는 '앞서 계획하라'라는 제목의 세미나를 열었다. 그때 다른 리더들에게 가르쳤던 건 다음과 같다.

- 행위를 과정별로 미리 결정해 두라.
- 목표 설계도를 그려라.
- 우선순위를 조절하라.
- 주요 팀원들에게 공지하라.
- 받아들일 시간을 주라.
- 행동으로 나아가라.
- 문제를 예상하라.
- 계획을 조절하라.
- 매일 계획을 검토하라.

자, 이제 계획에 관한 내 공식에는 '우선순위를 조절하라', '받아들일 시간을 주라', '문제를 예상하라', '계획을 조절하라', '매일 계획을 검토하라' 같은 내용이 포함되었다. 왜 이렇게 바뀌었을까? 완벽한 계획이란 존재하지 않음을 알게 되었기 때문이다. 자리에 앉아서 확실한 내일을 계획할 수는 없다. 우리는 내일을 통제하지 못한다. 다른 사람들을 통제하지도 못한다. 나 자신을 통제하는 것조차 도전이 될 수 있다. 설명되지 않은 문제들, 비협조적인 사람들, 예상치 못한 기회들을 다루기 위해 나는 설정한 계획을 정밀하게 실행하는 데에서 계획을 정기적으로 조정하는 리더시프트를 시작했다. 나는 성장했다. 하지만 갈 길은 아직 많이 남아 있었다.

2000년도 더 전에 푸블릴리우스 시루스는 이렇게 썼다. "한 치의 수정도 허용하지 않는 계획은 나쁜 계획이다." 그가 정말로 하고 싶었던 말은 수정을 허용하지 않는 계획을 세운 리더가 나쁜 리더라는 말이었으리라고 나는 생각한다. 좋은 리더는 융통성이 있으며, 그 계획 역시 유동적이다. 그들은 창조성을 허용한다. 그들은 계획하지만, 선택안들을 찾는다. 이건 중요하다. 행위가 계획대로 이루어져도 선택안들은 그것 자체를 제시한다. 이런 선택안들에 열려 있지 않다면, 혁신하고, 창조하고, 때로는 승리할 기회를 놓치게 된다.

축구에는 경기 계획이 있다. 그 계획은 경기가 시작하기 전에 계발된다. 예를 들어 프로 축구팀 공격 코디네이터는 공격수가 어떻게 공격할지를 계획하고, 경기 전에 첫 스무 번의 경기 대본을 짤 것이다. 반대로, 수비 코디네이터는 다른 팀의 공격에 대응한 계획을 세운다. 하지만 이들의 계획은 늘 작동하지 않거나, 바라는 것만큼 효율적으로 작동하지 않는다. 코치들이 계획을 조정해야 하는 이유가 여기에 있다. 작가이자 강연가인 스티브 파브리나_{Steve Pavlina}는 자신의 블로그에 좋은 리더가 어떻게 선택안들을 찾고 조정을 하는지 썼다.

> 스티븐 코비는 종종 "선택의 순간에 대한 무결성"이라는 표현을 사용했다. 이 말의 의미는 목표를 상기하지 않은 상태에서 맹목적으로 계획을 따라서는 안 된다는 것이다. 예를 들어 당신이 계획을 멋지게 따르고 있다고 하자. 여기까지는 순조롭다. 그러고 나서 예상하지 못한 기회가 나타난다. 당초의 계획에 집착하느라 기회를 잃을 것인가, 그 계획을 그만두고 기회를 좇아 일정에서 벗어날 것인가? 여기가 더 나은 길을 결정하기 위해 멈춰 서서 목표들을 다시 연결해야 하는 지점이다.[8]

젊은 시절 리더로서 나는 선택안을 찾는 법을 배워야 했다. 무척이나 자주 내 계획에서 대단한 안전성을 찾았다. 딱 하나의 변치 않는 길을 세웠다. 그나마 다행인 건 계획을 계속 따르고 앞으로 나아갔다는 점이다. 하지만 불행하게도 그 계획을 계속 붙들고 있느라 계획과 나의 잠재력을 확장할 기회들을 놓쳤다는 것이다. 융통성 없고 계획을 고수하는 태도가 나와 조직에 결정적으로 해가 되었다.

지금 나는 계획 세우는 일을 폄하하려는 것이 아니다. 그것은 성공의 근본이다. 요기 베라의 말처럼 "어디로 가고 있는지 모르겠다면 조심스러워야 한다. 그곳에 도달하지 못할 수도 있기 때문이다." 하지만 최고의 리더들은 또한 적응력이 있다. 이들은 자신에게 이득이 되는 선택안들을 이용한다. 자신이 세운 계획에 많이 투자했을수록 그들은 더욱 오래 자신을 방어하고 자신의 생각을 고수했을 것이다. 이는 당연한 반응이다. 하지만 선택안들을 바라보고 그것들을 검토해 보지 않는 것은 창조적이지도 않을뿐더러 좋은 리더십도 아니다.

최고의 리더는 융통성이 있다. 리더십에 관한 글을 쓰는 워런 베니스Warren Bennis는 이렇게 말했다. "적응력은 리더들이 계속적인 변화에 빠르고 영리하게 대응할 수 있게 해 준다. 적응력은 기회가 무엇인지 확인하고 그것을 붙잡는 능력이다. 또한 자료를 취합하고 분석한 뒤 행동하는 대신, 먼저 행동하고 결과를 평가할 수 있게 해 준다."[9]

내가 선택안들을 찾을 필요성을 깨달은 것은 글을 쓰면서였다. 처음 글을 쓰기 시작하자마자 글쓰기가 무척 어렵다는 걸 깨달았다. 초기에 나는 오직 순전한 자기 훈육을 통해 글을 썼다. 책을 쓸 계획을 세우고, 그 계획을 따르도록 스스로를 몰아붙인 것이다. 제프 피셔Jeff Fisher는 이렇게 말했다. "훈육은 실제로 하고 싶지 않은 일들을 행하는 것이다. 하지만 그 결과로 진정 원하는 것을 할 수 있게 된다." 이것이 당시 내 모습이었다. 나는 정말로 글을 쓰고 싶지 않았다!

나는 글을 쓰는 데 열중하고 나 자신을 추동하는 것 말고 다른 선택안이 있는지 궁금했다. 처음으로 한 일은 내가 왜 강연하는 걸 좋아하는지 자문해 본 것이다. 그 대답은 한 단어로 말할 수 있다. 바로 '예측'이다. 강연을 할 때 나는 늘 청중들의 긍정적인 반응을 예측했다. 글쓰기에는 그런 즉각적인 피드백이 없었다. 책을 출판하는 일반적인 과정을 아는 사람이라면, 먼저 원고를 끝마치고 나서 책이 출판되고 독자들이 그것을 읽기까지 꼬박 1년을 기다려야 한다는 걸 알 것이다.

나는 자문했다. "글쓰기에 이런 예측을 만들어 낼 창조적인 방법은 없을까?" 곧 아이디어가 샘솟기 시작했다. 나는 강연 당시 찍어 두었던 청중들 사진들 중 한 장을 찾아낸 뒤 글쓰기 멘토가 해 주었던 말을 출력했다. 그 두 장을 책상 앞에 붙여 놓고 매일 글을 쓸 때 보았다. 출력한 말은 다음과 같았다. "책을 쓰는 것은 개인적으로 접촉하지 않고도 더 폭넓은 영향력을 발휘하게 해 준다." 사진과 이 인용구를 보는 일은 나를 북돋워 주고 작업 결과에 대한 긍정적인 예측을 세울 수 있게 해 주었다.

지금 나는 글을 쓰는 데 이런 촉매들이 필요하지 않다. 나는 대부분 아침 5시 30분에 책상 앞에 앉아 열정적으로 종이에 단어들을 쏟아 놓는다. 만일 다른 문제에 부딪히면 선택안들을 찾을 것이다. 다양한 선택안들은 늘 우리가 해결책을 찾도록 도와준다. 창조성의 기쁨은 모든 대답을 아는 데에서 오는 게 아니라, 대답이 있다는 걸 아는 데서 온다. 우리는 그저 그것들을 찾기만 하면 된다.

4. 아이디어에 큰 가치를 부여하라

하비 파이어스톤Harvey Firestone은 19세기에서 20세기 초의 가장 성공한 사업가 중 한 사람으로 이런 말을 남겼다. "비즈니스에서 자본은 그렇게 중요하지 않다. 경험 역시 그렇게 중요하지 않다. 이 두 가지는 얻을 수 있는 것이다. 중요한 것은 아이디어다. 아이디어가 있다면 필요한 주요 자산을 가지고 있는 셈이다. 그러면 당신의 비즈니스와 인생에서 할 수 있는 일에 그 어떤 한계도 없을 것이다. 누구에게든 가장 위대한 자산은 바로 아이디어다." 창조적이 되고 싶다면 아이디어에 높은 가치를 부여하고 그것들을 발생시키는 법을 배워야만 한다. 다음의 과정을 따라 보라.

아이디어들을 모으기 시작하라

나는 평생 아이디어 수집가로 살았고, 이런 행동은 글을 쓰고, 강연을 하고, 리더로서 살아가는 능력의 근간이 되었다. 아이디어란 온갖 곳에서 찾을 수 있고, 누구에게서나 얻을 수 있다. 아이디어를 모으는 데 성공했다면 두 가지 일을 하라. 당장 사용할 계획이 없는 아이디어들은 제목별로 묶어 두라. 그리고 지금 당장 숙고할 것이 아닌 아이디어들을 당신 앞에 계속 두라. 첫 번째 일은 새로운 아이디어들을 찾는 동안 그 아이디어들을 잃지 않게 해 준다. 두 번째 일은 이미 발견한 아이디어들과 현재 사용하고 있는 아이디어들 사이의 연결 고리를 찾을 수 있도록 해 준다.

모은 아이디어들을 모두 시험해 보라

아이디어들을 더욱 많이 시험해 볼수록 실제 유용한 아이디어를 더욱 많이 찾아낼 수 있게 된다. 기억하라. 문제의 올바른 해답은 한 가지가 아니며, 좋은 아이디어 또한 단 한 가지가 아니다. 수없이 많다. 그리고 아이디어가 시험되고 함께 모이면, 대단한 아이디어들이 수없이 존재하게 될 것이다. 어느 것이 가장 대단한지 또는 대단한 것이 될지, 모든 아이디어들을 시험해 보라.

실패를 분석하라

실패 분석은 내게 큰 도움이 되었다. 어쩌면 내가 무척이나 많이 실패하고 주저앉고 헛발질을 한 덕분일 수 있다. 한 가지 아이디어가 결렬되면 무엇이 잘못 진행되었는지, 거기에서 무엇을 배울 것인지 숙고하는 시간을 가져라. 정말 나쁜 아이디어란 다른 아이디어를 내지 못한 상태에서 사장된 것이다. 대단한 아이디어는 종종 실패했던 아이디어들을 재구성하는 것 그 이상이 아니다.

다른 아이디어들을 적용하라

액션 피겨 '지아이 조'G. I. Joe를 만든 피겨 작가 스탠리 웨스턴Stanley Weston은 이런 말을 했다. "정말로 틀을 깨는 아이디어는 드물다. 하지만 창조적인 커리어를 위해 반드시 이렇게 획기적인 아이디어가 필요한 건 아니다. 나는 창조성이란 이미 존재하고 있는 두어 가지 요소들을 논리적으로 조합해 새로운 콘셉트를 도출하는 일이라고 생각한다. 삶에 상상력을 적용하는 가장 좋은 방법은 완전히 새로운 콘셉트를 상상하는 것이 아니라 혁신적으로 응용해 나가는 것이다." 성공한 아이디어들은 그것에 선행하거나 그것 주변에 있는 다른 아이디어들에 기반한다. 기존의 아이디어들을 취해 거기에 다른 것을 덧붙이는 방식으로 인류라는 종은 진보했다.

모든 추정에 의문을 품어라

추정은 창조성을 죽인다. 더 나은 방법이 없다고 추정하면, 그러한 방법을 찾을 수 없을 것이다. 정답을 찾아냈다고 추정하면, 더 나은 답을 찾을 수 없게 된다. 더 나아질 일이 없다고 추정하면, 그렇게 된다. 창조적이되고자 한다면 어느 것도 당연시해서는 안 된다. 질문하라. 궁금해하라. 도전하라. 필요하다면 시작 지점으로 되돌아가라. 정신의 활동 영역을 활짝 열수록 새롭고 더 좋은 아이디어를 발견할 가능성이 더욱 커진다.

5. 찾으라. 그리고 다른 목소리에 귀 기울여라

창조성은 한 가지 대상에 다양한 관점으로 접근할 때 풍성하게 일어난다. 일방향 사고는 더 나은 해결책들이 개입할 여지를 끊어 놓는다. 한 가지 관점으로만 사고한다면 틀에 갇힌 자신을 발견하게 될 것이다. 사물을 새로운 관점으로 보면 고객에게 이런 말을 하는 수리공을 좋아할 수 있게 될 것이다. "저는 고객님의 브레이크를 수리할 수가 없었습니다. 그래서 경적에서 소리가 더 크게 나오게 손봤어요."

노먼 빈센트 필Norman Vincent Peale은 이렇게 말했다. "당신을 만든 신에게 당신을 계속 거듭나게 해 달라고 요청하라." 나는 그렇게 했다. 계속 배우고, 나를 발전시켜 줄 수많은 다른 목소리와 관점에 귀를 기울이려 애썼다. 되도록 늘 주위에 최고의 성과를 내고 영리한 사람들을 두려고 하는 건 이 때문이다. 나는 청년이건 중장년이건, 신입이건 경력자건 리더들을 한데 모아 그들에게 어떤 질문이나 문제, 프로젝트에 대한 관점을 묻기를 더할 나위 없이 좋아한다. 나는 TEAM 원칙을 완전히 신봉한다. TEAM이란 '모두가 모이면 더 많은 걸 이루어 낸다'Together Everyone Accom-plish More의 줄임말이다. 나는 다른 사람들의 평가를 바라고, '평가'라는 말을 좋아한다. 평가라는 단어 assessment는 '옆에 앉아 있는 것'을 뜻하는 라틴어 assidere에서 왔다. 나는 사람들이 기꺼이 내 옆에 앉아서 자신의 관점을 공유하고, 자신의 시각을 전달하며, 내 아이디어에 자신의 아이디어를 덧붙이고, 우리 모두가 더 나아지게 하기를 바란다.

마흔 살 무렵부터 나는 내 사람들, 그러니까 사생활과 사업 모두에서 나와 가까운 사람들을 돕는 데 아주 큰 가치를 부여했다. 이 사람들은 내 약점을 보완해 주고, 오늘에 주력하고, 내 조직에서 많은 일을 시행했다.

이들 대부분은 나와 오랫동안 함께 일해 왔는데, 20년 이상을 함께한 사람도 있다. 하지만 최근 몇 년 이상 나는 의도적으로 '외부인' 집단을 양성했다. 이 사람들은 참신한 시각으로 내게 다른 관점을 말할 수 있었다. 그들은 내 강점을 강화하고, 내가 내일에 시선을 돌리게 해 주며, 내게 창조적인 아이디어를 제공했다. 이 사람들은 시간과 기회에 따라 시시때때로 변화했다. 이 양쪽 집단은 함께 실행하거나 서로의 동력이 되었고, 나를 완성시켜 주었다.

수년 전 나는 글을 쓰는 데 있어 새로운 공기가 유입input되어야 할 필요를 느꼈다. 내 글을 발전시키는 데 외부인의 참신한 시각을 원했다. 그래서 내게 반기를 들 만한 사람을 외부인 그룹에 초대했다. 결과는 어땠을까? 나는 더 숙고하고 개인적인 글을 쓰기 시작했다. 흔히들 성공한 일에 다른 것을 뒤섞지 말라고 경고한다. 나는 이에 동의하지 않는다. 자신의 성공을 축성하고자 한다면 다른 것을 뒤섞어라. 다른 관점을 구하라. 다른 목소리에 귀 기울여라. 자신의 확실성을 놓아줄 용기를 가지고, 자신의 예측에 도전하고, 일하는 방식을 변화시켜라. 그러한 노력이 당신을 더욱 창조적으로 만들어 줄 것이다.

6. 위험을 감수하라

2018년 1월 8일, 대학 풋볼 플레이오프 내셔널 챔피언십에서 앨라배마 대학교 크림슨 타이드 팀과 조지아 대학교 불독스 팀의 경기가 열렸다. 이 경기에서 창조적으로 위험을 감수하는 굉장히 멋진 일이 벌어졌다. 전반전이 끝나 갈 무렵 닉 세이번 코치의 앨라배마 팀은 13 대 0으로 지고 있었다. 그들의 공격이 조지아 팀의 강한 수비에 막혀 성공하지 못하고 있었기 때문이다. 이 점수 차가 그렇게 대단하게 들리지 않을지도 모르겠다. 하지만 경기는 수비전이 예상되었고, 두 차례의 터치다운으로 역전하기에는 쉽지 않아 보였다. 앨라배마의 쿼터백 제일런 허츠는 2학년생으로, 올해 모든 경기를 뛴 데다 전년도에 앨라배마가 수많은 기록을 달성하게 해 준 선수였다. 그가 교전에서 승리할 능력이 있어 보이지 않았겠는가? 그렇다면 세이번은 어떻게 할 수 있었을까?

어떤 코치들은 상대편을 저지하기 위해 수비를 늘릴 것이다. 또 어떤 코치들은 색다른 공격 방식으로 경기를 운영하려고 할 수도 있다. 세이번은 어마어마한 위험이 있는 다른 선택을 했다. 틀을 벗어난 생각을 한 것이다. 세이번은 검증되지 않은 신입생 쿼터백 투아 타고바일로아를 기용해 후반전을 시작했다. 이 얼마나 대담한 시도인가! 타고바일로아는 대학 경기를 시작하는 데 투입된 적이 한 번도 없었으며, 경기를 뛴 적도 거의 없었다. 그런 그가 지금 가장 압박이 큰 시즌 경기에서 팀을 이끌라는 요구를 받게 된 것이다.

나는 시즌의 가장 중요한 경기에서 검증된 쿼터백을 경험 없는 신입생 쿼터백으로 교체하는 코치를 본 적이 없다. 앨라배마는 지고, 세이번은 무자비한 비난에 직면하게 될 터였다. 하지만 앨라배마는 지지 않았다. 세이번의 창조적인 모험은 게임의 결과를 바꾸어 놓았다. 앨라배마는 연장전에서 신입생 쿼터백의 패스로 터치다운을 기록하며 26 대 23으로 경기에서 승리했다. 이런 창조적인 조치는 승리의 핵심 요인으로 찬사를 받았다.

7. '네'의 반대편에서 살아라

최근 나는 한 대규모 리더 조직에 비전을 제시했다. 우리가 파트너가 되어 손을 잡고 이 비전을 달성하려고 했을 때 우리 앞에 놓일 가능성과 기회 들에 대해 내가 말하자 사무실 안 공기는 예측으로 가득 찼다. 잠깐 쉬는 시간에 나는 그 조직의 상층부 사람들을 휴게실에서 만나 계속해서 협력 가능성을 논의했다. 그중 래리 스톡스틸Larry Stockstill이라는 인물이 논의를 중단시켰다. "존, 대답은 '네'예요. 나를 믿어요. 그러니까, 나는 '네'예요." 그의 대답은 휴게실에 활기를 불어넣었고, 모두들 그의 긍정적인 인도를 따랐다.

회의가 끝나고 스톡스틸과 함께 있을 때 나는 그에게 긍정적으로 대답해 주어 고맙다고 했다. 하지만 무엇이 그에게 그토록 대범한 대답을 하게 했는지 궁금했다.

"나는 늘 '네'의 반대편에서 삽니다." 내 물음에 그가 대답했다. "거기가 내가 풍요와 기회를 찾은 곳이죠. 또 내가 더 나아지고 더 커지기 시작한 지점이기도 해요. 일생의 기회는 기회의 일생에서 잡히는 법이죠. 그래서 나는 할 수 있을 때 '네'라고 말하려고 합니다."

스톡스틸의 말은 강한 인상을 주었고, 나는 그의 이 말을 무척 좋아한다. '네'의 반대편에서 살아라. 나는 그의 말이 바로 기회를 잡는 일에 관한 것이라고 생각한다. 그렇게 했을 때 우리는 로리 그레이너Lori Greiner의 표현처럼 될 것이다.

긍정주의자와 비관주의자 그리고 현실주의자들에게

당신들이 컵에 물이 반이나 찼네, 컵이 반이나 비었네 하고 다투기 바쁠 때, 나는 그것을 마셔 버리겠다!

진심을 담아,

기회주의자가

어떻게 하면 더 기회주의자가 되고 '네'의 반대편에서 살 수 있을까?

모든 곳에서 기회를 상상하라

사람이 만든 모든 것은 누군가의 상상 속에서 존재하던 것이 달성되어 현실이 된 것이다. 우리는 상상하는 것을 만들며, 상상력은 경쟁자가 불공정한 이점을 누리고 있다고 느껴질 때 이점을 취하는, 법에 저촉되지 않는 최후의 수단 중 하나이다. 상상력을 배양하기 위해 다음과 같은 지침을 따르라.

- 질문하라: 호기심 많은 사람은 상상력 있는 사람들이고, 질문은 기회의 문이다. 나는 팀 샌더스가 들려준 한 어린 소녀의 이야기를 무척 좋아한다. 그 소녀는 어머니에게 끊임없이 질문을 해댔다고 한다. 마침내 엄마가 울부짖었다. "제발, 이제 그만 좀 물어볼래? 호기심이 고양이를 죽이는 법이란다." 소녀는 잠깐 생각에 잠겼다가 다시 물었다. "그래서 그 고양이는 뭘 알고 싶어 했대요?" 호기심은 고양이를 죽이지 않는다. 경쟁자를 죽일 뿐이다. 호기심이 기회를 찾아내기 때문이다.
- 네트워크를 형성하라: 당신은 멋진 기회에서 멀어져 있는 몇 안 되는 사람이다. 지금 이 순간 누군가는 당신이 알아야 하는 것

을 알고, 누군가는 당신이 해야 하는 것을 하고 있다. 일단 이 사실을 생각하면 당신은 사람들에게 이렇게 묻기 시작할 것이다. "내가 알아야 하는 사람이 누군지 아나요?" 이미 알고 있는 사람들, 이미 알고 있는 것들에 안주하지 마라. "나는 현 상태를 유지하는 것을 좋아한다."라고 한 요기 베라처럼 굴지 마라. 아직 만나지 않았지만 만날 가능성이 있는 사람들이 당신을 '네'의 반대편에 있게 해 줄 것이다.

- 행동을 취하라: 행동은 기회를 만들어 낸다. 첫 번째 문 뒤에 최고의 기회가 있을 확률은 거의 없다. 하지만 첫 번째 문을 통과해야 더 나은 기회가 존재할 또 다른 문 앞에 설 수 있다. 조너스 소크Jonas Salk 박사가 말했듯이 "행동에 대한 최고의 보상은 더 많은 것을 할 기회이다."

기회는 토끼와 같다. 두 마리를 잡고 그것들을 다루는 법을 배우면 얼마 지나지 않아 12마리를 갖게 된다. 기회를 움켜잡고 사용하는 것은 또 다른 기회를 만들어 낸다. 여기에 성공할수록 더 많은 기회가 주어질 것이다.

기회를 준비하라

기회를 찾는 것에 더해 기회를 준비해야 한다. 전설적인 UCLA 농구 코치 존 우든은 멋진 말을 남겼다. "기회가 왔을 때 그것을 준비하기엔 너무 늦다." 이 말은 계속 일하고 성장하도록 나를 북돋았다. 기회의 문이 활짝 열렸을 때 내가 그것을 알아차리지 못할 수 있기 때문이다. 하지만 나는 성공하는 사람들은 그 문이 열렸을 때 이미 준비가 되어 있다는 걸 안다.

기회를 준비하기 위해서는 결과를 만들어 내고 그 문이 열렸을 때 자신이 가장 자질 있는 사람임을 확신해야 한다. 할 수 있는 한 최선을 다해 일하고 있는가? 할 수 있는 한 많이 배우고 있는가? 할 수 있는 한 다른 사람들과 자주 접촉하고 있는가? 할 수 있는 한 팀을 잘 세우려고 하고 있는가? 이 모든 것들이 당신을 준비시켜 주고 기회의 문이 열렸을 때 그 문 가까운 곳으로 당신을 데려다준다.

자, 들리는가? 문이 열리는 소리가. 그렇다면 이 순간 당신은 준비되어 있는가?

현재의 기회를 활성화하라

놓친 기회, 뒤에 있는 기회를 보는 건 지금 앞에 놓여 있는 기회를 보는 것보다는 언제나 쉽다. '네'의 반대편에 살기 위해서는 내 친구 래리 스톡스틸처럼 행동할 필요가 있다. 현재의 순간에 집중하고, 어떤 기회든 모습을 드러내면 그것을 활성화해야 한다. 우리 앞에 놓인 문을 열어야 한다. 우리가 놓친, 우리 뒤에 있는 문들에 통탄해하지 말고 말이다. 테레사 수녀의 말처럼 "어제는 지나갔다. 내일은 아직 오지 않았다. 우리에게는 오직 오늘이 있을 뿐이다. 시작하라." 지금 가진 기회들을 활성화하고 계속 밀고 나가면 마침내 성공의 모멘텀을 길러 내게 될 것이다. 그렇게 하려면 만족하지 말고, 기회가 올 것을 믿고, 기회를 찾아냈을 때 작은 것이라도 낚아채 더 큰 도전을 준비하기까지 차곡차곡 쌓아 나가야 한다.

아메리칸 포 더 아트Americans for the Arts, AFTA사의 CEO이자 회장인 로버트 린치Robert Lynch는 말했다. "창조성은 급격한 변화에 대한 가장 효율적인 대응이다." 왜 그럴까? 창조성은 늘 부가하는 것이기 때문이다. 유지에서 창조로의 리더시프트는 당신이 풍요와 기회의 땅으로 사람들을 이끌 수 있도록 해 준다. 내가 사회생활 초기에 그랬듯이, 당신이 창조성에 가치를 두고 있지 않거나 창조성을 배양하지 않는 환경에서 활동해야 한다면 이는 특히나 중요하다.

제리 허시버그Jerry Hirshberg는 《창조성 우선주의》The Creative Priority에 이렇게 썼다.

> 조직에서 누구도 고의로 창조적인 사고를 억누르려고 들지는 않는다. 하지만 예측 가능성, 직선적인 논리, 규범에 대한 순응, 가장 최근의 장기적 비전에 관한 지시를 요하는 전통적인 관료제 구조는 아이디어를 죽이는 완벽한 장치라 아니할 수 없다. 집단 내의 사람들은 익숙함과 규율의 안전함으로 후퇴한다. 창조적인 사람들도 마찬가지다. 그게 쉽다. 모호성, 예측 불가능성에 관한 불안, 익숙하지 않은 것들의 위협, 직관과 감정의 뒤섞임을 회피한다.[10]

성공하고 능력이 닿는 한 최고의 리더가 되고자 한다면 익숙함에 안주할 수 없다. 안정 지대에서 살 수 없다. 기꺼이 불편한 상태가 되어야 한다. 역사상 최고의 스웨트 셔츠를 제조한 아메리칸 자이언트America Giant는 뛰어난 성과를 내기 위해 불편함을 기꺼이 자신의 것으로 만들었음을 강조한다.

편안함은 편안하지 않다.

편안함은 동트기 전에 자리에서 일어나지 않는다.

편안함은 자신의 손을 더럽히지 않는다.

편안함은 증명할 것이 아무것도 없다.

편안함은 일을 끝마칠 수 없다.

편안함은 새로운 아이디어를 만들지 못한다.

편안함은 충동적이지 않다.

편안함은 아메리칸드림이 아니다.

편안함은 불쾌하지 않다.

편안함은 위대해지지 못한다.

편안함은 허물어질 것이다.

편안하게 있지 말라.[11]

절대로 편안함을 취하지 마라. 풍요로 전환하라. 절벽 끝까지 가라. 새
로운 토대를 깨부숴라. 기회를 잡아라. 창조적이 되라.

제 6장

조직 성장을 위한
강력한 기반을
만들어라

LEADER
SHIFT

리더십이란
언제나 다른 사람을
위한 것이어야 한다.

내가 다른 사람들보다 더 멀리 보고 있다면,
그건 거인의 어깨에 서 있기 때문이다.
_아이작 뉴턴

나는 언제나 말하는 쪽이었다. 어린아이였을 때부터 고등학교, 대학교 시절과 목사로 일할 때도 마찬가지였다. 이런 성향은 리더십 분야에서의 성공, 커뮤니케이터로서 발전하고 싶다는 욕망과 결합해 상대적으로 어린 나이에 강연을 하는 다소 커다란 기회들로 나를 이끌었다. 때로 나는 멋진 강연자들과 함께 대규모의 군중 앞에서 강연하기도 했다.

이런 강연회에 서는 대단한 기회들을 얻기 시작했을 때, 나는 흥분했지만 불안하기도 했다. 경험 부족에서 오는 걱정이 앞에 나가서 연설하고 싶은 열망을 종종 누그러뜨리기도 했다. 새로운 청중들 앞에 나서고 설파할 기회를 얻은 건 기뻤지만, 또한 내 머리에만 의존해야 한다는 사실도 알았기 때문이다. 강연 초기 대부분 내 순서는 맨마지막이었다.

이 시절 로스앤젤레스에서 있었던 경험 하나를 들려주고 싶다. 그때 나는 불안감을 받아들이고 어쨌든 강연해야 한다는 걸 배웠다. 또한 새로운 일을 하기 시작했다. 강연에 초대받을 때마다 다른 연사들의 치어리더가 된 것이다. 나는 맨 앞줄에 앉았다. 그들의 이야기를 듣고 크게 웃어 주었다. 그들의 가르침을 모두 기록했다. 그들이 무대 뒤로 돌아올 때면 자리에서 일어나 환호를 보냈다. 그리고 강연회가 끝나고 나면 나는 한 줄로 서서 나를 도와준 데 대한 고마움을 표했다.

강연자들은 나를 무척이나 잘 받아 주었다. 심지어 그들 대부분이 우리 아버지보다 나이가 많았음에도 말이다. 나는 다른 강연자들과 함께 대기실에 초대받아 함께 어울리며 그들이 배우고 있는 것들을 질문하고 피드백을 받았다. 그들은 나를 일원으로 받아들이고 자신들의 날개 아래에 나를 품어 주었다. 나는 순회강연에서 그들과 함께하고 그들에게서 배우는 것이 감사했다. 그리고 내가 위로 올라가고 있음을 느꼈다.

그토록 멋진 강연 팀에 속해 있다는 전율이 차츰 잦아들 무렵 나는 내가 청중들과 소통하는 방식과 그들에게 끼치는 영향을 분석하기 시작했다. 그리고 이런 점들을 발견했다. 내가 연설을 마치고 나면, 사람들은 고무될지언정 그것을 적용하는 일은 많지 않았다. 내 강연을 들은 사람들은 강연에 참석한 걸 기뻐했지만, 집으로 돌아간 뒤에 내가 말한 것으로 무엇을 할지 몰랐다. 나는 사람들을 고무시키고 있었지만, 누구에게도 도움이 되지 못하고 있었다.

리더십은 리더를 위한 것이 아니다

나는 한동안 시간을 들여 내 문제들을 알아보았지만, 경험 많은 강연자들에게 질문하고 그 대답에 귀를 기울이고 나서야 무엇이 잘못되었는지 깨달았다. 나는 완전히 '나 자신'에게만 집중하고 있었다. 그 경험은 거기에 있는 사람들을 돕는다기보다는 나 자신에 관한 것이었다. 내가 다루는 주제, 내 이야기, 내 관점, 내 생각, 내 연설, 모두 나를 위한 것이었다. 강연을 하고 나서 나는 <u>스스로에게</u> "내가 어떻게 했는가?", "청중들이 나를 좋아했는가?", "청중들이 내가 한 말을 좋아했는가?", "청중들이 내게 박수를 보냈는가?", "청중들이 내 재능에 감복했는가?", "청중들이 나를 우러러보는가?" 하는 질문부터 하고 있었다.

내가 무엇을 하고 있는지 깨닫자, 내 방식에 어떤 오류가 있는지 그려지는 것 같았다. 그리고 전환이 필요함을 알았다. 다른 식으로 연설해야 했다. 태도 역시 변화시켜야 했다. 팬을 얻으려고 애쓰는 건 잘못이었다. 그 대신 친구를 만들어야 했다. 청중들에게 초점을 맞추고, 그들에게 가치를 더해 주는 연설을 해야 했다.

나는 곰곰 생각했다. 이 방면에서 어떤 변화를 이루어 내야 하는지 고민했다. 그래서 나를 도울 만한 것들을 썼다.

- 내가 할 말은 내 것이 아니라 청중들의 것이 되어야만 한다.
- 성공은 기립 박수를 받는 게 아니라 강연이 끝난 뒤 청중들이 계획을 세우고 강연장을 나가게 하는 것이다.
- 내 강연은 나를 멋져 보이게 하는 것이 아니라 청중들을 더 나

아지게 하는 것이다.

- 사람들과 관계없을 수 있는 말이라면 하지 마라.
- 청중들이 자기 삶에 적용할 수 없는 말이라면 하지 마라.
- 내가 이미 할 일을 했다면 사람들의 도움을 받으리라는 기대를 하지 마라. 그저 사람들이 나와 악수를 하고 싶게 만들라.
- 사람들이 강연장을 나갈 때 "그 사람은 존이고, 내 친구야."라고 말하기를 희망하라.

나는 리더십에도 이 시프트를 이루었다. 리더십은 나를 위한 것이 아니다. 언제나 다른 사람들을 위한 것이어야 한다.

그 전의 나는 사다리를 오르는 사람이었다. 내가 한 일들은 거의 모두 "내가 어디까지 높이 올라갈 수 있는가?"라는 질문에서 나왔다. 하지만 리더시프트가 일어나자, 나는 위로 올라가는 것이 삶의 전부가 아님을 깨달았다. 개인적 성공을 구하느라 애쓰는 대신, 나는 다른 사람들을 도울 수 있었다. 그리고 몇 년 지나 나는 내가 할 수 있는 일련의 시프트들이 있음을 깨달았고, 그것들은 이제 나타나기 시작했다.

1. 사다리 오르기—"내가 어디까지 올라갈 수 있을까?"
2. 사다리 붙잡기—"조금 돕는다면 사람들이 어디까지 올라갈 수 있을까?"
3. 사다리 확장하기—"많이 돕는다면 사람들이 어디까지 올라갈 수 있을까?"
4. 사다리 세우기—"사람들이 자기만의 사다리를 세우도록 내가

도울 수 있을까?"

이러한 재생산 시프트Reproduction Shift는 개인 프로듀서에서 사람들을 준비시키는 리더로 변화하는 것이다. 이는 리더십 수식을 덧셈에서 곱셈으로 만들어 준다. 또한 사다리 꼭대기까지 홀로 올라가서 경관을 즐기며 아래에 있는 사람들에게 손을 흔드는 리더에서, 많은 사람이 각자의 사다리 꼭대기까지 올라가는 것을 지켜보고 그 꼭대기에서 모두 함께 경관을 즐기는 리더로 만들어 준다.

사다리를 '오르지' 말고 '세워라'

재생산 시프트는 다음 4단계로 이루어진다.

1. 사다리 오르기–"내가 어디까지 올라갈 수 있을까?"
자신의 사다리를 오르고자 하는 것은 나쁜 일이 아니다. 리더십에서 신뢰는 종종 개인의 성공에서 세워지기 때문이다. 그 누구도 성공할 수 없는 리더를 따르고 싶어 하지 않는다. 자신에게 승리의 기회가 있어야만 어떤 팀에 소속되고 싶어지는 것이 당연하다. 따라서 리더십에서 첫 단계는 다른 사람들을 이끄는 것이 아니다. 자기 자신을 이끄는 것이다. 자신의 사다리를 오를 능력이 있음을 스스로에게 보여야 한다.

강연자 글렌 터너Glen Turner는 언젠가 내게 이런 말을 했다. "사다리 꼭대기에 도달하는 데 가장 힘들었던 도전은 바닥에 있는 사람들을 지나가는 것이었다." 자신의 사다리를 오를 수 있는 것, 그것이 당신과 나머지 무리를 구분 짓는 첫 번째 단계이다. 어떻게 그것을 할지 알고 싶다면 다음 세 가지 질문을 해 보라.

1. 내 강점은 무엇인가?

성공은 자신의 강점들을 쌓아 올리고, 그것을 최대한 이용하는 데서 온다. 약점을 기준점까지 끌어올리는 데서 오는 것이 아니다. 예를 들어 나의 최고 강점들 중 세 가지는 전략, 활성화, 사교성이다. (강점 찾기 테스트에 따르면.[1]) 내 약점은 무엇인가? 나는 행정이나 유지 관리와 관련된 일은 잘하지 못한다. 그리고 뭐든 기술적인 일이 생기면 엄청나게 끔찍해한다. 이 부분에서는 어느 때든 어떤 에너지든, 그걸 사용하는 건 완전한 낭비가 될 것이다. 자신의 강점을 파악해 계발하라.

2. 내 기회는 무엇인가?

나는 누구에게나 기회가 있다고 믿는다. 나도 그랬고, 당신도 그러리라고 확신한다. 당신이 얻은 기회들은 원하던 만큼 크지 않을 수 있다. 원하는 종류가 아닐 수도 있다. 하지만 그것들도 기회다. 그 기회들로 무엇을 해야 할까? 자신의 강점을 그 기회에 적용해 그것을 최대한 이용하라. 강점과 기회가 만날 때, 사다리를 오를 기회가 생긴다. 그것을 최대한 활용하라. 그 기회가 완벽하지 않다고 하더라도 올라가기 시작하라. 나를 믿어라. 하지 않으면 오르지조차 못한다. 일단 군중 위로 올라가면 또 다른 기회, 더 나은 기회들을 발견하게 될 것이다.

3. 매일 이 단계들을 행하고 있는가?

기회를 붙잡고 그것에 자신의 강점을 적용하는 순간에도 계속 이 단계들을 행해야 한다. 그렇지 않으면 성공하지 못할 것이고, 그러면 사다리를 세우는 사람이 되는 다음 행보는 잊어야 한다. 그럼 어느 정도 높이까지 올라가야 하는가? 내 대답은 '상위 10퍼센트'까지 도달해야 한다는 것이다. 이것은 마법의 숫자다. 여기가 돈, 영향력, 기회, 인간관계에서 나머지 사람들과 당신을 구분해 주는 지점이다. 또한 당신의 팀에 있고자 하는 사람들의 자질이 완전히 변화하는 지점이기도 하다. 따라서 당신이 자신의 사다리를 오르고 있을 때 자문해 보아야 할 것들 중 하나는, 당신이 상위 10퍼센트 지점에 도달할 수 있느냐 아니냐이다. 할 수 있다면, 이제 다른 사람들을 위해 사다리를 붙잡아 주라.

되도록 효율적으로 성공의 사다리를 오를 수 있도록 몇 가지 조언을 하고 싶다.

- 사다리를 진실성과 강한 인성을 토대로 세워야 한다.
- 사다리를 목적에 부합하는 곳에 기대어야 한다.
- 올라가는 동안 다른 사람들을 짓밟지 말아야 한다.
- 한 계단도 건너뛰어선 안 된다.
- 이따금 한 걸음 물러나 쉬고, 생각하고, 시야를 확인해야 한다.
- 내려갈 때도 누군가를 짓밟지 말아야 한다.
- 다시 오른다면 그때마다 더 나아져야 한다.
- 당신의 사다리를 붙잡아 주는 사람을 가치 있게 여겨야 한다.

자신의 사다리를 더 잘 오를수록 다음 단계로 넘어갈 때 다른 사람들에게 줄 것이 더 많아진다.

2. 사다리 붙잡기–"조금 돕는다면 사람들이 어디까지 올라갈 수 있을까?"

12스톤 교회12Stone Church의 리더인 친구 케빈 마이어스Kevin Myers가 이런 말을 한 적이 있다. "리더는 자기 사람들과 동떨어진 존재가 되길 바라기보다는 자기 사람들을 위해 더 많은 것을 바라는 존재가 되어야 한다." 나는 제1장 '독주자에서 지휘자로 전환하라'에서 이에 대해 조금 언급했다. 사람들을 위해 더 많은 걸 원할 때, 당신은 그들에게 도움을 주게 된다고 말이다. 이 말은 다른 사람들을 위해 사다리를 붙잡고, 그들에게 단단한 반석을 제공하고, 그들이 일반적인 위험을 감내하도록 힘을 실어 주고, 마침내 더 높이 오를 수 있게 해 주는 것과 같다.

나 역시 나를 위해 사다리를 기꺼이 붙잡아 준 수많은 사람의 도움을 받았다. 특히 어린 시절에 받은 도움은 내 성공의 핵심이었다. 그들은 나를 더 나아지게 해 주었다. 그들의 도움은 내가 다른 사람들을 돕고 싶게끔 나를 고취했다. 당신이 성공했다면, 이미 다른 사람들을 위해 사다리를 붙잡아 주어 도움을 줄 준비가 된 것이다. 그 전에 알아 두어야 할 것이 몇 가지 있다.

사다리 붙잡기는 봉사하는 태도로 시작해야 한다

랠프 왈도 에머슨은 이렇게 말했다. "내 인생의 주인은 내가 할 수 있는 것을 하게 해 준 누군가이다." 봉사하는 태도를 받아들임으로써 다른 사람들을 위해 사다리를 붙잡아 준다면, 이것이 우리에게 우리가 할 수 있는 일을 하게 해 준다. 거기에 더해 봉사의 태도로 생활하는 것은 팀에 좋은 본보기를 만들며, '섬김의 정신'servanthood의 중요성을 눈에 보이게 일깨운다. 당신이 사람들에게 기꺼이 봉사하고, 그런 태도로 일하는 모습을 보이면, 사람들 역시 기꺼이 봉사할 수 있게 된다.

사다리 붙잡기란 사람들이 당신을 이용할 수 있다는 말이다

사다리를 붙잡아 주는 사람이 되려면 사람들에게 열려 있어야 하고, 기꺼이 자신을 내주어야 한다. 누군가가 질문을 하면 기꺼이 대답해 주어야 한다. 누군가가 의견을 구하면 기꺼이 대화를 나누어야 한다. 사람들이 당신의 아이디어를 원하면 거기에 합류해야 한다. 사람들이 당신의 공개적인 지지를 원하면 그렇게 해 주어야 한다. 사다리를 붙잡는다는 건 다른 리더를 돕는 리더라는 말이다. 당신이 젊은 리더들과 교류하고 있다면 그들을 가치 있게 여기고, 그들을 믿고 고무시키며, 그들에게 자원을 제공해야 한다. 그들이 당신을 유용하게 이용할 수 있게 하라.

사다리 붙잡기는 올라가고자 하는 사람들을 끌어당긴다

좋은 리더로 성장하는 가장 멋진 방법은 좋은 리더의 자질이 있는 사람들을 모으는 것이다. 이런 사람들을 어떻게 끌어당길 수 있을까? 당신이 다른 사람들에게 투자하는 사람이라는 명성을 쌓아라. 당신이 조력자라는 사실이 알려지면 성취 열망이 있는 젊고 재능 있는 사람들이 당신을 따르기 시작할 것이다.

사다리 붙잡기는 개인의 잠재력을 발견하는 예선전이다

누군가의 성장 가능성을 어떻게 측정할까? 누군가가 좋은 리더 또는 위대한 리더가 될 수 있을지를 어떻게 규정할까? 기회가 주어졌을 때 그들이 어떻게 행동하는지를 살펴보면 된다. 사다리를 붙잡고 그들에게 오를 기회를 줌으로써 그들이 어디까지 올라갈 수 있을지, 얼마나 빨리 그리고 쉽게 그 일을 수행할지 알아낼 수 있다. 우리는 그들의 능력과 열망을 감지할 수 있다. 그리고 그것이 그들의 궁극적인 잠재력을 보는 시각을 갖게 해 줄 것이다.

사다리 붙잡기는 효율성을 크게 증가시킨다

비즈니스계의 거물이자 독지가 앤드루 카네기는 이렇게 말했다. "당신이 하는 일이 혼자보다 다른 사람들의 도움을 받으면 훨씬 더 잘되리라는 걸 깨달으면, 당신의 발전에 큰 획이 그어진다." 나 역시 도움을 주는 사람의 도움을 받고 있음을 깨달았다. 사다리를 붙잡아 주는 사람이 된 건 수년 뒤 내게 어마어마한 투자수익률을 가져다주었다.

내 친구 크리스 호지스Chris Hodges는 이렇게 말했다. "꿈이란 마음속에서 떼어 낼 수 없는 비전이며, 너무 커서 다른 사람의 도움 없이는 달성하기 어렵다." 다른 사람들을 위해 사다리를 붙잡아 주기 시작할 때 당신은 그들의 힘을 빌리게 될 것이다. 그들을 더 높은 곳까지 도달하게 하려면, 당신은 그 이상의 일을 해야 한다.

3. 사다리 확장하기–"많이 돕는다면 사람들이 어디까지 올라갈 수 있을까?"

이 과정의 다음 단계는 다른 사람들을 위해 사다리를 확장하는 것이다. 사다리 확장은 더 높이 오르고, 완전히 새로운 단계에 진입할 수 있도록 사람들에게 힘을 부여하는 일이다. 그렇게 하려면 의도적·전략적 멘토링이 필요하다.

나는 수년 동안 나를 위해 사다리를 확장해 주었던 수많은 멘토를 좇았다. 나 자신 역시 수많은 리더의 멘토이기도 했다. 그래서 이 부분에 관해 무척 잘 알고 있다. 당신의 리더십이 다른 사람들을 위해 사다리를 확장하는 단계까지 왔거나, 당신을 발전시켜 줄 누군가를 찾는 중이라면 여기에 좋은 멘토의 규준이 있다.

사다리 확장자는 성공한 사람이다

당신이 배움을 얻는 사람은 배우는 내용만큼이나 중요하다. 좋은 멘토는 성공한 사람이다. '멘토'라는 단어는 당신이 행하는 일이자 당신의 어떤 특성을 말하는데, 좋은 멘토란 이 양 측면에서 능력을 보여 주어야만 한다. 행한다는 측면에서 이는 멘토가 생산적이라는 말이 된다. 특성의 측면에서 좋은 멘토는 개성이 강해야 한다. 이 두 가지 요소를 갖추지 못했다면 사람들의 멘토가 되어서는 안 된다.

사다리 확장자는 전문가이다

멘토는 몇 가지 영역에서 무척 숙련된 사람이어야 한다. 종종 우리는 삶의 모든 영역에서 도움을 줄 멘토를 찾아 헤맨다. 이는 현실적이지 않다. 누구도 모든 면에서 도움을 줄 수 없다. 멘토를 딱 한 사람만 구하지 말고, 각각의 영역에 맞는 멘토들을 찾아라. 예를 들어 나는 인간관계, 공부, 태도, 리더십, 커뮤니케이션, 건강, 신앙 등의 영역에서 저마다 다른 멘토를 찾았다. 앞의 네 가지는 내가 목표에서 성장으로 리더시프트를 이루었을 때 성공의 근원으로 규정한 영역이다. 커뮤티케이션은 나의 가장 큰 강점으로, 나는 지속적으로 그 능력을 쌓아 나가려고 애썼다. 마지막 두 가지 건강과 신앙은 내가 어떤 인간인가에 관해 생각할 때 근본이 되는 부분이다. 어떤 한 사람이 이 일곱 가지 영역 모두에서 도움을 줄 순 없다.

기초를 배워 나가기 시작할 때는 완성된 리더 한 사람의 도움을 받는 것으로 충분하다. 하지만 발전하고 더 전문적으로 성장해 나감에 따라 더욱더 전문적인 멘토가 필요해진다.

사다리 확장자는 원숙한 사람이다

멘토는 당신보다 앞서 있는 사람이어야 한다. 멘토는 당신보다 더 크고, 빠르고, 지식이 풍부하며, 경험이 많아야 한다. 이는 곧 원숙한 사람이라는 말이기도 하다. 내가 생각하는 다음과 같은 능력을 갖춘 사람이다.

- 큰 그림에 기반한 의사결정 능력이 있는 사람으로, 임시변통으로 결정해서는 안 된다.
- 불평불만 없이 또는 무너지지 않고 불쾌함, 좌절, 불편, 패배를 마주하는 능력을 갖춘 사람
- 책임감 있는 생활과 올바른 일을 행하는 것을 선택하는 사람으로, 편리한 것을 선택해선 안 된다.

- 일, 프로젝트, 상황이 완성될 때까지 끈기 있게 해 나가는 자발성을 갖춘 사람
- 능력과 에너지를 모두 갖춘 훈련된 사람으로, 기대 이상으로 일을 해내야 한다.
- 어려운 정보를 취득하고 비밀을 유지하는 능력이 있는 사람
- 도움이 되는 순간에 시기적절하게 개인적 고충을 공유하는 개방성을 갖춘 사람
- 사람들을 고치려고 하지 않고 관계를 맺는 공감 능력을 갖춘 사람

멘토의 삶에 원숙함이 필수인 이유는 무엇일까? 우리가 가르치고 재현하는 것은 바로 자신이 아는 것, 자기라는 사람 그 자체일 수밖에 없기 때문이다.

사다리 확장자는 위대한 질문을 하는 기교가 있다

좋은 멘토들은 결론으로 뛰어넘지 않는다. 그들은 아직 잠긴 채 남아 있는 문들을 열기 위해 질문하고 아이디어를 탐구한다. 이것을 강조하는 이유는 내가 질문하는 데 익숙하지 않기 때문이다. 그 전의 나는 누가 물으면 바로바로 대답하고, 질문보다 대답하는 사람이었다. 경청하는 사람이 되기까지 오랜 시간이 걸렸다. 지금 나는 누군가와 함께 일을 할 때 다음의 과정을 따르려고 애쓴다.

- 질문하라: 멘토를 할 때 내가 처음 하는 질문들은 대개 미리 결

정되어 있는데, 기초 정보에 초점이 맞추어져 있다. 이 질문들은 개인의 배경, 역사, 강점, 열망에 관해 알 수 있게끔 만들어져 있다.

- 경청하라: 나는 완전히 그 일에 관계되고자 한다. 경청이 내 약점이었을 뿐만 아니라 내게 돌아온 대답이 그다음 질문들을 할 수 있게 해 주기 때문이다. 처음에 한 질문들에 대한 대답을 경청하는 것은 상대편에 대한 이해를 확장하고, 그와 관계를 맺게 해 준다.
- 후속 질문을 하라: 이 단계에서 내게는 더 나은 질문을 하는 데 필요한 정보가 생겨나 있다. 이 단계가 상대를 실질적으로 도울 방법을 내가 알아차리는 시점이다. 나는 야구 경기에서 코치가 하듯이 이 과정을 중간 조율 시간으로 여긴다. 처음에 한 질문들에 대한 대답이 경기 전 계획이라면 두 번째 질문들은 조율을 위한 하프타임이다.
- 배우라: 두 번째 질문들은 내게 상대에 대한 이해를 깊게 함으로써 그가 현재 있는 곳에서 어디까지 갈 수 있을지, 내가 믿고 있는 곳으로 그를 인도하기 위해 그 사람 개인에게 맞춘 게임 플랜을 세울 수 있게 해 준다.
- 인도하라: 이제 나는 사람들에게 도전 의식을 고취하고, 그들을 고양시키고, 그들의 잠재력을 가르쳐 줄 준비가 되었다.

많은 리더가 무엇을 해야 할지 질문해야 할 때 오히려 너무 빨리 방향을 결정하곤 한다. 당신이 다른 사람들을 위한 사다리 확장을 시작할 준비를 하고 있다면 질문을 하고 주의 깊게 경청하는 능력을 계발해야 한다. 또한 누군가의 멘토를 하고 있는데 멘티가 어떤 질문도 하지 않는다면 그 사람이 그 과정에서 더 나아갈 수 없음을 깨달아야 한다.

사다리 확장자는 겸손하다

멘토 관계는 두 사람이 공통된 기반에서 만나 상호작용을 할 때 가장 좋다. 이는 대개 멘토가 강점, 위치, 경험이 월등한 상태에서 멘토링을 하는 이후부터 특히 중요하다. 이런 공통의 기반을 어떻게 유지할까? 멘토의 겸손함을 통해서다. 멘토가 실패, 좌절, 손실을 공유하는 데 계속 열려 있어야 멘티의 이득도 커진다.

젊은 시절 다른 사람들의 멘토가 되기 시작했을 무렵 나는 당연히 내 성공을 공유하고 싶었다. 나이가 들면서 나는 어쩌면 우리가 자신의 성공담으로 사람들에게 인상을 심어 주는 건 아닌지 깨달았다. 하지만 실패를 공유할 때 영향력도 커진다. 성공한 멘토일수록 강점만큼 약점을 공유하는 일이 중요하다. 누구에게도 좋은 날만 있거나 나쁜 날만 있지는 않다. 누구에게나 하루에는 고저가 복합되어 있다. 기쁜 일이 있는 한편 힘든 일도 있고, 얻은 것이 있는 한편 잃은 것도 있고, 좋은 한편 저조하기도 하다. 사다리를 확장하는 사람과 차세대 리더 양쪽의 겸손함과 진실성이 성장을 이루는 강력한 기반을 만들어 낸다.

4. 사다리 세우기-"자기만의 사다리를 세우도록 사람들을 도울 수 있을까?"

자신의 성공 사다리를 일단 오르고 나면 다른 사람들을 위해 사다리를 붙잡아 주기 시작할 것이고, 그러면 차세대 리더에게 멘토를 해 줌으로써 사다리를 확장하는 법을 배우게 될 것이다. 그럼에도 사람들을 계발하는 사람으로서 갈 수 있는 단계가 더 남아 있다. 사다리를 세우는 사람이다. 이런 리더들 중 샘 찬드Sam Chand는 내가 아는 한 단연 최고다. 그가 쓴 책 중 몇 권에는 '사다리'라는 단어가 제목에 포함되어 있다. 《누가 당신의 사다리를 잡아 주고 있는가?》Who's Holding Your Ladder?, 《무엇이 당신의 사다리를 흔드는가?》What's Shaking Your Ladder?, 《누가 당신의 사다리를 옮겼는가?》Who Moved Your Ladder? 등이다. 심지어 그의 자동차 번호판은 LDDR-MAN이다. 사다리를 세우는 리더시프트와 관련해 그는 늘 내 영감의 원천이었다.

사다리를 세우는 것은 다른 리더에게 그의 사다리를 만드는 승인, 준비, 권한을 주는 것과 관련이 있다. 리더로서 당신이 큰 잠재력을 지닌 훌륭한 사람들에게 둘러싸여 있다면, 그때가 당신이 그들에게 자신만의 사다리를 세우도록 해 줄 때이다. 또한 그때가 그들이 각자의 사다리에서 리더가 될 수 있도록 놓아줄 때이다.

인생의 지금 시점에서 나의 기쁨은 사다리 세우기에 있다. 지난 20년간 비영리 기관인 이큅EQUIP과 존 맥스웰 리더십 재단은 전 세계 리더들을 자신의 사다리를 세울 수 있도록 훈련시켰다. 존 맥스웰 팀은 전 세계의 코치 수천 명에게 플랫폼을 제공했다. 그들이 받은 훈련과 지원은 그들이 코치, 트레이너, 강연자로서 일을 시작하거나 발전하게 함으로써 그들 자신의 사다리를 세우는 힘을 부여했다. 이 일의 가장 멋진 점은 사다리 세우기에는 한계가 없다는 점이다. 사람들은 재능과 직업윤리를 가능한 한 높이 끌어올리고, 그곳으로 올라갔다. 나는 '리더들을 둥지 밖으로 내쫓고' 그들이 성공하는 것을 지켜보는 무척이나 큰 보상을 받았다.

　사다리를 세우는 사람이 되기 위한 기초를 놓고 싶다면 다음의 질문들로 시작해 보라.

- 내가 리더를 계발하는 건 사람들에게 이득을 주기 위해서인가, 나를 위해서인가?
- 나는 리더들에게 통제권을 넘겨주고, 그들이 스스로 행하고 프로세스를 계발할 자유를 주었는가?
- 내가 돕는 리더가 나 없이 나아가거나 다른 멘토를 청하는 것을 기껍게 여기는가?
- 다른 리더들이 스스로 사다리를 세우는 걸 기꺼이 돕고, 그들에게 진정으로 응원을 보내고 있는가?
- 어떤 보상에 대한 기대 없이 리더들이 각자의 사다리를 세우는 걸 계속 기꺼이 돕고 있는가?

　이에 대한 대답이 "그렇다."라면 당신은 신뢰를 얻기에 충분할 만큼 자신의 사다리를 오른 것이다. 이제 사다리를 세우는 사람이 되기 위한 여정을 시작할 준비가 되었다. 사람들을 돕고 멘토가 되어 주라. 사람들이 각자의 사다리를 세울 수 있도록 힘을 북돋워 줄 기회를 포착했을 때 주저하지 말고 그들에게 손을 내밀어라.

누군가의 멘토가 되기 전에 물어야 할 질문들

앤디 스탠리는 종종 이렇게 말했다. "당신 자신에게 해 주고 싶은 일을 누군가에게 하라." 멋진 조언이다. 누군가의 사다리를 잡아 주고 확장해 주고 세워 줌으로써 그 사람에게 투자하고 도움을 줄 때 중요한 건 누구를 선택하느냐이다. 당신의 시간은 제한되어 있고, 오직 단 한 사람과 시간을 보낼 수 있다면 올바른 선택을 해야 한다. 어떤 사람을 도울지 생각할 때 다음 질문들을 해 보라.

1. 이 사람이 배움에 목말라 있는가?

작가 나폴레온 힐은 이렇게 말했다. "성취는 강하고 뿌리 깊은 열망에서 시작된다."[2] 인생에서 사람들이 성취하는 것의 상당수는 그것을 얼마나 쉽게 얻을 수 있느냐보다 그들이 그것을 얼마나 원하느냐에 더 많이 달려 있다. 희망은 "방법이 있을 거야."라고 말하지만, 목마름은 "내가 길을 만들 거야."라고 말한다. 희망을 가진 사람은 많다. 하지만 목마른 사람은 극히 적다. 나는 이 소수의 사람들에게 멘토가 되고 싶다. 당신이 누군가에게 도와주겠다고 말하거나 당신의 조언을 따르도록 확신을 심어 주어야만 한다면, 그 사람은 당신이 투자할 사람은 아닐 것이다. 시인 러디어드 키플링은 이렇게 말했다. "원하는 것을 얻지 못했다면 이는 그것을 깊이 원하지 않았든가, 그 대가를 덜 치르려고 애썼다는 말이다."

2. 이 사람의 능력은 무엇인가?

그 사람이 얼마나 목말라 있는지 평가하기는 쉽다. 능력을 평가하기는 훨씬 어렵다. 누군가의 멘토가 되는 걸 고려할 때, 나는 그 사람을 평가하고자 《한계는 없다》No Limit에서 썼던 일곱 가지 질문을 사용한다.

1. 에너지 능력—계속할 신체적 능력
2. 감정 능력—감정을 다루는 능력
3. 생각 능력—효율적으로 생각하는 능력
4. 인적 능력—인간관계 능력
5. 창조 능력—선택안을 보고 답을 찾는 능력
6. 생산 능력—결과를 달성하는 능력
7. 리더십 능력—다른 사람들을 끌어올리고 이끄는 능력

나는 이 일곱 가지 영역에서 성장할 잠재력을 충분히 보여 주는 사람의 멘토가 되고 싶다. 칙필레의 데이비드 슬레이어스David Salyers는 이렇게 말했다. "멘토는 학생이 투자한 것보다 훨씬 큰 성장으로 보답하리라는 걸 알면서 그에게 힘을 쏟는다." 적절한 능력이 없는 사람은 큰 보답을 보여 줄 수 없다.

3. 이 사람의 가치가 나의 가치와 양립하는가?

가치 공유는 멘티로 삼기로 한 사람과 함께 달려 나갈 길을 당신에게 알려 준다. 이는 무척 중요한 공통의 기반과 철학적 토대를 제공한다. 누군가에게 멘토링을 하려고 준비할 때 나는 그들에 대해 다음의 것을 알고자 한다.

- 사람들에게 가치를 더하라―내가 하듯이 그 사람이 다른 사람들을 돕는 사람이 되어야 한다.
- 개인적 성장을 소중히 여기라―배움이 생활화되어 있음을 보여 주는 사람이어야 한다.
- 본보기가 되어 인도하라―"나를 따르라."가 따르는 이들에게 리더가 해 줄 수 있는 최고의 말임을 아는 사람이어야 한다.
- 기대를 넘어서라―눈에 띄게 두드러지고, 인생 투자 자본 수익률이 80퍼센트인 사람이어야 한다.
- 목적을 가지고 살라―가치 있는 모든 것은 산꼭대기에 있음을 알고, 매일 목적을 가지고 오르는 사람이어야 한다.

이런 공통의 가치를 공유해야만 나는 그 사람에게 시간을 투자한다. 당신은 자신의 가치가 무엇인지 아는가? 그것들을 분명하게 규정하고 나면 멘티 후보자에게 투자할지 여부를 알게 될 것이다.

4. 이 사람이 리더인가?

나의 소명은 다른 사람들에게 가치를 늘려 줄 리더에게 가치를 부가해 주는 것이며, 따라서 나는 리더가 아닌 사람에게는 투자하지 않을 것이다. 무척 편협하게 들리겠지만, 이는 전략적 집중이다. 내가 어떤 리더의 멘토가 되었을 때, 투자 자본 수익률은 내가 그 사람에게 쏟아부은 것보다는 훨씬 커야 한다. 내가 많은 사람을 위해 해 주고자 하는 일을 나는 그 리더에게 진정으로 해 줄 수 있다. 그 리더가 많은 사람에게 영향을 끼칠 것이기 때문이다. 따르는 사람들에게 이는 반드시 진실은 아니다.

리더들이 멘토에게 필요로 하는 것은 무엇일까? 나는 이에 대한 답으로 '성장하는 리더들'Growing Leaders의 설립자이자 회장 팀 엘모어Tim Elmore의 말을 좋아한다. 팀은 30년도 더 전에 내가 도왔던 차세대 리더 중 한 명이었다. 처음 내가 그의 사다리를 잡아 주었고, 그러고 나서 사다리를 확장해 주었다. 그리고 20년도 더 전에 나는 그가 자신의 사다리를 세울 수 있도록 도왔고, 그를 격려했다. 그는 멘토링에 관해 광범위하게 이야기하고 글을 쓴다. 팀이 한 말 중에 성공한 멘토란 멘티에게 핸들, 연구실, 로드맵, 뿌리 그리고 날개를 준다는 것이 있다.[3] 설명하면 다음과 같다.

핸들

좋은 멘토는 복잡한 일에서 진실만을 정제하고, 그 정보를 다른 사람들이 적용할 수 있도록 낱낱의 원칙들로 분류한다. 좋은 리더는 모두 인생의 교훈을 요약할 수 있으며, 또한 이 원칙들은 무척 융통성이 있다. 그렇게 하기 위해 당신은 기꺼이 필요한 과제를 하는가?

연구실

좋은 멘토는 멘티들이 배우고 있는 규칙들을 안전한 곳에서 실행할 수 있도록 해 준다. 당신은 멘티들이 위험을 감수할 수 있는 안전한 장소를 만들어 내고 있는가?

로드맵

좋은 멘토는 멘티들에게 인생의 방향을 제시하고 목적지까지 나아가는 방법에 관한 선택안들이 쓰여 있는 로드맵을 준다. 당신은 멘티들에게 좋은 게임 플랜을 제공하고 있는가?

뿌리

좋은 멘토는 멘티들에게 견고한 관계의 기반을 제공한다. 안정성과 안전성을 제공하는 것은 멘티들로 하여금 성장하고 번창해 나갈 수 있게 해 준다. 당신은 멘티들에 대한 사랑을 넓히고, 그들을 받아들이고, 그들이 어려움에 직면했을 때 그곳에서 함께 견뎌 주는가?

날개

좋은 멘토는 사람들에게 새로운 지평을 보여 주고, 그들이 갈 수 있다고 스스로 생각하는 곳보다 훨씬 더 멀리까지 날아갈 수 있게 해 준다. 권한을 부여한다는 건 이런 뜻이다. 당신은 멘티가 당신보다 훨씬 높이, 훨씬 멀리 날아오를 때 기꺼이 축복해 주는가?

이유

팀이 꼽은 목록들에 이러한 자질을 하나 추가하고 싶다. 잠재적 리더들을 위해 당신이 할 수 있는 가장 중요한 일들 중 하나는 그들에게 그 '이유'를 가르쳐 줌으로써 더 큰 그림을 볼 수 있게 하는 것이다. 이는 그들에게 맥락을 부여한다. 또한 당신이 내린 결정 뒤에 존재하는 생각과 이유를 알려 준다. 그리고 그들에게 의사결정에 대해 가르쳐 준다. 만일 멘티들이 지시된 방향을 따르길 바란다면, 그저 '무엇'인지만 제공해야 한다. 만일 멘티들이 다른 사람들을 이끌고 방향을 제시하길 바란다면, 그 '이유'를 알게 해 주어야 한다. 모든 '할 일'들 뒤에 존재하는 '이유'를 그들에게 제공하는 데 당신은 기꺼이 시간을 들이고 갈등을 감내하고 있는가?

◇ ◇ ◇

앞서 내 멘토인 프레드 스미스에 대해 언급한 바 있다. 그는 사다리를 오르는 것에서 사다리를 세우는 것으로의 리더시프트에 있어 내 모델이 되는 사람이다. 내가 그를 만났을 당시 그는 이미 그 과도기에 서 있었다. 그를 만났던 초기에 나는 3년 동안 매달 그가 스무 명으로 이루어진 젊은 CEO 그룹과 만나서 그들에게 자신을 남김없이 쏟아붓는 모습을 보았다. 그 친구들이 스미스 없이 앞으로 나아갈 때가 되었음을 감지했을 때, 그는 그들과 함께 사다리를 확장하는 일을 끝내고, 그들에게 자기만의 사다리를 세우도록 촉구했다.

그 그룹이 공식적으로 해체되고 어느 날 저녁, 이 친구들이 스미스에게 만남을 청했다. CEO들은 저녁 식사 동안 한 사람씩 스미스가 자신들을 위해 해 준 일에 대해, 스미스가 그들을 어떻게 더 나은 리더로 만들어 주었는지에 대해 이야기를 나누었다. 저녁 식사가 끝나 갈 무렵, 그들은 스미스에게 아름다운 바카라 크리스털 조각을 선물했는데, 거기에는 이런 글귀가 새겨져 있었다. "우리를 확장해 주신 데 감사드리며."

이것이 사다리를 오르는 것에서 사다리를 세우는 것으로 리더시프트한 리더들이 하는 일이다. 그들은 새로운 리더들이 자신의 잠재력을 확장하도록 돕는다. 이것은 또한 내가 여생 동안 하려는 일이자 남기고 싶은 유산이기도 하다. 그리고 나는 당신에게 같은 일을 할 것을 청한다. 이 세상에 긍정적 차이를 만들어 낼 또 다른 리더에게 투자하는 걸 유감스럽게 여기지 말라. 그것이야말로 당신의 영향력을 확장하고 의미 있는 것을 성취하는 최고의 방책이다.

제 7장

지시하지 말고
교류하라

LEADER
SHIFT

지시는 사람들에게
다리를 놓는 것과 같지만,
그것은 일방통행로가 될 것이다.

다른 사람들의 머리를 후려갈겨 이끌지 마라.
그것은 폭행이지 리더십이 아니다.
_드와이트 아이젠하워

내 인생에서 일어난 리더시프트들은 모두 같은 방식 또는 동일한 시간
대에 일어난 것이 아니다. 어떤 것들은 어느 한 순간에 일어났지만, 또
어떤 것들은 점차 쌓여서 일어났다. 많은 것이 리더로서의 내 직감에서
일어났으며, 종종 내가 만들어 낸 변화의 촉매가 되었다. 하지만 어떤 것
들은, 그러니까 지시에서 교류로 옮겨 가는 커뮤니케이션 시프트
Communication Shift 같은 것은 내 타고난 성격과 반대되는 것이었다. 그것은
내 경험의 반대편에 있는 시프트였고, 이를 계발하는 데는 시간이 좀 걸
렸다.

　나는 '지시'가 실용적인 커뮤니케이션 및 리더십 방식이라고 생각하
는 가정에서 자랐다. 우리 집 문화에서는 가족 구성원 모두가 임무를 가
지고 있었다. 집안일에서 우리는 저마다 역할이 있었고, 그것에 들여야

할 시간도 정해져 있었다. 아버지는 언제나 우리가 한 일들을 왜 했어야 하는지 확실히 설명해 주었다. 부모님은 늘 분명하게 설명하고, 그 목적과 기간도 주었다. 형제자매들과 나는 그것을 이해하고 재빠르게 그 지시를 따르는 걸 당연하게 여겼다.

이런 '지시'에 대한 신뢰는 신학 대학에서 커뮤니케이션과 리더십 교육을 받으면서 더욱 굳건해졌다. 그곳에서는 커뮤니케이션을 할 때 담대하고 열정적으로 설교하라고 가르쳤다. 나는 이 두 가지 자질, 담대함과 열정을 무척 많이 가지고 있었다. 거기에다 또 한 가지를 더 적용했는데, '방향을 지시하는 것'이었다. 나는 설교에 담긴 모든 메시지를 실용적으로 만들고, 내 설교를 듣는 사람들에게 삶의 계획을 제공했다. 설교가 끝났을 때 모두들 그 주에 무언가를 하겠다고 생각하며 자리를 뜨게 된다면 좋을 것이라고 생각했다.

기독교 세계에서 리더십이란 권위적이고 상의하달식이었다. 조직의 구조와 내규는 목사로서 내가 의장을 맡아 언급했고, 주요 규칙은 내 언급으로 명확해졌으며, 모든 일이 나와 함께 시작된다고 여겨졌다. 의제, 교회의 리더십, 영적 지도 모두 말이다. 내 역할 아래 있는 사람들에게는 회의실에서 리더의 자리가 주어졌는데, 그 자리가 그들의 입지를 분명히 해 주지 못해 보이면, 그들은 설교를 이용해 입지를 강화할 것이었다. 나는 승인하는 사람이었고, 거기에는 마찬가지로 책임이 있었다. 나는 시나이산에서 십계를 가지고 내려와 사람들에게 주는 모세가 아니라, 모세인 척을 했다!

그렇다. 나는 지시를 강조하는 교육과 훈련을 받으며 자랐다. 그리고 그 정점에는 나의 '담즙질'적 기질이 자리했는데, 이 말인즉 내가 책임을 맡는 것과 사람들에게 지시하는 걸 사랑한다는 의미였다. 나는 내가 가고자 하는 곳이 어딘지 알았고, 우리가 어떻게 그리로 가야 하는지 말하는 데 주저하지 않았다. 당신이 질문한다면, 나는 이미 대답을 가지고 있었다. 당신이 무엇을 할지 확신하지 못하고 있다면, 나는 당신에게 당신 인생의 계획을 줄 수 있었다.

지시하는 리더십 스타일은 내게 무척이나 자연스러웠다. 하지만 내게 당연한 것이 꼭 다른 사람들에게 최선인 것은 아니다. 누구도 이래라저 래라 지시를 받고 싶어 하지 않는다. 나는 사람들이 그래야 하기 때문에 나를 따르는 것이지, 그들이 원해서 따르는 것이 아니라는 걸 무척 많이 느꼈다. 나를 따르고자 하는 사람들조차 언제나 내가 바라는 만큼 강하게 내가 전달하는 비전과 방향을 받아들이는 건 아니었다. 나는 지시하는 방식에서 멀어질 필요가 있음을 직감적으로 깨닫기 시작했다. 늘 조직의 교차로에서 교통정리를 하며 서 있는 경찰 같은 리더이길 더 이상 바라지 않았다. 하지만 동시에 무엇을 해야 할지 알지 못했다. 사람들을 이끄는 더 나은 방법은 과연 무엇인가?

새로운 패러다임을 환영하라

두 가지 경험이 내 커뮤니케이션과 리더십 스타일을 다시 만드는 데 촉매가 되었다. 첫 번째 경험은 1988년의 일이다. 그해 나는 밥 비엘Bobb Biehl을 컨설턴트로 고용했다. 당시 나는 유명하고 큰 교회를 이끌었고, 내 영향력은 전국적으로, 심지어 국제적으로 뻗어 나가고 있었다. 다른 기관으로부터 자신들을 도울 강연을 해 달라는 요청이 쇄도했다. 이런 요청을 처리하기 위한 단체를 만들 필요를 느낀 나는 비영리가 아니라 유료로 강연을 하고자 했다. 하지만 그때 나는 비즈니스 세계에서 경험이 없었다. 나는 비엘에게 질문했고, 그는 내게 몇 가지 필요한 지침을 주었다.

이때가 내가 처음으로 비즈니스 컨설턴트를 고용한 때였다. 사다리를 세우는 사람이 되어 많은 경험을 하기 전이어서, 비엘의 방식에 무척 놀라고 큰 인상을 받았다. 비엘과 나는 이틀을 함께했는데, 첫 하루 동안 그는 내게 질문만 했다. 정말 하루 종일 그랬다! 그는 질문을 했고, 나는 대답을 했으며, 그러면 그 대답을 토대로 그는 또 질문을 해 댔다. 그는 플립 차트를 사용해 질문과 답을 써 내려갔다. 그날 하루가 저물 무렵엔 내 사무실 벽 전체가 우리가 나눈 대화가 빠짐없이 기록된 종이들로 뒤덮였다. 녹초가 되었지만 마음만은 충만했다. 비엘은 이전에 경험하지 못했던 방식으로 나의 가장 중심적인 생각, 희망, 열망을 끌어냈다. 질문 하나하나가 내 껍질을 하나씩 벗겨 나의 내면 깊이 자리한 생각과 감정을 드러냈다. 흥분되는 일이었다.

나는 그날 중요한 교훈을 배웠다. 비엘은 나를 '인도하기 전에' 나를 '찾아내' 주었다. 내가 누구인지, 어디에 있는지, 어디에 있었는지, 어디로 가고 싶은지 말이다. 이는 더 나은 리드 방식에 관한 내 눈을 뜨게 했고, 내가 사람들과 소통하는 토대를 이루었다. 그때부터 나는 사람들을 인도하려고 애쓰기 전에 질문을 함으로써 그들 자신을 발견하도록 했다.

내게 엄청난 영향을 끼친 두 번째 경험은 2003년의 일이다. 나는 팻 서미트Pat Summitt가 코치하는 테네시 여성 독지 대학University of Tennessee

Lady Volunteers의 야구 경기에 초대받아 벤치 바로 뒤에 앉아 예선전을 참관했다. 중간 휴식 시간에 로커 룸으로 간 나는 서미트가 팀을 코치하는 모습을 지켜보았다.

우리가 로커 룸에 도착했을 때 서미트와 다른 코치들은 선수들과 떨어져 모여 있었고, 선수들은 화이트보드 주변에 반원을 그리고 앉아 있었다. 화이트보드에는 세 가지 질문이 적혀 있었다.

1. 전반전에 우리가 무엇을 제대로 했는가?
2. 우리가 무엇을 잘못했는가?
3. 우리는 무엇을 바꾸어야 하는가?

5분 동안 선수들은 이 세 가지 질문에 대해 의논했고, 한 선수가 질문들의 대답을 적었다. 나는 선수들 뒤쪽에 앉아 이 모습을 지켜보며 그 장면에 빠져들었다.

그러자 서미트가 보드로 걸어가 대답을 살펴보았다. 그러고는 거기 쓰인 답에 두어 가지 코멘트를 적더니, 후반전을 위해 몸을 풀라며 선수들을 플로어에서 내보냈다. 경기가 끝나고 나는 서미트에게 왜 그렇게 했는지 물었다. 그의 대답은 놀라웠다.

"존, 너무 많은 리더가 '추정'으로 리드해." 그녀가 말을 이었다. "그런 사람들은 자기 사람들이 어디 있는지 안다고 여기지. 중간 휴식 시간은 내게 우리 선수들을 알게 해 주고, 그래서 난 그들을 이끌 수 있어. 그건 오직 질문하고 그 대답을 듣는 것으로만 가능하고."

유레카의 순간이었다. 지시에서 교류로의 리더시프트에서 두 번째 버

팀목이었다. 나는 그 순간 덕분에 리더십과 커뮤니케이션 방식의 근간으로서 '교류'를 생각하게 되었다.

잠깐 그 두 가지의 상반된 스타일을 살펴보자.

지시	교류
권위	협력
이야기하는 것	경청하는 것
상의하달	평등
떠맡음	권한 부여
추정	이해
답변 제시	질문
자신의 의제	상대의 의제

교류의 목표는 리더와 함께 시작할 공통의 기반을 찾는 것이다. 교류가 있는 곳은 다음과 같다.

- 양측이 만나는 곳
- 양측이 가치 있게 여기는 곳
- 양측이 공유하는 곳
- 양측이 경청하고 배우는 곳
- 양측이 조율하는 곳
- 양측이 게임 플랜을 정하는 곳
- 양측이 게임 플랜의 주인이 되는 곳
- 양측이 더 높은 지대로 함께 나아가는 곳

교류하는 것을 배우는 건 당신이 일생을 두고 해야 하는 가장 주요한 일들 중 하나이다. 《함께 승리하는 리더》Winning with People에서 나는 대개 성공과 실패는 그 사람의 인간관계를 보면 된다고 주장했다. 이는 특히 리더십에서 자명하다.

교류하는 리더가 되는 방법

능력이 되는 한 최고의 리더가 되고 싶다면 사람들과 교류하는 법을 배워야 한다. 그러기 위해 교류라는 도전을 극복하고 공통의 기반을 발견할 방법들을 찾아야만 한다. 이 과정은 대체로 어려울 수 있는데, 특히 다양한 사람들로 구성된 팀에서 그렇다. 사람들과 교류하는 리더가 되고 싶은가? 그렇다면 다음 내용이 중요하다.

1. 겸손—당신에게 그들이 필요한 존재임을 알라

존 우든은 내 영웅 중 한 사람이다. 그의 말년에 나는 그를 만나 조언을 얻는 영광을 누렸다. 2001년 나는 조지프슨 윤리 학회Josephson Institute of Ethics의 설립자이자 회장인 마이클 조지프슨Michael Josephson이 우든에 대해 쓴 글을 우연히 보게 되었다. 어디에서 봤는지는 기억하지 못하지만 나는 그 글을 좋아한다. 우든은 위대한 교류자였고, 조지프슨의 글은 그에 대한 멋진 관점을 제시한다.

나의 영웅들 중 한 명은 91세가 된다. 그는 장군도, 정치인도, 영화배우도 아니다. 교사이다. 오, 하지만 평범한 교사는 아니다. 그는 세상에서 가장 성공한 유명 농구 코치이기도 한데, 존 우든은 그 모든 일에 앞서 진정한 교사이다. 심지어 소박한 철학자이기도 하다.

그의 사고와 이론은 십수 권의 책으로 남겨져 있는데, 책을 읽는 건 그의 말을 듣는 것과는 비교가 되지 않는다. 그가 하는 말의 힘은 그의 특별한 개성에 의해 증폭된다. 우리는 그저 그 코치를 만나는 것이 아니다. 그를 경험하게 된다. 품위와 도덕적 강점이 그의 내면에서부터 풍겨 나오고, 그것들은 우리에게 가치와 겸허함을 느끼게 해 준다. 그가 자신이 아는 것을 말할 때, 우리에게 관심을 가지고 그 말이 도움이 되길 바란다는 점 때문에 우리는 그를 믿게 된다.

그의 모든 말에는 진실성, 존중, 친절함이 배어 있다. 알겠지만, 나는 매일같이 개성 있는 사람이 되고자 몸부림쳤다. 때로 본래의 나보다 좋은 사람인 양 행동하는 듯 느껴질 때도 있었다. 내가 우든 코치만큼 진정으로 품위 있는 사람이 될 수는 없을 것이다. 이런 생각을 털어놓으면 그는 미소 지으며 이렇게 말할 것이다. "마이클, 자네가 할 수 있는 일을 절대로 예단하지 말게나. 왜 계속 노력하지 않는가? 자네는 훨씬 더 훌륭한 사람이 될 걸세."[1]

이 말은 코치가 되었을 때 내가 느끼는 방식으로 나타났다. 인생에서 누구도 그가 해 준 만큼 내가 더 나아지도록 돕거나 나와 더 깊게 교류한 사람은 없다. 그가 교류하는 방식의 핵심은 겸손이었다. 그는 자신의 강점을 알고 그것을 다른 사람들을 돕는 데 사용했다. 자신을 우선시하지 않았다. 그보다는 사람들을 돕는 데 초점을 맞췄다. 나 역시 그런 도움을 받은 사람이었다. 나와 함께 있을 때 그는 내가 최선을 다할 수 있도록 도왔다. 내가 그를 떠났을 때 나는 그처럼 되고 싶었고, 다른 사람들이 최선을 다할 수 있도록 돕고 싶었다.

존 우드는 절대 자신에 대해 말하지 않았다. 하지만 우리 강좌에 참가한 모두에게 내가 조언해 주고 건 전부 그에 관한 것뿐이다. 그의 멋진 자질, 가치, 일관성, 친절함 말이다. 나는 그의 자리와 나의 자리 사이의 차이를 알고 있고, 언제나 그를 따라잡으려면 한참 남았다고 느끼곤 한다. 이는 늘 나를 고무시키고, 나 스스로 더 발전하고 싶게 만든다.

겸손은 사람들과 교류하는 데 근본적인 것이다. 나는 한동안 그것을 배웠다. 젊은 시절 나는 신에게 내 성공을 기원하면서도, 마음속으로는 그 모든 일이 나 혼자 해낸 것이라고 사람들이 믿길 희망했다. 나는 겸손하기보다는 나약한 인간이다. 신은 내게 내 깜냥보다 큰 꿈을 주심으로써 나를 도우셨다. 포기냐 도움을 받느냐, 이 두 가지 선택밖에 없었다. 나는 공포를 느꼈다. 내 선택은 도움을 청하는 것이었다. 처음에 이는 무척이나 겸허한 마음을 갖게 해 주었다. 하지만 나는 곧 내게 다른 사람들이 얼마나 필요한지 알게 되었다. 결과적으로 내 리더십은 훨씬 더 나아졌다. 나빠지지 않았다.

좋은 리더는 자신에게 다른 사람이 필요하다는 점을 알고, 그러한 사실을 그들이 알게 한다. 이는 하락이 아니다. 리더의 자존심을 억누르고, 리더와 팀원들을 연결하고, 팀원들을 팀의 중심으로 이끌고, 그들이 그 비전을 더 잘 실현할 수 있도록 해 준다. 따라서 당신이 교류자가 되고자 한다면, 자신의 결점을 비롯해 다른 사람이 필요하다는 점을 알고 기꺼이 도움을 구하라.

2. 호기심─질문하라

나는 질문하는 것으로 명성이 자자하다. 친구들과 저녁 식사 자리에 있든, 손주들과 여행을 가든, 업무 회의를 이끌든, 사람들은 내가 자기들에게 질문을 던지리라는 것을 안다. 내가 질문하는 사람이 되기 시작한 것은 스스로에게 질문을 하면서부터였다. 나 자신에게 더 나은 질문을 하기 시작하도록 마음을 움직인 것 하나는 밥 버포드의 《하프타임》이었다. 그 책을 처음 읽은 건 20년도 더 전이었는데, 거기에는 중년이 된 사람들을 위한 중요한 질문이 담겨 있었다. 그는 이렇게 물었다. "당신은 어떤 후반전을 보내고 싶은가?"

> 자신의 인생 강령 없이는 후반전에서 멀리 나아가지 못한다. 자신의 인생 강령을 한두 문장으로 말할 수 있는가? 인생 강령을 만드는 건 좋은 질문(그리고 완전히 정직한 대답) 몇 가지로 시작할 수 있다. 당신의 열정을 불태우는 것은 무엇인가? 무엇을 얻고 싶은가? 당신이 대단히 잘했던 일은 무엇인가? 당신은 무엇에 사로잡혀 있는가? 당신은 어디에 소속되어 있는가? 전반전에서 당신이 '해야 한다'고 여기며 좋은 일은 무엇인가? 이런 질문들은 당신이 열망하는 방향으로 이끌어 줄 것이다. 또한 당신이 특별히 해 왔던 과업을 발견하게 해 줄 것이다.[2]

이런 질문들은 인생 중반에 나 자신을 세워 주어 좋은 후반전을 마련할 수 있도록 했다.

지금 나는 70대이지만 질문하는 것을 멈추지 않는다. 나는 여전히 호기심이 왕성하고, 계속 그러길 바란다. 이유가 무엇이냐고? 질문하지 않고서는 편안함에 안주하게 될 것이기 때문이다. 엔트로피는 쉽게 시작된다. 더 나은 방법이 없는지 묻지 않으면, 현상 유지를 시작할 것이다. 그러면 기회를 알아차리지 못한다.

아주 많은 리더가 충분히 질문하지 않는다. 스스로든 다른 사람들에게든 말이다. 여기에는 다양한 이유가 있다.

- 그들은 자신이 대답을 가지고 있다고 여긴다.
- 그들은 다른 사람들의 생각보다 자신의 생각을 더 가치 있게 여긴다.
- 그들은 다른 사람들을 이해하기보다 지시를 우선한다.
- 그들은 공통의 기반을 찾을 필요성을 알지 못한다.
- 그들은 질문이 기대를 충족시켜 준다는 것을 이해하지 못한다.

잠깐 여기 마지막 문장에 덧붙이고 싶은 말이 있다. 리더로서 우리는 늘 기대를 충족시켜야만 한다. 우리는 늘 자기 자신에게 거는 기대, 다른 사람들에게 거는 기대, 자신에게 다른 사람들이 거는 기대들을 다루어야 한다. 우리가 가진 기대나 다른 사람들이 가진 기대가 실제와 부합하지 않을 때 문제가 존재하게 된다. 실망은 기대와 현실 간의 차이에 존재한다. 그 차이에 어떻게 다가갈 수 있을까? 질문을 함으로써 우리는 자신이 지닌 기대를 조율할 수 있다. 자신이 스스로에게 거는 기대들을 아는 건 자기 인식을 돕고, 자신을 더 발전시키고 더 나아지게 하는 길을 닦아 준다. 자신이 다른 사람들에 대해 가진 기대들을 아는 것은 그들과 더 잘 소통하고, 현실을 직시하게 해 준다. 그리고 다른 사람들이 내게 거는 기대를 아는 것은 그들을 더 잘 이끌 수 있도록 해 준다. 이런 모든 교류는 사람들과의 사이에 다리를 놓는 질문들을 사용할 때에야 만들어진다.

3. 노력-연결 고리를 만들기 위해 노력하라

오프라 윈프리는 말했다. "인생의 가장 큰 비밀은 바로 그런 비밀이 존재하지 않는다는 것이다. 목표가 무엇이든 기꺼이 그 일을 한다면 거기에 도달할 수 있게 된다." 이는 사람들과 교류하는 데 있어서 분명한 진실이다. 노력해야 한다는 말이다.

내 손주 존은 열두 살 때 골프를 배우기 시작했다. 몇 달 뒤 마침내 골프 코스에서 공을 칠 수 있게 되었을 때, 나는 그 아이를 목표를 향해 데려가 주는 사람이 되고 싶었다. 시작하기 전에 나는 이렇게 말했다. "존, 홀 한 곳에 파를 하면 좋겠구나. 그린까지 보낼 수 있다면, 공을 퍼트해서 파를 할 수 있단다. 네가 샷을 하고 홀에 공을 넣는 모습을 내가 촬영하마."

이틀 동안 우리는 골프를 쳤고, 존은 골프 코스에서 첫 번째 파를 성공시키려고 애썼다. 존이 파를 위해 퍼트할 때마다 나는 휴대전화를 꺼내 그 모습을 촬영했다. 네 번 시도하고서 존은 공을 그린까지 보냈고, 퍼트할 기회를 잡았지만 실패했다. 하지만 둘째 날이 저물 무렵 16번 홀에서 존은 파 퍼트를 시도했고, 공은 컵으로 굴러갔다. 그리고 나는 그 장면을 찍었다! 존이 해낸 첫 번째 파였다.

우리는 그린에서 축하를 했고, 나는 그 자리에서 곧장 다른 가족들에게 그 영상을 보냈다. 존이 스코어보드를 쥐고서 자랑스럽게 자신의 파를 보여 주며, 내 팔짱을 낀 사진도 찍었다.

왜 나는 사진을 그토록 많이 찍었을까? 일단 즐거웠다. 하지만 더 중요한 건 내가 손자와 함께 의미 있는 추억을 만들고 싶었다는 것이다. 이는 우리 두 사람 모두가 항상 기억할 일이었다. 그리고 그 일은 우리 둘 사이에 특별한 고리를 만들어 주었다. 골프 코스에서 있었던 시간을 넘어서, 그 일은 계속 기억에 남을 것이다.

나는 수년 동안 사람들과 교류하기 위해 다양한 일을 했다. 2년여 동안 마거릿과 나는 사람들을 집으로 초대해 저녁 파티를 열곤 했다. 우리는 관계를 맺는 데 집중하기 위해 나와 함께 작업하는 작가 찰리 웨츨 Charlie Wetzel 을 고용했는데, 그의 첫 번째 직업이 요리사라서 우리에게 요리를 해 줄 수 있었기 때문이다. 한 달에 한두 번 우리는 세 커플을 초대해 다섯 가지 코스 요리를 먹으면서 대화를 나누었다. 관건은 오직 교류하고 서로의 회사에 대한 이야기를 나누는 것이었다. 우리는 이 식사 자리에 누구를 초대할지 결정하는 데 많은 시간을 보냈다. 예를 들어 앤티 앤스 프레즐 Auntie Anne's Pretzels 의 창업자 앤 베일러 Anne Beiler 는 늘 자신의 아이돌인 트루에트 캐시를 만나고 싶어 했다. 그래서 우리는 앤과 그녀의 남편 요나스가 오는 자리에 트루에트 캐시와 아들 댄을 함께 초대했다. 무척 기억에 남을 만한 저녁이었다.

인간관계에서 연결 고리는 모두 교류하고자 노력하기로 한 결정에서 시작된다. 이는 내가 '거울 테스트'라고 부르는 것으로 귀결된다. 당신은 거울을 들여다보고 자신에게 "너는 최선을 다했니?"라고 물을 수 있는 가? "그렇다."라고 대답할 수 있다면 테스트를 통과한 셈이다. 내 친구 아트 윌리엄스Art Williams의 말처럼 "우리는 자신이 할 수 있는 일만 할 수 있을 따름이다. 하지만 그것으로 충분하다."

사람들에게 신경을 쓴다면 그들과 연결 고리를 만들 경험을 어떻게 할지 알아낼 수 있을 것이다. 하지만 여기에는 노력이 든다. 그리고 여기서 나온 아이디어들을 따르는 데는 심지어 노력이 훨씬 더 많이 든다. 노력하지 않으면 진정으로 사람들과 교류하거나 리더로서 당신의 능력을 최고로 발휘하지 못한다.

4. 신뢰-사람들이 기댈 수 있는 사람이 되라

사람들은 신뢰하지 않는 사람과는 교류하지 않는다. 기댈 수 있는 사람과 교류한다. 저자이자 강연자인 사이먼 사이넥Simon Sinek은 이 문제에 관해 이런 말을 했다. "사람들은 당신이 무엇을 하는지에 관심을 갖는 것이 아니다. 그들은 당신이 그 일을 왜 하는지에 관심을 갖는다." '이유'가 동기를 만든다. 그 동기는 마음에서 온 것이며, 그것들이 올바르고 선한 것이라면 신뢰를 불러일으킨다.

리더는 동기를 올바르게 유지해야 한다. 내 주요 동기는 사람들에게 가치를 더해 주고 그들을 돕는 것이며, 그러면 모두가 좋다. 그렇지 않다면 나는 그 길에서 나올 것이다. 리더는 다른 사람들의 눈에 신뢰가 계속 남아 있는지 지속적으로 확인하고, 다음 세 가지 부분을 성공적으로 유지해야만 한다.

1. 진실된 삶
2. 일관된 행동
3. 업무적 역량

이것들을 잘해 낼 때 더욱 신뢰성 있는 사람이 되고 사람들과 교류할 수 있게 된다. 그러고 나면 관계가 세워진다. 이 세 가지 중에서 한 가지 또는 그 이상에서 실패하면 신뢰를 잃게 되고, 신뢰를 다시 회복하기 위한 일을 해야 한다. 인간이기에 나 역시 때로 실패한다. 그럼 잃어버린 신뢰는 어떻게 회복할까? 다음의 절차를 따르라.

- 내가 잘못했다는 것을 완전히 깨닫는다.
- 내가 일을 제대로 하려고 노력할 것임을 정확히 설명한다.
- 사람들의 관점을 공유하고, 우리가 공유한 것에 무언가를 더할 기회를 그들에게 준다.
- 문제를 바로잡는 일을 한다.
- 그들이 만족하도록 문제가 수정될 것임을 거듭 확인해 준다.

가장 마지막 사항은, 그 일이 제대로 굴러갈 수 있게 하는 것이다. 믿으라. 나는 이런 일을 수없이 해 왔다. 이 절차는 잘 작동한다. 이 절차를 따랐을 때 사람들이 나를 얼마나 잘 용서해 주는지 놀라지 않을 수 없었다. 심지어 더욱 놀라운 건, 관계가 보다 강화되고 발전된다는 사실이었다. 이는 신뢰에 관한 값진 교훈이다. 우리는 종종 서로 간의 신뢰와 연결 고리를 잃어버리는데, 이건 실패한 일, 그러니까 문제 때문이 아니라 나중에 관계를 재건하기 위해 올바른 과정을 밟지 않기 때문이다. 이런 일이 생기지 않도록 하라. 신뢰하기 위해 노력하고, 실패했을 때는 최선을 다해 올바른 일을 하라.

5. 관대함―먼저 베풀고, 계속 베풀라

아인슈타인은 말했다. "인간은 자기에게서 빠져나와 살 수 있을 때, 비로소 삶을 살기 시작한다." 자기에게서 빠져나와야 비로소 베풀기 시작할 수 있다고도 할 수 있다. 베풂은 사람들과 교류하는 좋은 방법이다.

앨라배마 예술 학교Alabama School of the Arts의 명예교수 로저 브리랜드 Roger Breland는 나와 함께 연설했던 한 콘퍼런스에서 내게 이런 사실을 보여 주었다. 그는 내 옆으로 다가와 아름다운 몽블랑 펜을 선물로 건넸다. 굉장히 뜬금없는 행동이라 나는 꽤 놀랐다.

"당신이 이걸 썼으면 좋겠어요. 당신은 특별한 친구이니까요." 그가 말했다. "하지만 부탁할 게 있어요. 이 펜을 쓸 때마다 나를 위해 기도해 주겠어요?"

나는 기꺼이 그렇게 하겠다고 대답했고, 그 펜을 책상에 두고 1년 넘게 사용하면서 그때마다 로저를 위해 기원했다. 그가 내게 베풀어 준 넉넉함과 그를 위한 나의 기도는 시간이 흐르면서 친구로서 우리 관계를 더욱 발전시켰다.

나는 인색하고 결핍된 마음을 지니고서 사람들과 잘 교류하는 사람을 본 적이 없다. 그런 사람들은 무척 자주 자신을 몰아붙이고 자기 보호에 기반한 결정을 내린다. 신학자 헨리 나우웬Henri Nouwen의 말마따나 "우리가 결핍된 마음으로 베푸는 데 인색하면 조금 가지고 있던 것마저 훨씬 더 적어지게 된다. 풍족한 마음으로 관대하게 베풀면 우리가 준 것은 곱절이 된다."

몇 년 전 나는 작가 스티븐 킹이 바사르 칼리지Vassar College의 2001년도 졸업반 학생들 앞에서 했던 연설문을 본 적이 있다. 예상할 수 있겠지만, 무척이나 달변가답게 써 내려간 글이었다. 그 연설문에서 그는 돈과 관대함에 대해 이야기했다.

시간이라는 넓은 관점에서 보면 인간의 삶은 무척 짧다는 걸 알게 됩니다. 나는 여러분에게 이를 더욱 본능적으로 생각하라고 말하고 싶습니다. 이게 전부입니다. … 여러분은 무엇을 하고 있습니까? 그러니까 나는 여러분이 하고 있지 않은 한 가지 일을 말할 겁니다. 여러분도 그걸 수긍할 겁니다. …

우리는 맨몸으로, 그리고 맨손으로 이 세상에 옵니다. 이 세상을 떠날 때는 옷을 입겠지만, 맨손인 건 마찬가지입니다. 워런 버핏이요? 갈 때는 맨손으로 갈 겁니다. 빌 게이츠요? 갈 때는 맨손으로 갈 겁니다. 퍼거슨 대통령요? 마찬가집니다. 스티븐 킹은요? 마찬가지죠. 여러분은 어떨까요? 다를 것 없습니다. 여러분 사이에는 가짜 동전 한 닢도 없을 겁니다. 그 사이에 얼마나 오래 있을까요? 얼마나 오래 슬퍼할까요? … 아마 눈 깜빡할 사이일 겁니다. …

여러분이 가지고 있는 것을 기부해야 할까요? 물론 그렇게 해야 합니다. 여러분의 삶이 다른 이들에게 오랜 선물이 되게 만드는 걸 생각해 보면 좋겠어요. 왜 아니겠어요? 여러분이 가진 물질들 모두 그저 빌려 온 것에 불과합니다. 꿈꾸던 마세라티 차부터 얼마 지나지 않으면 누군가한테 계약할 은퇴 연금에 이르기까지, 여러분이 얻은 장소에서 얻고 싶어 하는 모든 것들은 그 어느 것도 진짜가 아닙니다. 이 세계에서 지속될 것들은 모두 우리가 누군가에게 넘겨주는 것들입니다. 나머지는 허상일 뿐입니다. …

베풂은 받는 사람이나 선물에 관한 것이 아니라 주는 사람에 관한 겁니다. 주는 사람을 위한 거예요. 누군가는 세계를 발전시키는 데 지갑을 열지 않지만, 그래도 괜찮습니다. 누군가는 자기 발전을 위해 지갑을 엽니다. 내가 베푸는 건, 그것이 내가 살아 있어서 기뻐, 사랑하는 일을 하면서 매일의 양식을 얻을 수 있어서 기뻐, 라고 말할 수 있는 분명한 방법이기 때문입니다. 여러분이 이와 비슷하게 살아 있다는 데 감사하고, 또한 지금 하는 게 뭐든 그걸 해서 기뻐하게 되길 바랍니다. … 베풂은 우리가 벌고 있는 돈에서 눈을 떼고, 그것이 속한 곳으로 되돌려주는 방식입니다. 우리가 이끄는 삶으로, 우리가 기르는 가족들로, 우리를 돌보아 주는 지역사회로 말입니다. …

여러분이 베푸는 것으로 삶의 거대한 다음 여정을 시작하고, 그 시작한 것을 계속해 나가라고 말하고 싶습니다. 종국에는 여러분이 얻은 이상으로 얻게 됨을, 여러분이 꿈꾸었던 이상으로 좋아질 것임을 알게 되리라고 나는 생각합니다.[3]

관용은 우리를 더 나은 사람으로 만들어 주며, 더 좋은 사람이 되도록 돕고, 다른 사람들과 교류할 수 있는 길을 깔아 준다. 당신이 먼저 베푸는 사람으로 살고 있지 않다면, 베푸는 삶을 살아 보라고 말하고 싶다.

6. 경청─사람들과 교류하는 최고의 문을 열라

언젠가 어떤 프로 테니스 선수의 이야기를 들은 적이 있다. 그 선수는 새로운 학생을 가르치게 되었다. 학생이 테니스공에 몇 차례 스윙하는 것을 지켜본 뒤, 선수는 스트로크를 더 잘할 수 있는 몇 가지 방법을 말해 주기 시작했다. 하지만 선수가 가르침을 줄 때마다 학생은 그 문제에 대해 자신이 진단을 내리고는 그것을 고칠 방법을 이야기하면서 말을 가로막았다. 또 한 번 방해를 받자 선수는 그저 고개를 끄덕여 동의하고는 학생이 자기 방식대로 계속하게 내버려 두었다.

수업이 끝나고, 프로 테니스 선수를 알고 지내던 한 여성이 그 모습을 전부 지켜보고는 이렇게 물었다. "왜 저 건방진 친구의 멍청한 말에 동조하셨어요?"

테니스 선수는 미소를 짓고 대답했다. "메아리를 사고 싶어 하는 사람에게 대답을 팔려고 애쓰는 건 순전히 시간 낭비라는 걸 오래전에 깨달았거든요."

경청하지 않는다면 오래지 않아 주변 사람들이 당신과 대화하지 않게 될 것이고, 당신은 리더로서 고립될 것이다. 경청을 한다면 그들은 당신이 알아야 할 것을 말해 줄 뿐만 아니라 당신과 연결 고리를 갖게 될 것이다. 당신이 그들을 신경 쓰고 그들이 말해야 하는 것에 가치를 두고 있음을 보았기 때문이다.

나는 이 사실을 배우는 데 꽤 시간이 걸렸다. 젊은 시절 리더로서 나는 경청하지 않는 테니스 교습 학생과 같았다. 내가 가장 우선시하는 건 내 생각을 표현하고 다른 사람들이 그것을 구매하도록 확신시키는 것이지, 피드백을 경청하거나 다른 사람들의 말에서 배우는 것이 아니었다. 리더로서 행동에 일련의 오류들을 겪고 난 뒤, 나는 경청을 우선시하지 않는 내 태도에 존재하는 문제를 깨달았다. 그리고 다르게 일하기 위한 시프트를 시작했다. 하지만 그 싸움은 어려웠다. 나는 변화하려고 몸부림 쳤고, 마침내 성공했다. 어떻게 그럴 수 있었을까?

경청하지 않는 태도의 단점 목록을 만들었다

올바른 경로에 오르기 위해 나는 먼저 경청하지 않는 것이 내 리더십을 어떻게 해치는지 메모지에 죽 적어 보았다. 그 목록의 꼭대기에는 다음과 같은 내용이 쓰여 있었다.

- 무언가를 나와 함께 공유하는 사람들이 극히 적었다.
- 내 리더십은 추측에 기반한 것이었다.
- 내 아이디어들은 그저 실행 중인 아이디어일 뿐이었다.
- 나를 제외한 누구도 주인 의식을 가지고 일에 임하지 않았다.
- 내 팀에는 교류가 없었다.

나는 이것이 성공의 레시피가 아님을 알 수 있었다. 이런 증거를 근거로 변화하고 싶어졌고, 다르게 일하려고 노력하게 되었다.

내가 경청을 잘하고 있는지 매일 일깨웠다

리더들 대부분이 회의에 많은 시간을 쓴다. 변화하려고 애쓰던 그 시기에는 나 역시 마찬가지였다. 나는 누군가를 만날 때마다, 그러니까 늘 메모하기 위해 메모장을 가지고 가서 메모지 맨 위에 크게 L 자를 썼다. '경청' listen의 'L'이었다. 이것은 내가 입을 다물고 경청하도록 일깨워 주었다.

끼어들기를 그만두었다

이 일은 내게 다음 전환점을 가져왔다. 나는 사람들의 말에 끼어들지 않아야 했다. 내가 소통하고 싶은 것에 집중했기 때문에 나는 사람들의 말을 가로막곤 했다. 다른 사람들이 말하려고 하는 내용을 이미 안다고 생각하는 일도 자주 있었다. 하지만 말을 가로막힌 사람은 이렇게 말했다. "내가 말하고 싶은 건 당신이 말하는 것보다 훨씬 더 중요해요." 그것은 잘못된 행동이었고, 나는 사람들의 말을 가로막지 않아야 했다.

질문하기 시작했다

사람들의 말을 가로막는 일을 그만둔 방법 중 하나는 질문하기 시작한 것이다. 나는 최선의 방법 중 하나가 다른 사람들을 대화에 참여시키는 것임을 알게 되었다. 앞서 질문하는 것의 가치에 대해 이야기했으니 여기서 더 설명할 필요는 없을 것이다. 하지만 한마디만 덧붙이자면, 내 귀가 나를 곤경에 빠뜨린 적은 없다.

사람들에게 내가 계속 경청하는 역할을 유지하게 해 달라고 부탁했다

마지막 단계로 사람들에게 내가 경청하지 않으면 그걸 알려 달라고 부탁했다. 이건 정직성을 유지할 의무와는 다른 것이다. 누군가 내게 듣고 있지 않다고 말하면, 나는 사과하고, 입을 다물고, 경청했다.

교류하는 리더가 되고자 한다면 경청을 잘해야 한다. 당신이 그 책임을 할 수 있도록 다른 사람들에게 부탁하라. 용기가 있다면 팀원들, 동료, 친구, 가족을 만나서 그들에게 당신의 경청 태도를 1점에서 10점까지 점수로 나타내 달라고 부탁하라. 그 점수가 낮으면 내가 했던 단계를 밟아야 할 것이다.

7. 격려-사람들의 영혼에 산소를 공급하라

20년도 더 전에 나는 그레그 아시마쿠풀로스Greg Asimakoupoulos가 쓴 어떤 기사를 읽었는데, 리더들을 격려하는 글이었다. 거기에 실려 있던 묘사는 아직도 내 머릿속에 남아 있다.

스미스소니언 협회의 무명 전시품들 중 하나가 누군가의 영향력을 지닌 물건임이 드러났다. 에이브러햄 링컨 대통령이 총에 맞던 날 발견된 물건들이었던 것이다. 거기에는 'A. 링컨'이라고 수놓인 작은 손수건, 시골 소년의 작은 주머니칼, 무명실로 꿰맨 안경집, 5달러 연방 지폐, 너덜너덜해진 신문 기사 한 점이 포함되어 있었다. 그 신문 기사는 대통령으로서 그의 업적을 극찬한 것으로, "링컨은 역사를 통틀어 가장 위대한 정치인 중 하나로…"라는 문장으로 시작된다.

우리의 16대 대통령은 왜 기사 조각을 가지고 다녔을까? 역사가들은 링컨을 민중의 영웅이자 대통령 중의 대통령이라고 기린다. 링컨은 극심한 자기중심주의 환자였던 걸까?

그렇지 않다. 대통령이었을 때 링컨은 사후에 누리게 된 것만큼

대중에게 인기 있지는 않았다. 국가는 갈가리 분열되어 있었고, 그의 리더십은 끊임없이 위협받았다. 그는 언론의 비판 대상이었다. 그래서 링컨은 자신을 관찰하는 사람들이 비판자들만이 아님을 상기하기 위해 주머니 속에 뭔가를 넣고 다녔다. 자신을 인정하는 상징물, 누군가 자신을 믿는다는 사실을 일깨워 주는 물건을 말이다.[4]

리더라면 추종자들에게 자신이 그들을 믿는다는 사실을 일깨우는 일의 가치를 폄하해서는 안 된다. 위대한 리더들조차 격려가 필요하다. 모두가 마찬가지다. 조지 매디슨 애덤스George M. Adams는 격려를 '영혼의 산소'라고 표현했다.

리더로서 사람들과 소통할 때 어떤 마음가짐으로 하는가? 사람들을 교정하려고 하는가, 아니면 그들과 교류하려고 하는가? 그들을 깎아내리는가, 높이 평가하는가? 당신은 매일 이런 선택을 할 것이다. 당신이 이끄는 사람들과 함께, 당신을 이끄는 사람들과 함께, 당신의 친구, 가족, 동료 들과 함께 말이다.

《반지의 제왕》,《호빗》시리즈의 팬이라면, 작가 J. R. R. 톨킨이 그 책들을 쓰던 초기에 계속 써 나가기 위해 친구나 동료 작가에게 격려를 부탁했다는 사실을 알면 놀랄지도 모르겠다. 루이스와 톨킨은 다른 소수의 친구들과 함께 잉클링스Inklings라는 소모임을 만들어 모이곤 했다. 그들은 매주 만나 자신이 쓰고 있는 글에 대해 이야기를 나누고, 서로를 격려했다. 톨킨은 루이스를 자신이 낙담했을 때 앞으로 나아가게 해 주는 사람이라고 신뢰했다. 이 두 작가에 관한 글에서 마크 모링Mark Moring은 이렇게 말했다.

루이스가 아니었더라면 톨킨은 《반지의 제왕》을 집필하지 못했을 것이다. 톨킨은 편지에 이렇게 썼다. "나는 그에게 이루 말할 수 없는, 헤아릴 수 없는 빚을 졌다. 오랫동안 그는 나의 유일한 독자였다." 톨킨은 실제로 몇 차례 두 손을 들었는데, 그때마다 루이스가 이렇게 말했다. "톨러스, 다음 장은 어디 있나? 지금 포기해선 안 되네." 루이스는 그를 계속 나아가게 하는 유일한 인물이었다.[5]

당신의 인생에 있는 누구나 오직 당신만이 줄 수 있는 격려를 이용할 수 있다. 집에서 나는 늘 격려를 하려고 애쓰는데, 처음에는 내 아이들이었고, 지금은 손자들이다. 딸 엘리자베스가 어렸을 때, 추수감사절마다 나는 칠면조의 위시본(닭고기, 오리고기 등에서 목과 가슴 사이에 있는 V 자 모양 뼈로, 소원을 빌면 이루어진다고 하여 이런 이름이 붙었다.—옮긴이)을 잡아당기는 기회를 그 아이에게 주었다. 이 전통을 잘 모를 수도 있으니 어떻게 하는지 설명하겠다. 두 사람이 이 뼈의 양 끝을 잡고서 소원을 빌며 뼈가 잘라질 때까지 잡아당긴다. 긴 쪽을 잡은 사람이 승자로, 그 사람의 소원이 이루어진다. 엘리자베스가 몰랐던 건, 내가 늘 미리 그 뼈를 살펴보고서 엘리자베스가 승자가 될 만한 쪽을 그녀에게 주었다는 사실이다.

몇 년간은 내 계획이 성공해 늘 엘리자베스가 이겼는데, 어느 추수감사절에 아이가 내게 이런 말을 했다. "아빠, 아빠는 한 번도 소원을 말한 적이 없고, 소원이 이루어지지도 않았잖아요. 아빠 소원은 뭐예요?"

"내 소원은 네 소원이 늘 이루어지는 거란다." 내가 대답했다. 내가 늘 자신에게 최선의 일이 이루어지길 바란다는 걸 깨닫자, 엘리자베스는 나를 꽉 껴안아 주었다. 아이는 격려를 받았고, 나 역시 그랬다.

나는 강연할 때 격려의 마음을 가지고 무대 위에 선다. 커뮤니케이션 전문가로서 나는 무대 위의 현자賢者가 될 수도 있고, 그들 편에 선 안내자가 되려고 애쓸 수도 있다. 현자는 사람들을 내려다보고 격언으로써 그들을 감화하고자 한다. 안내자는 함께 걸으면서 여정을 공유하고, 자신과 함께 더 멀리 나아가도록 그들을 격려한다. 나는 사람들을 감화하고 싶지 않다. 사람들과 교류하고 그들을 돕고 싶다.

억만장자 투자가이자 독지가 찰스 슈와브Charles Schwab은 이렇게 말했다. "나는 지금껏, 아무리 일하는 것을 즐거워하더라도 인정받기보다 비판을 받을 때 일을 더 잘하거나, 더 열심히 노력하는 사람은 본 적이 없다."[6] 사람들 대부분이 격려 아래 있다고 나는 믿는다. 격려하는 리더가 되면 이런 결손을 바로잡을 수 있을 것이다.

지시에서 교류로의 변화는 리더로서 할 수 있는 가장 가치 있는 시프트들 중 하나이다. 지시는 사람들에게 다리를 놓는 것과 같지만, 그것은 일방통행로가 될 것이다. 교류는 양방향 도로다. 그렇기에 모든 것이 발전한다. 관계가 더 나아질 뿐만 아니라 아이디어도 증진하는데, 그것들이 양쪽 방향에서 움직이기 때문이다. 사람들은 함께할 때 일을 더 잘하고, 팀은 더 강해진다. 의사소통이 더 나아지고, 서로를 더 잘 알게 되며, 서로 협력하기 시작하면서 문제는 더욱 빨리 해결된다. 그리고 환경 역시 증진된다.

  이런 교류 관계를 구축하기 위해 시간을 들일 것인가? 그 답은 "그렇다."이다. 하지만 그것이 당신을 멈춰 세우게 하지 말라. 장기적으로 당신은 시간을 절약하게 될 것이다. 당신의 팀은 더 나아질 것이다. 당신 역시도.

제 8 장

획일성에서 벗어나
다양성을 추구하라

LEADER
SHIFT

다양성은 우리가
드라이버를 써야 할 일에
망치질을 하는 것을 막아 준다.

우리가 지닌 차이들이
긍정적인 차이를 만들어 낸다.

내가 해냈던 리더시프트들 중 가장 어마어마한 도약이 필요했던 건 '개
선 시프트'Improvement Shift였다. 내 성장 과정에 다양성이 없었기 때문이
다. 나는 오하이오주 서클빌에서 자랐다. 서클빌은 그 주의 중심부였고,
지역사회는 대부분 백인으로 이루어져 있었다. 우리 가족은 평범한 소
시민이었다. 내가 성장한 교회에는 첨단이랄 게 없었다. 우리는 보수적
이고 구식이었다. 서클빌에 있는 대학에서 내가 받은 신학 교육과 목사
훈련에서는 교인은 몇 가지 방식에서 사회의 문화와 구분되어야 함을
강조했다. 우리는 그런 사회에서 떨어져 나와 비슷한 사람들하고만 함
께 편안한 시간을 보냈다.

목사가 된 초기 생활도 별다르지 않고 똑같았다. 내가 이끄는 교회는
농부와 그 가족들로 이루어져 있었다. 그들은 친절하고 근면하며 지상

의 소금 같은 사람들이었다. 하지만 다양성이나 선견지명이 있는 사람들은 아니었다. 내가 교회에 있는 동안 나사NASA는 최초로 달에 사람을 보냈다. 우리 교회 사람들은 그 일이 실제로 일어난 일인지에도 의구심을 품었다. 많은 사람이 미 서부 지역 사막 지하에 트램펄린을 놓고 그 위에 모래를 깔고서 상연한 거짓 연극이라고 믿었다. 정말이냐고? 그렇다, 정말이다!

그 교회의 리더들은 모두 나이 든 백인이었다. 그들은 모두 같은 천으로 재단한 듯 같은 규칙을 고수했으며, 같은 리더십 모델을 따랐다. 그들은 서로 비슷해 보였다. 목사로서 나는 우리 교단에 속하는 다른 교회들이 하는 방식에 순응하고, 모두의 규범과 지침을 따라야 했다. 제5장 '익숙함에 안주하지 말고 새로움을 창조하라'에서 언급했듯이, 전통과 획일성이 강조되었다. 내가 처음으로 나를 도울 사람들을 뽑을 때 받은 조언은 나 같은 청년을 찾으라는 것이었다. 진보에 대해 그들이 가진 개념은 서서히 퇴보하고 있었고, 혁신에 대한 그들의 아이디어는 그보다 훨씬 더했다.

당신의 인생에 긍정적 차이를 만들어 낸 사람은 누구인가?

내게 있어 획일성에서 다양성으로의 개선 시프트는 서서히 일어났다. 그 씨앗은 대학생이던 시절에 뿌려졌다. 가톨릭 학교 야구팀을 코치하면서였다. 이 일은 첫 출사표이자 내가 가톨릭계와 장기간 소통하게 된 일이었다. 내가 알아야만 했던 첫 번째 사제를 만난 시기이기도 하다. 바로 마이크 엘리프리츠Mike Elifritz 신부로, 그는 대단한 사람이었다. 내가 코치를 그만두고 대학 졸업 준비를 할 때 그와 점심 식사를 한 적이 있다. 나는 인생의 다음 경로에 대한 불안감을 토로했다. 그때 그는 내 평생 잊지 못할 말을 해 주었다. "존, 네 미래는 하느님께 맡기려무나." 이 말은 내가 삶의 다음 단계로 진입하는 데 자신감을 갖게 해 주었다.

이 말이 왜 그토록 의미심장했을까? 무엇보다도 나는 목사의 길을 걷는 신앙인이었다. 가톨릭이 개신교에 가치를 더해 준 것이기에 그 말들이 내 마음에 공명했다. 나의 작고 온실 같은 세상에서 일어나리라 예상할 수 없는 일이었다. 이 두 집단은 서로 반대편에 존재하며, 서로에 대해 의구심을 품었다. 하지만 엘리프리츠 신부의 마음과 지지는 내 생각을 바꾸어 놓았다. 이는 내가 더 크고 더 다양한 세계에 내 모습을 보여 주기 시작하는 촉매가 되었다.

1969년에 일어난 이 일은 다양성을 인정하는 30여 년간의 긴 여정의 출발점이었다. 그 길을 따르면서 내 좁은 시야와 순진한 사고, 그동안 배운 것들에 도전하는 경험들이 수없이 일어났다. 여기에 몇 가지만 정리해 보겠다.

- 평생 농사를 지은 농부가 리더십에 관한 최고의 교훈을 가르쳐 주다: 인디애나 시골 지역 출신인 40대 중반의 겸손하고 평범한 클로드는 리더십이 자리에 달려 있는 것이 아님을 내게 가르쳐 주었다. 리더십이란 영향력이다.
- 빈곤층 여성이 관용을 가르쳐 주다: 우리 교회 신도인 헬렌은

특히나 관용의 영혼을 보여 주는 인물로, 그것이 재산과는 상관없음을 내게 보여 주었다.

- 리더가 아닌 사람이 사람을 분류하지 말 것을 가르쳐 주다: 브렌트는 섬김의 정신에 있어 모범이 된 사람으로, 내게 조직에 가치 있는 기여를 하려면 전통적인 리더가 되어서는 안 된다는 것을 일깨워 주었다.

- 대형 교회 리더가 양치기에서 목장 주인이 되는 법을 보여 주다: 대형 교회 목사인 제리는 양 떼를 유지하는 양치기가 아니라, 사람들이 리더가 될 수 있도록 준비시켜 주고, 내 작은 교회를 성장시키며, 개척해 목장을 세우는 목장 주인과 같이 생각하는 법을 내게 이해시켜 주었다.

- 한 강연자가 내 방식이 유일한 방식은 아님을 깨닫게 해 주다: 네 가지 다른 기질에 관한 책을 쓴 플로렌스는 나와 다른 사람들의 차이와 강점을 인정할 수 있도록 해 주었다.

- 전문가가 돈을 마련하는 아이디어를 주다: 나는 교회 리더십과 관련된 가장 좋은 생각은 소명을 받은 성직자들에게서 나온다고 여겼다. 하지만 경영인이었던 빌은 우리가 교회 건축 프로그램을 진행할 때 은행에서 돈을 빌리지 않고 돈을 마련하는 일에 대한 아이디어를 냈다.

나와 다르지만 내 인생에서 긍정적인 차이를 만들어 낸 사람은 수없이 많다. 그들은…

- 내 추측에 도전하고,
- 내 생각을 변화시키고,
- 일할 때 더 나은 방법을 보여 주고,
- 내가 편견을 없애도록 돕고,
- 사람들을 가치 있게 여기는 것을 가르치고,
- 내가 더 나은 사람이 되게 해 주었다.

서서히 나는 동질성을 가치 있게 여기던 데서 그 가치에 의문을 품게 되었다. 다양성에 관한 생각은 서서히 내게 이런 생각으로 새겨졌다. 나와는 다른 사람들이 나에게 긍정적인 차이를 만들어 낼 수 있다고.

이 시프트는 감지하기 어려울 만큼 작게 시작되었지만 시간이 지남에 따라 점점 커져 갔고, 내가 나 자신을 뒤바꾸고 1997년 우리 회사를 조지아주 애틀랜타로 이전했을 때 마무리되었다. 애틀랜타는 아프리카계 미국인들의 영향력과 역사가 풍부한 도시다. 오하이오의 작은 마을, 인디애나 시골, 햇살 넘치는 샌디에이고에서 살던 내게는 새로운 곳이었다. 나는 아프리카계 미국인들의 사회와 그들의 경험이 나와는 차이가 있음을 알았고, 그 차이를 줄이고 싶었다.

그러기 위해 나는 친구 샘 찬드에게 도움을 요청했다. 그 친구는 뷸라 하이츠 대학교Beulah Heights University의 명예 회장인데, 이 대학은 애틀랜타에서 아프리카계 미국인들이 주로 다니는 교육기관이었다. 샘은 인도에서 태어났지만 우리 지역사회에 연줄이 많았다. 그는 2년 동안 매달 오찬 자리를 만들어 주었고, 나는 300명 이상의 지역사회 리더들과 만날 수 있었다. 전체적으로 그들의 인생행로는 나와 달랐다. 나는 수많은 질문을 했고, 그들에게 이야기를 들려 달라고 청했다. 나는 만나는 사람들 대부분과 교류할 수 있었다. 나는 그게 무척 좋았다. 그들은 내 태도를 완전히 바꾸어 주었으며, 내 생각에 도전했고, 내 영혼에 가르침을 주었다. 나는 이런 경험으로 더 나은 사람이 되어 새로운 친구를 많이 만들었다.

팀 다양성의 이점

《하버드 비즈니스 리뷰》에서 보았던 '팀'에 관한 정의를 나는 정말 좋아한다. "팀이란 공통의 목적을 가지고 실행하고, 수행 목표를 설정하고, 상호 간에 책임 있게 접근하는 상호 보완적인 기술을 지닌 소수의 사람들이다."[1] 이 정의에는 기술적 다양성이 존재함이 내포되어 있다. 이는 다양성을 암시한다.

우리가 지닌 차이들은 실제로 우리 팀, 우리 조직, 우리 개인의 삶에 차이를 만들어 낼 수 있다. 일단 공통의 배경을 발견하고, 다양한 사람들에게서 최선을 끌어내기 위해 실행하면 좋은 일들이 일어나기 시작할 것이다. 나는 지금도 이 사실을 발견하는 중이다.

1. 다양성이 있는 팀에는 지식 차이가 있다

리더로서 당신이 모르는 것이 무엇인지 아는 건 중요하다. 어떻게 그럴 수 있을까? 팀에 다양한 사람들을 관계시키면 된다. 팀에 다양한 사람들을 넣는다면 그중 '누군가'가 당신을 도울 수 있다. 나는 그래서 "내가 뭘 놓치고 있지?"라고 팀원들에게 자주 묻곤 한다. 내가 늘 뭔가를 놓치고 있다고 상정하고, 누군가가 나를 도울 수 있다고 믿는다. 그들이 그렇게 할 때 나는 해방되어 내가 아는 것, 내가 잘할 수 있는 것에 집중하게 된다.

당신 팀에 지식 차이가 없다면, 당신은 내가 들었던 이야기 속 교수처럼 될 것이다. 교수가 농부 한 사람과 기차를 타고 이동하고 있었다. 함께 며칠을 보내며 이야기를 나누고 책을 읽는 것도 지겨워지자, 교수가 수수께끼 게임을 하자고 제안했다.

"당신이 수수께끼를 맞히지 못할 때마다 내게 1달러를 주고, 내가 맞히지 못하면 내가 드리리다." 교수가 말했다.

"교수님은 저보다 교육을 더 많이 받으셨잖습니까." 농부가 지적했다. "전 50센트만 드리는 걸로 하죠." 교수는 동의했고, 농부가 먼저 수수께끼를 냈다.

"세 다리로 걷고 두 다리로 하늘을 나는 건 무엇일까요?"

교수는 답을 알지 못해 농부에게 1달러를 주었다. 농부 역시 답을 알지 못했다. 그래서 교수에게 50센트를 주었다.[2]

2. 다양성이 있는 팀에는 관점 차이가 있다

맬컴 포브스는 다양성이란 함께, 독립적으로 생각하는 기술이라고 했다. 나는 이 말을 무척 좋아하는데, 저마다 좋은 생각을 하는 사람들을 함께 일하게 하는 것은 리더로서의 도전이며, 나는 이를 다루는 걸 아주 좋아한다. 모두가 똑같이 생각하고 말하는 건 창조성의 끝이자 기업적 환경의 죽음이다.

리더로서 격려하고 대화에 관여해 다른 관점들을 끌어내는 것은 내

책무이다. 나는 우리 팀원들이 내 생각을 앵무새처럼 흉내 내어 돌려주거나 내가 무엇을 원할지 추측하려고 애쓰길 바라지도 않고, 그래서도 안 된다고 여긴다. 나는 '그들이' 생각하는 것을 알고 싶다. 내 팀원들이 무언가를 다르게 볼 때, 그곳으로 나를 데려가 주길 바란다. 내가 그들에게 도전하는 것만큼 그들도 내게 도전하길 바란다. 이래야만 우리가 서로를 최대한으로 이용할 수 있다. 이른바 '윈-윈'win-win 하는 것이다.

3. 다양성이 있는 팀에는 경험 차이가 있다

작은 경험 차이가 생각보다 훨씬 더 큰 이론적 차이를 만들어 낸다. 개인의 경험 차이가 클수록 팀의 성과 능력은 훨씬 커지고, 팀이 그것을 처리하는 데 가질 도구들도 엄청나게 많아진다. 속담에서처럼 당신이 가진 게 망치뿐이라면 모든 것이 '못'처럼 보일 것이다. 다양성은 우리가 드라이버를 써야 할 일에 망치질을 하는 것을 막아 준다.

좋은 리더는 팀에 다양성을 수용한다

다양성이라는 주제는 간단하지 않다. 이에 대해 사람들은 무척이나 극명하게 다른 반응을 보인다. 어떤 사람들에게 이는 인구학적 연구들, 소통 불편, 관계의 지뢰들, 직장에서의 다양성 교육을 상기하게 한다. 또어떤 사람들에게 이것은 전형적인 미국 백인 남성 네트워크, 유리 천장, 권위를 대표한다. 하지만 좋은 리더들은 다양성을 국제적 수준의 팀을 만드는 데 가장 좋은 방법 중 하나로 본다. 적절한 리드, 동기부여, 촉매가 있다면, 다양한 전문가들로 구성된 집단은 당신 팀에 경쟁자들이 가진 것보다 훨씬 거대한 이점을 안겨 줄 것이다.

내게 가장 큰 영향을 준 리더십 책 중 한 권은 도리스 컨스 굿윈의 《권력의 조건》이다. 링컨이 임기 동안 당대에 극도로 다양한 사람들로 어떻게 내각을 꾸렸는지에 관한 이야기이다. 링컨의 내각 구성원들은 그의 동료가 아니라 사납기 그지없는 경쟁자들이었다. 왜 링컨은 자신과 이토록 다른 사람들을 선택했던 걸까? 남북전쟁에서 북부가 승리하고 나면, 그는 최고의 리더들과 사상가들의 기술을 이용해야 했기 때문이다. 링컨 대통령은 자신의 가장 위대한 리더십 기술과 정치적 식견을 이용해 내각에서 서로 다른 관점을 최대한 활용할 수 있도록 했다.

이 책은 내게 깊은 인상을 주었다. 다 읽고 나서 나는 표지에 이렇게 적어 두었다.

엄청난 차이와 다양성이 있는 일을 다루어야 한다면,
위기 상황에서 이끌어야 한다면,
높은 대의명분의 부담을 짊어져야 한다면,
리더십에 위엄을 부여해야 한다면,
그럴 때, 이 책을 읽어라.

2008. 11. 9. JCM

다양성을 방해하는 6가지 요인

최고의 리더들은 리더시프트를 본능적으로 하는 것처럼 보인다. 윈스턴 처칠은 제2차 세계대전이라는 힘든 시기에 영국을 능수능란하게 지휘했다. 그는 런던의 지하 벙커에서 열린 전략 회의에 클레멘트 애틀리 Clement Attlee 같은 정치적 조력자들을 데리고 갔다. 처칠은 이 위기가 자신이 편안하게 여기는 사람들의 기술뿐만 아니라 특별한 재능을 요구함을 알았다. 그런데 만일 다양성을 도입하는 것이 그토록 가치 있다면 왜 더 많은 리더가 그렇게 하지 않는 걸까? 다양성이 불편하기 때문이다. 많은 리더가 그 불편함을 다루는 데 실패하고, 다양성에 관한 공통의 장벽들을 극복하는 데 힘겨운 시간을 보낸다.

1. 갈등에 대한 불안

다양성이 있는 팀에는 자연히 서로 다른 의견, 관점, 세계관이 존재한다. 이는 필연적으로 갈등을 불러일으킨다. 많은 사람이 이를 염려하지만, 이는 인생의 필연적인 일부이다. 갈등은 실제로 우리를 도울 수 있다. 작가이자 컨설턴트인 패트릭 렌시오니는 《탁월한 조직이 빠지기 쉬운 5가지 함정》The Five Dysfunctions of a Team 에 이렇게 썼다.

> 오랫동안 지속되는 위대한 리더십은 성장을 위해 생산적인 갈등을 요한다. 이는 결혼 생활, 육아, 우정, 비즈니스에서도 틀림없는 진실이다.
> 불행하게도 갈등은 많은 상황에서 금기로 여겨지곤 하는데, 특히

직장에서 그렇다. 관리 체계에서 위로 올라갈수록 당신은 열정적인 논쟁 같은 것들을 피하는 데 과도하게 시간과 에너지를 쓰는 사람을 더 많이 발견하게 될 것이다. 그것이 위대한 팀의 근원인데 말이다.[3]

렌시오니는 생산적인 갈등은 하나의 목적을 가진다고 가르친다. "최단기간 내에 가능한 최선의 해결책을 만들어 내기 위한 것."[4]

서로 다른 경험을 지닌 사람들이 서로 다른 의견을 가지고 같은 주제로 한 탁자에 둘러앉아 있을 때, 당신은 특별한 결과를 만들어 낼 수 있다. 하지만 여기에는 사람들이 각자의 명함, 직위, 개인적 의제, 선호도를 치워 두어야 한다. 모두가 자기 개인이나 자신이 속한 집단의 이익이 아니라 이기기 위한 최고의 아이디어를 원해야만 한다.

한 부부 카운슬러가 언젠가 내게 결혼 생활에서 갈등을 해소하는 방법을 이야기해 준 적이 있다. 사람들은 대개 서로 다른 성격, 경험, 관점, 기대를 가지고 결혼 생활을 시작한다. 어떤 차이든 부부가 처음으로 함께 살기 시작함으로써 결혼 생활이 심화되기 전에 존재한다. 하지만 행복한 결혼은 두 사람의 동질성보다는 상반된 부분을 어떻게 다루느냐에 달려 있다. 관계의 매듭을 잘 묶느냐보다 그 매듭을 조금 느슨하게 하는 법을 배워야 한다. 갈등을 직시하고 해결하기 위해서 말이다.

건강하지 못한 갈등	건강한 갈등
차이를 개인적인 것으로 돌린다	차이를 공평하게 바라본다
개인적 앙금을 버린다	상대를 알고자 열망한다

보복책을 찾는다	해결책을 찾는다
상처를 낳는다	결과적으로 도움이 된다
빠른 결론을 추구한다	이해를 추구한다
대화를 억누른다	대화의 일부가 되려고 한다
해결책보다 자신을 중시한다	자신보다 해결책을 중시한다
자기 영역을 방어한다	새로운 영역에 열려 있다
팀을 악화시킨다	팀을 더 낫게 만든다

　종종 사람들이 가장 두려워하는 것은 관계 결렬이고, 이는 관계에서 발생하는 회복하기 어려운 상처이다. 하지만 다양성에 가치를 두고 서로의 시각과 아이디어에 진정으로 열려 있다면, 참신한 아이디어를 발견하고, 더 나은 팀을 만들고, 새로운 기반을 만들어 낼 가능성이 열린다.

2. 불충분한 인적 네트워크

사람들 대부분은 자신과 같은 사람들과 시간을 보낸다. 이는 종종 편견에서 벗어나지 못하게 한다. 그저 행동하던 대로 하게 한다. 내가 자랄 때 어머니는 이렇게 말하곤 했다. "끼리끼리 논다." 어머니는 내가 나쁜 선택을 하고 문제에 휘말리는 아이들이 아니라, 성정이 좋은 친구들과 함께 시간을 보내길 바랐다. 하지만 어머니가 말한 속담은 사람들이 서로 유사한 배경, 나이, 인종에 자연히 끌리게 된다는 것을 암시하기도 한다.

　나는 최근 셰럴 모세스Cheryle Moses에 관한 기사 하나를 읽었다. 그녀는 조지아주 로렌스빌에 위치한 어번 미디어메이커스Urban MediaMakers의 창업자이자 CEO로, 이 회사는 존 맥스웰 컴퍼니 본사에서 그리 멀지 않은 곳에 있다. 모세스는 회사의 16번째 창립 기념일을 준비하면서 한 연구

결과를 접하게 되었다. 백인 미국인 75퍼센트가 백인이 아닌 친구는 한 명도 없으며, 아프리카계 미국인 65퍼센트가 백인 친구는 한 명도 없다는 내용이었다.[5] 이 통계는 그녀에게 무척이나 큰 충격을 주었으며, 그녀는 창립 기념일 행사를 '흑인 친구를 만나러 오세요'Come Meet a Black Person라고 부르기로 했다. 모세스는 이렇게 말했다. "당신 인생에 없는 사람을 어떻게 알 수 있겠어요?"[6] 행사는 잘 치러졌고, 모세스는 종종 분열을 겪는 두 집단 사이의 대화를 시작해야겠다고 생각했다.

당신의 지인, 친구, 동료를 솔직한 시선으로 살펴보라. 당신이 알고 지내는 대부분의 사람이 당신과 비슷하고, 비슷한 정당에 투표하며, 비슷한 음악을 듣고 있다면, 네트워크를 확장하려고 노력해야 할지도 모른다. 내가 애틀랜타로 이주했을 때 했던 일처럼 말이다. 나는 또한 내 네트워크를 확장하기 위한 다른 단계들도 밟았다. 목사였을 때 나는 교회 밖에서 네트워크를 만들고, 다른 목사들과 이야기를 하며 많은 시간을 보냈다. 상근 목사가 된 뒤에는 다양한 산업군에 있는 사업가들을 만나는 데 더 많은 시간을 들이기 시작했다. 나는 케빈 터너가 월마트에 있을 때 그와 교류했다. 칙필레의 CEO 댄 캐시, 델타의 CEO 에드 바스티안을 비롯해 그 밖에도 많은 사람과 만났다. 베네수엘라부터 나이지리아, 사우디아라비아, 필리핀에 이르기까지 서로 다른 지역과 문화를 배우고자 수없이 해외로 나갔다. 중국에는 셀 수 없을 만큼 갔다. 이 나라들은 모두 나를 뻗어 나가게 하고 더 나은 사람, 더 나은 리더가 되게 해 주었다.

인적 네트워크를 확장해야 한다면 내가 그랬듯이 다음의 것들을 염두에 두라.

네트워크 확장은 겸손함을 요한다

리더로서 일하기 시작했을 때 나는 내가 늘 옳다고 생각했다. 나와 다른 사람들을 만나기 시작하면서 얻은 가장 큰 깨달음은 그 사람들이 제안할 것이 무척 많다는 점이었다. 개선 시프트를 이루기 전에 나는 나 자신을 공정하게 대하지 않았다. 그것이 겸손한 것이라고 알았다. 내가 겸손하지 않음을 다른 사람들도 알고 있다는 걸, 그들이 내가 한 것만큼이나 크게 기여하고 있었다는 걸 깨달았을 때, 나는 내 세상에서 벗어나 새로운 세상으로 진입할 수 있었다. 손실에 대한 공포 대신 나는 이런 상호작용에서 내가 얻을 것을 예측하게 되었다.

네트워크 확장은 의도를 요한다

비슷하지 않은 사람들과 교류가 생겨나기만을 기다린다면 그런 일들은 일어나지 않는다. 자신과 성향이 유사한 무리에서 빠져나와 다른 새들이 살고 일하는 곳으로 이동해야 한다. 이는 불편할 것이며, 불편하거나 익숙하지 않은 일은 큰마음을 먹고 행해야만 한다.

네트워크 확장은 에너지를 요한다

새로운 일을 할 때면 여분의 에너지가 들게 된다. 이는 상식 같지만 사람들은 여기에 대해서는 계획하지 않는다. 팀에 더욱 다양성을 불어넣고 싶다면 그에 대한 준비를 갖추어라. 무척 지치거나 앞으로 나아간다고 느끼지 못할 때에도 계속해 나갈 계획을 세워라.

네트워크 확장은 시간을 요한다

시간에 대해서도 같은 말을 할 수 있다. 다양성 있는 팀을 구축하는 일에는 시간이 든다. 그 밖에 다양성의 이점을 바라보기 위한 시간(그리고 에너지)가 들 것이다. '다양성의 춤'을 추기 시작할 때만큼 인내를 보여야 할 것이다. 두 걸음 앞으로 나아가고 한 걸음 뒤로 물러나면서 말이다. 사람들이 서로에 대해 알아 나가는 데도 시간이 걸린다. 모두 처음에는 좋은 경기를 하지 못할 것이다. 때로는 과속 방지 턱에 걸리고 우회로를 돌아가야 할 것이다. 아무리 좋은 팀이라도 그럴 것이다. 그럼 당신은 거기까지 갈 수 있을까? 그렇다. 당신이 거기에 필요한 시간과 에너지를 들인다면 말이다.

네트워크 확장은 애정을 요한다

이건 놀라울 수 있다. 특히 비즈니스적 맥락에서는 더 그렇겠지만, 나는 이와 같은 말을 할 것이다. 애정은 모든 것들을 작동하게 하고, 애정의 기반은 사람들을 가치 있게 여기는 것이다. 당신과 다른 사람, 당신을 좋아하지 않는 사람을 포함해서 말이다. 나는 내가 사람들을 가치 있게 대할수록 그들에게 가치를 더할 수 있다는 사실을 깨달았다. 내가 그들에게 가치를 더해 줄수록 그들도 팀에 가치를 더 많이 되돌려주었다. 인정받으면 인정하게 된다.

3. 편견

나는 성장하면서 나와 다른 사람들에게서 일부러 떨어져 나오려고 하지는 않았다. 그냥 그런 사람을 많이 알지 못했던 것뿐이다. 마침내 나와 다른 사람들과 관계를 추구했을 때, 그러니까 애틀랜타에서 아프리카계 미국인들의 비즈니스 사회와 관계 맺기 시작했을 때, 내가 나와 다른 사람들에게 소극적인 편견을 지니고 있음을 깨달았다. 내게는 무지에 따른 맹점이 있었다. 나는 나와 같은 사람들이 다른 사람들보다 일을 더 잘해 낼 좋은 아이디어를 가지고 있다고 여겼다. 다른 배경을 지닌 다른 사람들을 접하게 되자 이런 내 편견이 드러났다.

편견을 지녔을 때 일어나는 일들에 대해 실제로 내 눈을 뜨이게 한 말이 있다. 누가 한 말인지는 모르겠지만, 그 말은 진실이다. "세계를 손이라고 한다면 사람들은 그 손을 이루는 손가락이다. 당신이 어떤 집단을 싫어하거나 망가뜨리면, 당신은 손가락을 잃게 되고, 그만큼 세계를 잘 움켜쥘 수 없게 된다."

다양성을 수용하는 일은 내게 주변 세계를 다 잘 움켜잡게 해 주었다. 내가 이렇게 할 수 있었던 최고의 방편들 중 하나는 존 맥스웰 팀을 통해서다. 이 팀에 속한 코치 수천 명은 각자 자신만의 문화를 지닌 전국 각지에서 서로 다른 신앙을 가지고 있다. 이들은 서로 다른 관점, 재능, 경험을 한데 모아 우리에게 더 큰 그림과 더 큰 기회들을 주었다. 그중 다섯 명에 대해 이야기해 볼까 한다.

1. 파라과이 출신의 개비는 고국에서 민주화의 촉매로 일하고 있다.
2. 루마니아 출신의 소린은 그곳에서 매일 많은 시민에게 가치를 더해 주는 코치를 수천 명 이상 이끌고 있다.
3. 므폰은 나이지리아 출신으로, 사람들에게 미국식 리더십을 가

르치고 있다.

4. 휴스턴에 사는 루돌포는 존 맥스웰 팀의 훈련 내용을 스페인어로 번역했는데, 그 작업은 라틴아메리카에 있는 수백만의 사람들에게 이득을 안겨 줄 것이다.

5. 사우디아라비아의 사로야 박사는 고등학생 2만 7000명에게 리더십 가치를 가르친다.

이 인물들은 오직 다섯 '손가락'에 불과하지만, 나는 더 많은 것을 안다. 나는 이 장을 수많은 나라에서 차이를 만들고 있는 사람들의 이름으로만 채울 수도 있지만, 그게 핵심은 아니다. 핵심은 내 관점이 변화해 왔다는 점이다. 당신에게도 관점 변화가 필요한가? 의식적이든 아예 깨닫지조차 못하고 있든, 당신이 다른 사람들과 교류하는 것, 당신 팀에 다양성을 불어넣는 것을 가로막고 있는 편견은 무엇인가? 무엇이 당신을 후퇴시키고 있는지 규정하고, 그 문제를 해결하는 시도를 해야 한다.

4. 교만

언젠가 중세 기사들은 쓰임에 따라 다양한 말을 사용했다는 글을 읽었다. 이동을 할 때처럼 평상시에는 승용마라고 부르는 조금 작은 말을 탔다. 마상 창 시합이나 전투를 대비하며 군장을 모두 갖췄을 때는 군마라고 부르는 거대한 전투용 말이 필요했다. 이런 말들은 탄 사람과 갑옷, 무기, 안장, 넓은 마구의 무게를 거뜬히 지탱할 수 있었고, 보통 기갑을 갖춘 상태에서 키가 20핸드(말의 키를 재는 단위로, 1핸드는 10.16센티미터이다.—옮긴이)에 달했다. 말을 좋아하지 않는 사람들을 위해 부언하자면,

말의 어깨까지가 2미터 정도다!

이 말을 하는 이유는 '잘난 체하는 태도를 버려라'라는 의미의 "당신이 타고 있는 큰 말에서 내려라."라는 격언이 여기에서 유래했기 때문이다.

완전 군장을 갖추고 말에 올라탄 기사는 모두를 내려다보게 된다. 땅에 서 있는 소작농뿐만 아니라 말에 타고 있는 사람들까지 말이다. 많은 사람이 그러는데, 특정한 지위를 달성한 리더들이 특히 그렇다. 그들은 높은 말에 타고서 사람들을 오만하게 내려다본다. 이런 태도는 그들이 다른 사람들, 특히 자신과 다른 사람들을 인정하지 못하게 만든다.

어떤 리더들은 자기 재능에 무척이나 자신을 가지고 있어서 다른 사람들이 자기 일에 가치를 더하고 있다는 것을 생각조차 하지 못한다. 그들은 자신과 유사성이 없는 사람일수록 기여하지 못한다고 여긴다. 슬프게도 조직의 말단에 있는 사람일수록 무시당한다. 하지만 현실은 다른 사람들의 기여를 무시할 수 있을 만큼 잘난 리더는 없다. 누구도 없어서는 안 된다.

몇 년 전 나는 색슨 화이트 케신저Saxon White Kessinger의 〈필수적인 사람〉이라는 시를 읽었다. 나는 이 시가 교만한 자가 처하는 곤경을 표현하고 있다고 생각한다.

때로 당신이 중요하게 느껴질 때

때로 당신의 자아가 활짝 피어날 때

때로 당신이 재능 있게 느껴질 때

당신은 그 방에서 최고의 자질을 지닌 사람이다

때로 당신이 떠나야 한다고 느껴질 때

그것은 메울 수 없는 구멍을 남길 것이다

자, 한번 이렇게 해 보자

그러면 당신의 영혼을 겸허해질 것이다

양동이를 하나 가져와 물을 채우고

손목까지 잠기도록 손을 담가라

손을 빼면 뺀 자리가 남을 것이다

당신이 놓치게 될 것은 딱 그만큼이다

손을 넣을 때 당신은 물을 온통 튀길 것이고

많은 물을 휘저을 수 있다

하지만 멈추면 곧 알게 될 것이니

그 전과 무척이나 똑같아 보인다는 것이다

오래전부터 내려온 이 이야기에 담긴 도덕률은

할 수 있는 최선을 다하라는 것이다

자신에게 자부심을 가져라, 하지만 기억하라

필수적이지 않은 사람은 없다는걸![7]

　다른 사람들이 기여할 수 있다는 생각을 하지 못하고 인정하지 못한다면, 특히 당신과는 다른 사람들이 준 것들을 무시한다면, 당신은 자신은 물론 팀의 잠재력도 끌어내지 못할 것이다. 그리고 슬프게도 당신은 그 사실조차 알아차리지 못할 것이다!

5. 개인적 불안

오래된 농담 하나가 있다. 어느 회사의 CEO가 인사 담당 팀장을 만나 이런 이야기를 했다. "회사에서 내 후계자가 될 법한 경계적이고 공격적인 젊은 리더를 찾아라. 그런 이를 찾으면 그를 해고하라." 강하고 젊은 리더에게 위협을 느끼는 이 농담 속의 CEO처럼 자신과 다른 사람들이 주변에 있는 걸 위협으로 느끼거나 불편해하는 사람들이 있다. 이런 개인적 불안은 다른 사람들에게 쉽게 감지되고, 그들로 하여금 열의를 잃게 만든다.

불안은 복잡한 주제로, 당신이 이런 리더라면 불안을 다루는 데 도움을 받을 필요가 있다. 하지만 나는 이렇게 말할 것이다. 개인적 불안에 관해 내가 발견한 최고의 해결책은 다른 사람들을 돕고 그들을 중시하는 일에 대해 생각하는 것이다. 그렇게 하면 좋아 보이려고 애쓰거나 걱정하는 일을 그만두고, 다른 사람들을 좋아 보이게 해 주는 데 관심을 두게 된다.

나는 대학을 졸업하고 2~3년 동안 이러한 교훈을 배웠다. 2년간 좋은 아마추어 야구팀에서 선수로 뛰었는데, 선발 선수들은 모두 나보다 뛰어났다. 나는 이러한 사실을 인정해야만 했고, 이 때문에 얼마쯤 위기의식과 초조함을 느꼈다. 그 시절에 나는 꽤 괜찮은 선수였기 때문이다. 처음에는 연습하는 동안 경쟁적인 본능이 나를 치고 올라왔는데, 그것은 상황을 나쁘게 할 뿐이었다.

첫 번째 경기가 열리기 전에 나는 한 가지 결심을 했고, 그 결심은 모든 것을 바꾸었다. 팀원들보다 더 나아지려고 애쓰는 대신 팀원들을 더 잘하게 하는 데 집중하기로 한 것이다. 또한 나는 이 사실을 팀원들에게 전했다. 나 자신을 위해서가 아니라 다른 선수들을 위해 경기한 순간, 내 불안은 사라졌고 팀에 더 나은 기여를 할 수 있었다.

당신에게 일말의 불안감이 있다면, 그것이 특히 다른 사람들의 강점이나 차이로 일어난 것이라면, 그들에게 노력을 쏟기 시작하라. 그렇지 않으면 당신의 리더십은 팀에 도움이 되기는커녕 해를 끼치게 될 것이다.

6. 소속 실패

팀에 다양성을 촉진하는 데 공통적인 장벽이 되는 마지막 일은 리더와 팀원이 팀에 섞이지 못하는 것이다. 사람들이 팀에 소속감을 느끼거나 기여하지 못한다고 느끼면 교류하지 못한다. 결국 그들은 자기가 지닌 최고의 재능을 탁자로 가져오지 못하고 만다.

수년 동안 나는 사람들에게 서로 교류하고, 더 나아가 사람들의 가치를 소중히 여기고 그들에게 가치를 더해 주는 과정의 방편으로, 사람들과 공통의 기반을 찾으라고 가르쳐 왔다. 나는 여전히 이것이 시작의 방법이라고 믿는다. 하지만 밀레니얼 세대의 등장으로 '소속'의 개념과 그것이 다양성과 관계되는 방식이 바뀌고 있다. 최근 밀레니얼 세대의 직장에 관한 태도를 연구한 내용을 읽었다. 그 연구를 읽고 나는 비즈니스 세계에서 밀레니얼 세대와 소통하는 방식을 곰곰 생각해 보게 되었다.

딜로이트 대학교에서 펴낸 그 연구는 〈다양성과 소속감의 근본적인 변화: 밀레니얼 세대의 영향〉이다. 거기에서는 내가 속한 베이비붐 세대가 X세대만큼이나 소속감을 도덕적 기능으로 바라본다고 한다. 다시 말해 해야 할 올바른 일이라는 것이다. 우리는 우리는 '성별, 인종, 종교, 민족, 성적 지향성'에 따라 집단을 나누고, 자신이 속한 그 집단에서 소속감을 느낀다.[8] 베이비붐 세대는 다양성과 소속감을 실용적인 가치에서 바라보지 않을 것이다. 그들은 준수할 것, 윤리, 동질성에 초점을 맞춘다.

반대로 밀레니얼 세대는 다양성과 소속감을 고유 가치를 지닌 것으로 본다. 그들은 비즈니스에서 이득이 되는, 영향력이 있는 목소리를 따른다. 그 목표는 인종, 종교, 성별이 다른 사람들을 그저 한데 모으는 것이 아니다. 그들은 배경, 개인적 경험, 스타일, 관점이 다른 사람들을 한데 모으고 싶어 한다.[9] 함께 모인 이런 사람들은 밀레니얼 세대에게 또 어떻게 중요할까? 이 연구의 저자인 크리스티 스미스Christie Smith와 스테파니 터너Stephanie Turner는 이렇게 설명한다.

> 소속감에 대해 규정할 때, 밀레니얼 세대는 주로 협동성, 교류 문화에 대한 가치 부여, 비즈니스적 영향력을 다루는 협력적 수단 이용에 강하게 초점을 맞춘다. 그 위 세대들은 소속감을 조직 내의 평등, 공정함, 통합, 수용, 젠더 수용성, 인종적·민족적 다양성 측면에서 규정한다.[10]

밀레니얼 세대는 사람들이 한 탁자에 있는 것을 좋아한다. 그들은 모두가 공여자로 보이길 바라고, 권한이 주어질 때까지 소속감은 생겨나지 않는다.

이런 사고와 접근상의 차이들은 직장에 지대한 영향을 끼치며, 그 영향력은 그저 증가하게 될 뿐이다. 2025년까지 75퍼센트의 노동자가 밀레니얼 세대로 구성될 것이다.[11] 현재 밀레니얼 세대의 주요 층은 직장 내의 다른 세대들보다 소속감을 덜 느끼고 교류를 덜 한다.

- 밀레니얼 세대의 13퍼센트 이상이 직장에 가는 것이 좋다고 말

하지 않는다.

- 전체적으로 밀레니얼 세대의 13퍼센트 이상이 조직에 애착을
  가지고 있지 않다.
- 밀레니얼 세대의 33퍼센트 이상이 자신의 업무가 조직에 영향
  력을 끼치고 있다고 생각하지 않는다.[12]

스미스와 터너는 소속감과 다양성을 지탱하기 위해서는 리더가 밀레
니얼 세대가 완전히 관여하도록 도와야 한다고 제안한다. 리더는 "직원
들은 자기가 한 업무의 영향력을 볼 수 있고, 자신이 조직에 안겨 준 가
치를 이해하고, 자신의 노력에 대해 인정받고, 리더들은 공개성과 공정
성을 믿고, 인지적 다양성이 있는 팀이 비즈니스에 있어 더 낫다는 것을
입증하는 협력적 환경을" 제공함으로써 그렇게 할 수 있다.[13]

다양성과 소속감을 어떻게 이끌어낼 것인가?

당신이 밀레니얼 세대라면 아마 이렇게 말할지도 모른다. "아멘." 베이비
붐 세대나 X세대라면 다양성과 소속감이 있는 환경을 만드는 것을 지지
할 텐데, 그렇다 해도 이렇게 생각과 관점이 다른 집단에서 무엇을 해야
할지 모를 것이다. 세 가지 제안을 하겠다.

1. 공유의 문화를 만들어라
직장에 다양성이 있다 해도 소통하고 지식을 공유하는 문화가 갖춰져

있지 않다면 팀들은 창조성을 수용하지 못한다. 창조적 환경을 만들려면 직함, 지위, 역할에 치중하지 않아야 한다. 모든 사람이 발언할 환경을 만들어야 한다는 의미다. 이는 사람들이 공식적인 역할을 갖기 전에 팀을 이끌 기회를 주어야 한다는 말이다. 리더 입장에서 보기에 팀원들이 아직 준비가 되어 있지 않다고 느껴져도 그렇게 해야 한다. 또한 다른 의견에도 열린 태도를 지녀야 한다. 스미스와 터너는 이렇게 지적했다.

> 밀레니얼 세대는 자기표현 및 다른 사람들의 생각과 의견을 수용하는 성향이 있다. 위 세대와 비교해서 그들은 성공하기 위해 사람들 간의 차이를 경시해야 한다고는 느끼지 않는다. 밀레니얼 세대는 오늘날 조직의 입구에서 자기 정체성을 점검받는 일을 거부하고, 이런 특성들이 비즈니스의 결과 및 영향력에 가치를 가져오리라고 강하게 믿는다.[14]

리더가 공간, 책임, 주인 의식, 보상을 공유할 때 모두가 참여하고 싶어질 것이다.

2. 다양성에 관한 관점을 넓혀라

《하버드 비즈니스 리뷰》에 실린 한 기사에서, 비즈니스 심리학 교수인 토마스 차모로 프레무지크Tomas Chamorro-Premuzic는 이렇게 썼다. "다양성에 관한 대부분의 논의는 인구학적 다양성에 맞춰져 있다. 성별, 나이, 인종 같은 것 말이다. 하지만 다양성의 가장 흥미롭고 영향력 있는 측면은 개성, 가치, 능력 같은 심리학적 부분이다."[15] 이는 또한 밀레니얼 세대를 바라보는 방식이기도 하다.

평등은 단순히 모든 사람에게 같은 것을 주는 것이 아니다. 사람들에게 저마다 필요한 것을 주는 것이기도 하다. 카이저 퍼머넌트Kaiser Perma-nente의 CEO 버나드 타이슨Bernard Tyson은 이렇게 말했다. "우리는 평등에서 형평으로 진화해 왔다. 평등은 모두가 동등한 것을 얻어야 한다고 말한다. 형평은 그게 아니라고 말한다. 모두가 각자 필요한 것을 얻어야 한다는 것이다. 소속감 있는 환경이란 당신이 상대를 어떻게 바꾸어 나갈지에 관한 것이 아니다. 상대를 성공으로 나아가게 하는 환경으로 어떻게 바꾸어야 할지, 리더 자신이 어떻게 바뀌어야 할지에 관한 것이다."[16] 그러려면 우리는 다르게 생각하고, 다양성을 다르게 취급해야 한다.

3. 효율적이기 위해 다양성을 지지하는 견고한 리더십을 제공하라

다양성은 팀을 도울 수도 있지만, 똑같은 수준으로 팀에 도전이 될 수 있다. 다양한 사람들을 규합하는 것은 쉬운 일이 아니다. 차모로 프레무지크가 지적했듯이, 팀에 다양성이 지나치면 문제가 일어날 수 있다. 삼손 신드롬처럼 엄청난 강점과 엄청난 약점은 동전의 양면처럼 함께 다닌다고 나는 생각한다. 약점은 의사결정과 실행에서 드러날 수 있다. 차모로 프레무지크는 이렇게 언급했다.

> 아이디어를 내는 것과 실행하는 것 사이에는 큰 차이가 있다. 다양한 팀 구성원은 보다 폭넓고 창의적이고 유용한 아이디어를 내는 데는 이점으로 보이지만, 아이디어를 선별하고 실험하는 등 결정과 관계된 일에서는 이런 이점이 사라진다고 실험 연구들은 말

한다. 아마도 다양성으로 인해 의견 일치가 저해되기 때문으로 보인다.

"다양성이 큰 팀은 팀에 내재된 사회적 갈등과 의사결정력 부족으로 창조성에 따른 이득을 얻는 데 방해를 받는다. 심지어 다양성이 부족한 팀보다 창조적이지 못하다."[17]라고 그는 덧붙였다. 좋은 리더십은 아이디어와 실행 양측에 모두 강점을 가져다줄 수 있다.

나 역시 여전히 획일성에서 다양성으로 시프트를 하는 여정에 있다. 사람들이 생각하는 방식이 계속 바뀌고, 더 나은 리더가 되기 위해 변화해야 하기 때문이다. 거대한 시프트는 사람들이 다른 것이지 틀린 것이 아님을 깨달을 때 생겨난다. 구성원들의 관점에서 볼 수 있을 때, 그들의 가치를 더 잘 보고 열린 마음을 가질 수 있게 된다.

이 모든 일에는 일종의 패러독스가 존재한다. 다양성을 포용하려면 우리가 다르다는 점을 축복해야 한다. 하지만 거기에 도달하려면 공통의 기반을 바라보아야 한다. 나는 우리 모두가 같은 것을 원한다고 생각한다. 경청하고, 서로서로 가치를 소중히 하고, 함께 일하고, 성공하고, 차이를 만들어 내는 일 말이다. 우리가 유사점이 있고, 서로의 다름을 이용해 팀에 기여해야만 위대한 일들을 이룰 수 있다.

제 9 장

지위적 권위를
버리고
도덕적 권위를
행사하라

LEADER
SHIFT

능력이 되는 한
최고의 리더가 되고 싶다면
사람들과 교류하는 법을 배워야 한다.

리더십은 영향력이다. 40년 이상 나는 리더십에 관해 이런 정의를 내려왔다. 리더 역할을 해 본 사람이라면 이 말이 진실임을 알 것이다. 하지만 이런 영향력이 어디에서 비롯되는지 궁금하지 않은가?

영향력은 직위에서 오지 않는다

리더 역할을 하던 초기에 나는 그 질문을 스스로에게 하고 있었다. 대학을 졸업하고 몇 주 지나지 않아 나는 인디애나주 힐햄의 작은 시골 농장지역 교회의 목사가 되었다. '지역'이라고 하니 실제 그 규모보다 크게들리는데, 11가구, 주유소 두 곳, 작은 가게 한 곳이 있는 정도였다. 그 일은 내가 터득할 수 있는 환경에 있는, 다룰 수 있다고 생각했던 일이었다. 교회는 크지 않았고, 도시에 있는 것도 아니었으며, 다루어야 할 사업도 소소했다. 나는 작은 연못의 중간 크기 물고기가 될 것이었다. 조직 규약에는 내가 신자들의 리더이자 조직 이사회의 의장이라고 언급되어 있었다. 나는 그것이 나를 리더로 만들어 주리라 생각했다.

이사진을 처음 만난 날 나는 이사회를 이끌 준비가 되어 있었다. 비전을 생각했고, 사람들에게 어떻게 설명할지도 생각해 두었다. 회의를 어떻게 진행해야 할지를 생각해 두었고, 세부 안건들을 적어 두었다.

의장으로서 나는 이런 것들을 이미 알고 있었기에 그저 회의를 개최하고 진행하면 되리라고 여겼다. 소개와 인사를 마치고 모두 탁자에 둘러앉은 뒤, 나는 회의를 시작하려 했다. 하지만 내가 입을 떼기도 전에 이사회의 임원 클로드가 이렇게 말했다. "목사님, 왜 기도로 시작하지 않으시나요?"

좋은 아이디어라고 생각하며 나는 기도를 했다.

파일 폴더를 열어 내가 작성한 의제가 담긴 복사본들을 나누어 주는데, 클로드가 또 이렇게 말했다. "오늘 밤 우리가 이야기 나눴으면 좋겠다고 생각한 게 몇 가지 있는데요."

'아!' 나는 생각했다. '좋아. 먼저 그것들을 살펴보자. 그리고 나서 내가 생각한 의제들을 다루면 되겠지.'

클로드가 논의를 이끌고 질문을 던졌다. 다른 사람들은 그 질문에 대답했다. 나는 경청하며 그들의 질문과 대답을 따라가려 애썼다. 그들이 다루는 논의 대부분은 일상적인 것들이었고, 모든 내용이 조직에서 이미 행한 것들이며, 그래서 엄청나게 중요한 건 없었다.

한 시간쯤 지나 클로드가 말했다. "자, 이 정도면 됐습니다. 목사님, 마무리 기도를 해 주시겠습니까?"

나는 기도를 했고, 모두 일어나서 악수를 나누며 작별 인사를 하고 집으로 돌아갔다. 나는 생각했다. '대체 무슨 일이 벌어진 거지?'

권위는 어디서 오는가?

그날은 리더의 자리가 리더의 권위를 주는 건 아님을 배운 날이다. 직위는 영향력의 동의어가 아니다. 나는 직위를 가지고 있었지만, 모두들 클로드를 따랐다. 그의 의견은 그 탁자에서 중요시되는 의견이었다. 모두 그가 말하는 모든 것에 따랐다. 그리고 그들은 그가 말한 것을 행하는 걸 즐거워했다.

그 당시 나는 아직 리더십이 무엇인지 정의하지 못하고 있었고, 이사회 이후로 그 문제를 생각하기 시작했다. 왜 이사회 임원들이 클로드를 따르는지 이해하려 애썼다. 그는 중년의 농부였는데, 근처 발전소에서도 일했다. 특별히 인상적인 남자는 아니었다. 교육도 받지 못했다. 하지만 그는 영향력이 있었다.

지금 돌이켜 생각해 보면, 클로드는 힐햄이라는 작은 세계에서 도덕적 권위의 척도였다. 교회 이사회 사람들에게 그의 말은 거대한 무게를 지녔다. 왜 그랬을까? 그가 살아온 방식 때문이다. 그는 훌륭한 사람이었다. 정직하고 공정하고 근면했다. 말과 행동은 일치했고, 수십 년간 그것은 진실이었다. 그는 신도들을 보살피고 늘 도울 준비가 되어 있었다. 클로드는 리더라고 불리지 않았지만, 사람들을 따르게 할 권한을 획득했다.

리더십에 관해서라면 나는 거기에 모든 종류의 권위가 있다고 생각한다. 몇 가지 예를 들어 보겠다.

- 태생적 권위: 어떤 사람들은 다른 사람들보다 태생적으로 더 잘 이끄는데, 그리하여 리더의 역할을 맡기 시작한다.
- 지위적 권위: 이 권위는 직함이나 조직 내의 공식적인 위치에서 나오며, 리더십의 가장 하위 단계이다.
- 지식적 권위: 다른 사람들보다 더 많이 알거나 특정한 정보를 가지고 있는 것으로, 사람들에게 어떤 측면에서만 영향을 끼칠 수 있다.
- 상황적 권위: 특정 상황이 발생했을 때 가장 자질 있는 사람이 그 상황을 이끌게 된다.
- 관계적 권위: 어떤 사람이 다른 사람들과 관계를 세울 때 그것이 리더의 영향력을 가져온다.
- 근접적 권위: 누군가가 실제 리더 또는 권위적 형상에 가까워지면 다른 사람들을 이끌 영향력을 그 리더에게서 빌려 올 수 있다.
- 성공의 권위: 성공은 사람들에게 신뢰감을 부여하며, 사람들은 자기 팀이 그 성공의 일부가 되길 바란다.
- 멘토의 권위: 멘토링을 하는 사람은 멘토링을 받는 사람에게 영향력이 증가하며, 그 명성으로 신뢰를 얻는다.
- 연장자의 권위: 어떤 문화에서는 나이가 더 많거나 조직 내에서 원로가 되는 것이 권위를 준다.

클로드와의 경험은 나로 하여금 리더가 지니는 다양한 권위를 이해하는 여정을 시작하게 만들었다. 이로써 리더십에 관한 나만의 정의를 내릴 수 있게 되었다. 나는 리더십을 5단계로 정리했는데, 제4장 '조직에 긍정적이고 도전적인 의식을 심어라'에서 언급한 바 있다. 이는 궁극적으로 가장 높은 단계의 영향력을 발휘하는 도덕적 권위라는 개념으로 이어졌다. 40여 년간 나는 직위적 권위에서 도덕적 권위로의 영향력 시프트Influence Shift 과정을 이루어 왔다. 나는 여전히 이 과정 중에 있으며 이 시프트를 완성하려고 노력하고 있다.

도덕적 권위란 무엇인가? 이것은 정의하기 어려울 수 있다. 시어도어 브라운Theodore Brown은 이 용어를 많이 사용했지만, 그 자신 역시 도덕적 권위를 규정하기가 얼마나 어려운지 자신의 블로그에 언급했다. 그는 한 가지 예로, "세계가 어떻게 되어야 하는지에 관해 다른 사람들에게 확신을 심어 줄 수 있는 능력"이라고 말하면서, 이를 존 매케인 효과라고 불렀다.[1]

하버드 비즈니스 스쿨의 교수 케빈 셰어Kevin Sharer는 또 한 가지 관점을 제공한다.

도덕적 권위는 정확히 규정하기가 쉽지 않지만, 다른 많은 것들과 마찬가지로 우리는 그것을 보고 안다. 때로는 보지 않고 알기도 한다. 도덕적 권위가 없는 리더는 불신을 키우며, 냉소를 만들어 내고, 조직 전체적으로 진취성을 죽인다. 시간이 흐르면 강한 도덕적 권위가 부재한 리더십은 기업 또는 한 지역에 치명적인 결과를 초래한다.[2]

이렇게 들으면 도덕적 권위라는 게 거창하게만 느껴진다. 그럴 수도 있지만, 꼭 그렇지만은 않다. 클로드에게는 도덕적 권위가 있었지만 그 자신은 그 사실을 알지 못했다. 넬슨 만델라와 테레사 수녀 역시 마찬가지였다. 그렇다면 도덕적 권위란 무엇인가? 나는 이렇게 생각한다.

도덕적 권위는 어떤 사람이 지닌 지위보다 그 리더적 영향력이 더 크다고 사람들이 인정해 주는 것이다. 이는 진실된 삶으로 신뢰를 쌓아 나간 데서 얻어지고, 리더로서 성공한 노력으로 유지된다. 일생 동안 일관성을 보여 주어야 한다. 리더는 자신이 사는 방식으로 도덕적 권위를 획득하고자 분투할 수 있지만, 도덕적 권위는 사람들이 그에게 주는 것이다.

도덕적 권위는 리더의 영향력 중에서 최고 단계이며, 많은 사람이 그것을 안다. 이는 좋은 가치관에서 나온다. 다른 사람들에게 가치를 더해 주고 사람들을 고무시킨다. 이것은 리더가 올바른 이유에서 올바른 결정을 내릴 수 있게 도와준다. 말과 행동이 일치된 삶을 나타낸다. 우리는 도덕적 권위를 가진 존재가 나타나면 그것을 알아차리고 그 사람을 따르고 싶어진다!

《도덕적 권위를 세우는 4가지 방법》4 Ways to Build Moral Authority에서 척 올슨Chuck Olson은 이렇게 말했다.

사람은 사람을 따른다. 지위를 따르는 것이 아니다. 명함은 당신이 리더이고 책임자임을 말해 주겠지만, 당신의 도덕적 권위라는 계좌의 잔액이 부족하면, 따르는 사람들을 결집시키기 위해 외적인 요소들에 의존해야만 할 것이다. 기술, 부, 성격, 교육 수준, 성취한 것이 제아무리 많아도 그것들이 도덕적 권위의 부재를 상쇄할 수는 없다. 비금전적 혜택과 급여는 프로젝트에서 사람들을 모으는 데 필요한 재화이지만, 도덕적 권위는 사람들을 움직이게 하는 데 필요한 재화이다. 《넥스트》에서 앤디 스탠리는 다음과 같이 말했다. "조직에서 당신의 지위는 조직원들이 당신을 돕게 할 것이다. … 하지만 당신의 도덕적 권위는 그들이 당신에게 마음을 내주게 할 것이다."[3]

도덕적 권위는 존재하지만 아직 발현되지 않은 무언가가 발현되도록 하는 전환적 힘을 만들어 낼 수 있다. 그것은 사람들을 더 높은 수준의 인생으로 데려가 주고, 리더가 되게 한다. 영감을 주지만 현실에 기반한 것이며 믿을 수 있다. 그것은 리더가 더 나은 일을 하고자 열망하게 해서 더 나아지도록 만든다. 도덕적 권위는 팀원들이 리더를 존경하게 하고, 팀원들에게 부끄럽지 않고 본보기를 따르고자 하는 열망을 지니게 해 팀이 최선을 발휘하게 만든다.

도덕적 권위로 가는 길

도덕적 권위에 관해 논의할 때 어딘가 신비롭고 동떨어진 것으로 여겨질 위험이 따른다. 하지만 실제로 이것은 역량, 용기, 일관성, 기질이라는 네 가지 요소에 기반한다. 도덕적 권위를 추구한다면, 이 네 가지 영역을 계발함으로써 거대한 영향력을 만들어 낼 수 있다. 하나씩 살펴보자.

1. 역량―스스로의 가치를 입증하라

모든 것이 여기에서 시작한다. 역량은 도덕적 권위의 핵심이다. 직무를 수행하지 못한다면 제 몫을 할 수 없을 것이며, 팀을 잘 이끌 수도 없다. 그렇다면 사람들이 당신을 왜 따르고 싶겠는가? 사람들의 존경을 얻지 못하는 한 도덕적 정당성을 배양할 수는 없다. 작가 조지 데이비스George L. Davis는 이렇게 말했다. "권위는 살 수 있는 것도, 가지고 태어나는 것도, 심지어 상급자가 건네줄 수 있는 것도 아니다. 우리가 획득해야 하는 것, 하급자들에게서 얻어 내야 하는 것이다. 스스로의 가치를 입증하지 않고서는, 자기 사람들의 눈에 보여 주지 않고서는, 그 어떤 관리자도 자기 사람들에게 진정한 권위를 발휘하지 못한다. 보여 주어야 하는 사람은 그 자신도, 상급자도 아니다."[4]

그렇다면 역량이라는 기반은 어떻게 쌓는가? 최선을 다함으로써다. 사소한 잡일들에서 시작하는 것이다. 데일 카네기는 이렇게 말했다. "사소해 보이는 직무에 최선을 다하기를 두려워하지 말라. 하나씩 정복해 나갈 때마다 그것이 당신을 훨씬 더 강하게 만들어 줄 것이다. 작은 일들을 잘해 낸다면 큰일들은 알아서 굴러가게 된다."

일을 훌륭하게 완수하는 것은 역량에 대한 명성을 만들어 준다. 오스카 해머스타인 2세는 미국 공연계의 위대한 작사가 중 한 사람으로, 〈사운드 오브 뮤직〉, 〈왕과 나〉, 〈오클라호마〉, 〈사우스 퍼시픽〉 같은 공연의 노래를 썼다. 그가 작가와 예술가 들에게 한 조언은 비즈니스계에도 똑같이 가치 있다.

작가들이 기억해야 할 무척이나 중요한 것이 한 가지 있습니다. 당신이 작품을 성의 없게 썼다면, 그것이 언제 발견될지는 아무도 모릅니다. 한두 해 전쯤 뉴욕《해럴드 트리뷴》선데이 매거진 표지에서 자유의 여신상 사진을 보았습니다. 헬리콥터에서 찍은 사진이라 여신상의 머리 꼭대기가 보였습니다. 그 모습을 상세히 보게 된 나는 무척이나 놀랐습니다. 조각가는 여신의 머리에 각고의 노력을 기울였습니다. 이 부분에 갈매기들의 무비판적인 눈 말고는 어느 누구의 눈도 미치지 못할 것임을 분명히 알았을 텐데 말입니다. 그는 누군가가 비행하면서 이 부분을 찍으리라고는 꿈에도 몰랐을 겁니다. 하지만 그는 예술가였습니다. 그는 이 부분을 여신의 얼굴, 팔, 횃불, 그 밖의 이 만을 향해하는 사람들이 볼 수 있는 다른 모든 부분만큼이나 정성을 기울여 마감했습니다. 그는 옳았습니다. 당신이 예술 작품을 만들고 있든, 어떤 종류의 일을 하고 있든 그 일을 완벽하게 마무리하세요.[5]

훌륭하게 해내는 데 혼신을 다하고 그것을 따를 의지를 지니고 일한다면, 당신에게 역량에 관한 긍정적인 명성을 안겨 줄 것이다. 어느 직업이든 마찬가지다. 하지만 리더는 다른 사람들의 영향력을 배양하고, 사람들과 관계하고 함께 일하도록 동기를 부여하고 고취시키는 역량을 보여 주어야 한다. 40년 전에 나는 영향력이 어떻게 작동하는지 이해시키고, 더 나은 리더가 되기 위해 따를 수 있는 성장 프로세스를 가르치고자 리더십의 5단계를 가르치기 시작했다. 이 내용은 모두 《리더십의 법칙 2.0》에서 다루고 있는데, 여기서는 당신이 리더십 역량을 어떻게 계발할지 느껴 볼 수 있도록 간단히 소개하겠다.

1단계: 직위 – 따라야 해서 따른다

이 단계에서 누군가의 권위는 무척 제한적이며, 리더의 직무 기술표에 국한된다고 할 수 있다. 리더는 리더십이 약속하는 것들을 받을 자격을 충족시키지 않아도 된다. 어떤 조직에서는 리더의 자리를 유지할 자격이 없어도 된다.

2단계: 허용 – 원해서 따른다

이 두 번째 단계에서 리더는 권위를 계발하기 시작한다. 리더가 관계를 쌓을 때 사람들은 그와 함께 기꺼이 일하는데, 그를 좋아하고 그와 함께 시간을 보내는 걸 즐기기 때문이다. 사람들은 그에게 자신들을 이끌어도 된다고 허가하기 시작한다.

3단계: 생산성 – 역량을 보여 주기 때문에 따른다

이 세 번째 단계에서 리더는 진실된 역량을 보여 주기 시작한다. 생산성은 사람들로부터 도덕적 권위를 얻어 내는 데 큰 부분을 차지한다. 사람들은 리더가 결과를 도출하고 성공했기 때문에, 그리고 팀이 성공하기를 바라기 때문에 리더를 따른다.

4단계: 인재 계발-리더가 역량을 계발하도록 도왔기 때문에 따른다

사람들에게 투자하고 그들이 개인적으로 성공할 수 있게 도우면 당신의 권위 수준은 극적으로 커지고, 도움을 받은 사람들의 삶도 향상된다. 이는 당신에게 그 어떤 방법으로도 얻을 수 없는 높은 신뢰를 가져다준다.

5단계: 정상-탁월하다는 명성 때문에 따른다

당신이 역량 있고, 앞선 네 단계마다 사람들에게 영향을 끼치고, 오랜 기간 리더들을 배출하는 삶을 산다면, 리더십의 정상에 도달할 수 있을 것이다. 이곳이 도덕적 권위를 수립하는 지점이다.

도덕적 권위는 지위에 기반하지 않는다. 하지만 당신은 각각의 리더십 단계에서 필요한 기술을 배워야 하고, 그것들을 완벽히 통달해서 고도의 리더십 역량을 보여야 한다. 역량 하나만으로는 도덕적 권위를 얻어 내는 데 충분하지 않다.

2. 용기-불안을 직면하고 나아가라

리더의 권위는 한 개인의 용기에 따라 확장되기도 하고 줄어들기도 한다. 작가이자 교수인 루이스는 이렇게 말했다. "용기는 단순히 한 가지 미덕이 아니다. 시험의 순간에 나타나는 온갖 미덕이 용기에서 나온다." 용기 없이는 어떤 다른 미덕도 지속적으로 지닐 수 없다. 용기가 있다면, 특히 엄청난 고난에 부딪혔을 때 도덕적 권위를 획득하게 된다.

나는 누구나 용기를 우러르고, 그 무게를 직관적으로 알고 있다고 생각한다. 사람들은 용기 있는 리더를 따른다. 그런데 용기가 어떻게 도덕적 권위를 주는 것일까?

용기는 어렵고 불확실한 시기에 사람들을 독려한다

어려운 시기에는 리더의 용기만큼 필요한 것도 아마 없을 것이다. 시인 랠프 왈도 에머슨은 이런 말을 했다.

> 무엇을 하든 용기가 필요합니다. 어떤 길을 가려고 결심했든 늘 누군가는 당신에게 잘못되었다고 말할 겁니다. 힘든 일들이 일어나 당신을 비평하는 자들이 옳다고 믿게 할 겁니다. 행동 노선을 그리고 그것을 끝까지 따르려면 군인에게 필요한 것과 같은 용기가 필요합니다. 평화는 승리로 이룩되며, 그 승리는 용감한 사람들이 이루어낸 겁니다.

어려운 시기에 사람들이 보고 느끼는 용기는 크고 극적인 목소리에서 드러나는 것이 아니다. 다른 시기에도 마찬가지다. 일상에서 겪는 어려움은 종종 우리에게 용기를 발견하고 내보이길 요구한다. 작가이자 예술가인 메리 앤 라드마커Mary Anne Radmacher는 말했다. "용기가 늘 소리 높여 외치는 것은 아니다. 때로 용기는 그날이 끝날 무렵 조용히 말한다. '내일 다시 해 볼 거야'라고."

용기는 사람들에게 잠재력을 극대화해 준다

《용기 내기》Making the Courage Connection에서 더그 홀Doug Hall은 이렇게 썼다. "용기는 유형의 자질이다. 용기를 만질 수는 없지만 느낄 수는 있다. 용기는 긍정적으로 달려 나가는 느낌을 준다. 용기는 우리 몸 전체에 에너지를 휘돌아치게 한다. 아침에 잠에서 깰 때, 하루를 손에 움켜쥐고 싶은 기분을 느끼게 한다."[6] 용기를 갖는 것은 당신만이 아니라 다른 사람들에게도 불을 지피고 더욱 용감하게 만들어 준다. 이것이 중요하다. 두려움에 몸을 웅크리고 있다면 누구도 자신의 잠재력을 발휘하지 못하기 때문이다. 행운은 대담한 사람을 좋아한다.

용기와 관련해 내가 가장 좋아하는 이야기 중 하나는 이스라엘의 다윗이 즉위하기 전의 이야기다. 대부분의 사람들은 다윗이 돌팔매로 골리앗을 물리쳤다는 이야기를 알고 있다. 하지만 이 이야기에서 잘 알려지지 않은 부분도 있다. 다윗이 골리앗과 싸우려고 앞으로 나서기 전, 사울왕과 다윗의 형들을 포함해 이스라엘 군인들은 골리앗에 대한 두려움에 몸을 웅크리고 있었다. 그들 중 누구도 골리앗과 맞설 용기가 없었다. 자신들에게 도전하고 매일 자신들을 비웃었음에도, 그들 스스로 맞서지 못하고 자신들을 대신할 투사를 기다렸다. 군대 경험조차 없는 소년 다윗은 블레셋의 거인과 맞서 싸울 용기가 있었고, 돌팔매로 그를 쓰러뜨리고 그 전사의 칼로 그의 머리를 잘랐다. 그 순간 다윗의 영웅적인 행동은 이스라엘 전군의 용기를 일깨웠다. 그들은 공격을 개시해 블레셋 군대를 무찔렀다.

왕이 되기 전부터 집권 시기 내내 다윗의 용기는 종종 그를 따르는 사람들에게 용기를 불러일으켰다. 그와 가까운 동지들은 위대한 전사가 되었는데, 그의 용기에 고무된 까닭이다. 다윗의 리더십 아래에서 국가는 국경을 넓히고, 적들을 정복했으며, 평화를 얻었다.

용기는 리더가 자신의 목소리를 찾도록 돕는다

리더들은 위기에서 용기를 보일 때 종종 자신의 목소리를 찾는다. 제2차

세계대전 기간에 영국이 나치 독일에 대항에 홀로 대항할 때 윈스턴 처칠은 자신의 목소리를 발견했다. 1940년 의회에서 그는 국민들에게 "우리는 결코 굴복하지 않을 것입니다."라고 연설했다. 마틴 루서 킹 주니어는 1960년대 시민권 투쟁을 하면서 자신의 목소리를 발견했다. 그의 말은 오늘날까지 여전히 큰 울림을 주고 있다. "중요한 문제에 대해 침묵할 때 우리의 삶은 끝나기 시작할 겁니다."

자신의 목소리를 찾은 리더에 관한 인상적인 이야기는 존 피츠제럴드 케네디가 쓴 《존 F. 케네디의 용기 있는 사람들》에도 나온다. 에이브러햄 링컨의 암살로 앤드루 존슨이 대통령이 되었을 때, 존슨은 남부와 관련된 링컨의 정책들을 수행하기로 결심했다. 그것은 남북전쟁 이후 국가를 빨리 치유하려는 링컨의 열망이었으며, 테네시주 출신인 존슨은 링컨의 정책이 최선의 행동 노선임을 알고 있었다.

의회에 있는 존슨의 동료 공화주의자들은 다른 길을 원했다. 그들은 분리 독립한 남부 주들을 처벌하기를 바랐다. 존슨이 자기들의 정책을 거부하고 그와 관련한 많은 제정법을 기각하자, 공화당의 급진파 대부분은 존슨을 탄핵하고 자리에서 끌어내리려고 했다.

상원의 모든 민주당원은 탄핵에 반대했고, 공화당에서는 여섯 명이 반대했다. 만일 남아 있는 공화당원들 모두가 찬성했더라면 존슨은 사임하게 되었을 것이다. 하지만 급진파를 지지하는 것으로 여겨졌던 캔자스주 출신 상원의원 에드먼드 로스Edmund G. Ross가 탄핵에 표를 던지지 않았다. 탄핵이 정부의 분열된 세력들과 국가가 입은 영구한 손상을 끝낸다는 신호이며, 미국이 '당파적 의회 독재 체제'로 전환하는 것이라고 믿었기 때문이었다.[7]

로스는 나중에 이렇게 말했다. "말 그대로 나는 내 무덤이 파이는 것을 내려다보고 있었다. 야심만만한 사내가 열망하는 삶을 이루는 우정, 지위, 재산, 모든 것들이 입김 한 번에 몽땅 사라질 판이었다. 어쩌면 영원히."[8] 어떻게 투표했느냐는 질문에 그는 대답했다. "무죄요." 그 결과 존슨은 탄핵되지 않았다. 탄핵안 사건이 있고 얼마 지나지 않아 로스는 아내에게 이렇게 말했다. "오늘 나를 저주하는 수백만의 사람들이 내일은 엄청난 위험에서 국가를 구한 공로로 나를 찬양할 것이오. 하느님만이 내가 그 대가로 치르고 있는 갈등을 아실 것이오."[9] 그리고 그는 다음 선거에서 실각함으로써 대가를 치렀다. 임기를 마치고 집으로 돌아온 그는 배척받고, 공격받았으며, 빈곤하게 살았다.[10]

도덕적 권위를 지닌 리더는 누구나 어느 시점에서 홀로 맞서야만 한다. 그런 순간들이 리더를 만든다. 그런 입장들은 종종 무척이나 힘겹지만, 나중에 돌이켜볼 때 그들은 그 순간들을 가장 자부심 있는 순간으로 바라볼 것이다.

우리는 자신의 삶이 직면하고 있는 시대나 환경을 선택할 수 없다. 하지만 거기에 어떻게 반응할지는 선택할 수 있다. 나는 스페셜 올림픽 대회의 기도사를 좋아한다. 그 기도사에는 우리가 리더로서 받아들여야 할 사고방식이 잘 표현되어 있다. "내가 승리하게 해 달라. 내가 승리할 수 없다면, 시도했다는 용기를 갖게 해 달라."

3. 일관성-이따금이 아니라 항상 잘하라

《비저니어링》에서 앤디 스탠리는 도덕적 권위와 관련된 일관성의 가치를 묘사했다.

신념과 행동의 일치는 그 사람의 인생을 설득력 있게 만든다. 이 것이 지속적인 영향력의 열쇠이다. 이 역학을 가장 잘 함축하고 있는 말은 '도덕적 권위'이다. 도덕적 권위는 대단히 중대하고 타 협의 여지가 없는 것이며 지속적인 영향력을 발휘한다. 도덕적 권 위가 없다면 영향력은 제한적이고 수명이 짧을 것이다.

도덕적 권위는 말하는 대로 행동함으로써 얻어지는 신뢰이다. … 이것은 사람들의 눈에 비친 당신의 말과 행동 사이의 관계, 당신 의 주장과 진짜 모습 사이의 관계이다. 도덕적 권위를 지닌 사람 은 비난의 여지가 없다. 이 말인즉, 그가 믿는다고 말하는 것과 행 동하는 것이 일치하지 않으면 그에게 얻을 게 없다는 뜻이다. 신 념과 행동, 믿음과 태도가 일치해야 한다.

도덕적 권위의 부재를 상쇄하는 건 없다. 제아무리 커뮤니케이션 기술, 부, 성과, 재능이 많고, 교육 수준과 직위가 높아도 도덕적 권위의 부재를 벌충하지는 못한다. 이런 자질들이 있음에도 전혀 영향력을 발휘하지 못하는 사람을 우리는 숱하게 알고 있다. 왜일 까? 그들이 주장하는 것과 그들이 실제로 어떠한지 우리가 받아 들이는 것 사이에 모순이 존재하기 때문이다.[11]

스탠리가 묘사한 것은 가치관과 행동 사이의 내적 일관성이다. 도덕 적 권위를 획득하기를 바란다면 내적 일관성은 필수다. 또한 시간이 흘 러도 내적 일관성을 유지하는 능력 역시 똑같이 중요하다.

이제 나는 70대이고, 사람들은 내 인생을 돌이켜 생각하게 만드는 질 문들을 하기 시작했다. 이를테면 이런 것이다. "존, 이제 70대인데, 살면서 가장 놀랐던 일이 뭔가요?" 나는 이것이 '노인네에게 하는 질문'이라고 생각하는데, 젊은 사람들에게는 아무도 이런 것을 묻지 않기 때문이다. 이런 질문을 받으면 나는 웃음을 짓는다. 사람들은 내가 느끼는 것보다 나를 훨씬 나이 들게 보고 있다고 느껴서이다.

나를 놀라게 하는 것은 두 가지다. 첫 번째는 시간이 어찌나 빨리 흘러가는지이다. 내가 일흔 살이 넘었다고는 아직도 믿지 않는다. 두 번째는 일관성의 가치이다. 일관성은 내가 결코 깨닫지 못한 방식으로 불어난다. 만일 젊었을 때 올바른 일을 한다면, 대개 그것을 알아차리지도, 의식하지도 못한다. 하지만 올바른 일을 하고 수십 년 동안 잘 이끈다면, 그 사실을 알아차리게 되었을 때 그 일은 생각보다 훨씬 큰 신뢰를 안겨 준다. 인생은 켜켜이 쌓이는 것이고, 신뢰는 바로 거기에서 나오는 힘이다. (제2장 목표 달성보다 성장 자체를 중시하라에서 설명했듯이) 층층이 배움을 쌓아 나가고, (일관되게 당신의 가치를 실행하고, 훌륭하게 수행함으로써) 리더십을 층층이 쌓아 나가면, 당신의 인생도 층층이 쌓여 도덕적 권위가 주는 이익을 거두게 될 것이다.

일관성은 리더에게 무척 가치 있는 자질이다. 그 이점들을 모두 나열하기는 어렵다. 몇 가지만 소개하겠다.

- 일관성은 명성을 확립시킨다. 거의 모든 사람이 한 번쯤은 잘할 수 있다. 하지만 계속 잘하기란 어려운 일이다. 하지만 지속적인 명성은 긍정적인 명성으로 이어진다.
- 일관성은 팀원들을 더욱 안정적으로 만든다. 사람이 받을 수 있는 최고의 찬사는 어쩌면 "당신은 의지가 되는 사람이에요."일

것이다. 일관성 있는 리더는 팀원들이 더욱 자신감을 가질 수 있게 북돋아 준다.

- 일관성은 성장을 측정하는 적절한 도구이다. 일관적이지 않은 사람이 얼마나 진일보했는지를 측정하기란 어렵다. 실적은 우리가 무엇을 행했는지, 얼마나 나아갔는지를 보여 준다.

- 일관성은 당신을 상황과 관계 지어 준다. 어떤 상황에 관계했다가 관계하지 않았다가를 반복하는 사람은 늘 따라잡는 역할만 하게 된다. 계속해서 관계를 유지하면 뒤처지지 않을 수 있다.

- 일관성은 당신이 기대하는 것을 사람들이 따르게 한다. 당신이 자신의 가치와 직업윤리를 지속적으로 보여 주면, 팀원들은 당신이 자신들에게 기대하는 바가 무엇인지 알게 된다. 매일 그것을 보기 때문이다. 일관성은 언제나 기대하는 일들을 강화한다.

- 일관성은 사람들에게 당신의 메시지를 계속 받아들이게 한다. 리더가 어떤 비전을 드러내고 비전에 일치하지 않는 방식으로 행동한다면 혼돈이 발생할 뿐이다. 그것은 메시지를 흐트러뜨리고, 팀에 속한 사람들을 더욱 힘들게 만든다.

역량과 용기와 마찬가지로, 일관성은 리더가 도덕적 권위를 획득하기 위한 필수 자질이다. 하지만 도덕적 권위 획득에 필요한 요소가 한 가지 더 남아 있다.

4. 기질—외면보다 내면이 더 커야 한다

도덕적 권위는 올바른 의도, 올바른 가치, 올바른 믿음, 올바른 관계, 올바른 반응의 결과이다. 도덕적 권위를 계발하기 위해서는 올바로 해야 할 것들이 많다. 완벽하라는 말이 아니다. 우리는 인간이고, 누구나 실수를 한다. 하지만 도덕적 권위를 갖기 위해서는 의도가 올바른 것이어야 한다. 심적 동기가 선해야 한다는 말이다.

리더십의 많은 부분이 외적이고 공적으로 드러나지만, 도덕적 권위를 갖춘 리더가 되는 데 필요한 올바른 동기와 선한 기질은 개인적으로 획득된다. 공적인 부분과 사적인 부분, 이러한 리더십의 두 가지 측면은 마치 나무의 두 부분과 같다. 한 부분은 보이는 부분이다. 리더십의 공적인 부분은 나무의 몸통과 가지들이다. 이 부분이 열매가 맺히는 곳이다. 하지만 리더들의 사적인 부분은 나무뿌리처럼 보이지 않는 부분이다. 뿌리가 얕다면 나무는 살아남지 못한다. 가뭄이 들면 말라 죽을 것이다. 태풍이 불면 쓰러질 것이다. 하지만 뿌리가 깊다면, 그 나무는 대개 어떤 환경에서든 잘 자란다.

리더의 뿌리를 깊게 하라는 말이 무슨 의미일까? 이는 강건한 기질을 갖추라는 뜻이다. 그렇다면 리더는 어떤 기질을 갖추어야 할까? 나는 좋은 기질은 다음 네 가지 특성을 보인다고 생각한다.

진정성

나는 진정성을 두 가지 방식으로 규정한다. 먼저 당신의 가치와 행동이 일치하느냐이다. 당신은 무엇이 옳은지, 그리고 자신이 옳은 일을 행하는지 알고 있다. 진정성은 내가 이 장에서 앞서 말했듯이 일관성을 지니며, 일관성은 무엇이 옳고 그른지를 특정한다. 단지 무엇이 좋고 최선인지가 아니라. 도덕적 권위를 지닌 리더는 스스로 높은 실행 기준을 지킨다.

두 번째 정의는 의사결정을 해야 한다는 것이다. 진정성 있는 리더는 올바른 일을 행한다. 그것이 어렵더라도, 그 자신에게 개인적으로 최선이 아니더라도 말이다. 이런 리더는 팀, 조직, 비전을 자신보다 먼저 생각한다.

진실성

작가이자 종교 지도자 마크 배터슨Mark Batterson은 이렇게 말했다. "진실성은 리더십에 있어 새로운 권위이다." 나 역시 이 말에 동의한다. 진실성이 도덕적 권위를 이루는 근본적인 부분이라고 믿기 때문이다. 사람들은 자신의 모습이 아닌, 다른 어떤 모습으로 가장하는 리더를 따르고 싶어 하지 않는다. 사람들은 리더가 완벽하길 바라는 것이 아니라 정직하기를 바란다.

이는 많은 리더에게 진짜 고난이 될 수 있다. 리더는 다른 사람들의 기대감을 충족시키고자 하며, 믿음이나 기준을 타협하려는 유혹에 빠질 수 있다. 나 역시 초기 목사 시절에 이런 유혹을 느꼈다. 내가 몸담았던 조직은 내가 개인적으로 불편하게 느끼는 몇몇 신학적 입장을 고수하고 있었다. 몇 년 동안 나는 이 주제와 관련된 설교를 해야 한다는 의무감을 느꼈는데, 늘 내가 믿고 있지 않은 무언가를 설파하고 있는 듯한 기분을 느꼈고, 참담하기까지 했다.

그러던 어느 날 나는 괴로워하며 메시지를 준비하다가 변하기로 결심했다. 그 결심은 다음 세 문장으로 간추릴 수 있다.

1. 나는 내가 믿는 것만 가르칠 것이다─열정

2. 나는 내가 경험한 것만 가르칠 것이다―자신감
3. 나는 내가 실제로 살아가는 방식만 가르칠 것이다―진실성

그 이후로 나는 이 지침들을 따르고 있다. 이 결심으로 나는 의사소통을 더 잘하고, 더 나은 리더가 되었다. 당신이 도달할 수 있는 최고의 리더가 되려면 당신 스스로에 대해 알고, 사람들에게 당신의 진실성을 기꺼이 입증해야 한다.

겸손

나는 겸손이 도덕적 권위를 갖춘 리더의 근본적 자질이라고 믿는다. 짐 콜린스는 《좋은 기업을 넘어… 위대한 기업으로》에서 겸손함을 "설득력을 발휘하는 자질"이라고 말하며 다음과 같이 썼다.

좋은 리더에서 위대한 리더가 되는 사람들은 자기 자신에 관해 이야기하지 않음으로써 우리를 감동시킨다. … 스스로에 대해 이야기하는 것이 곤란할 때 그들은 이렇게 말한다. "내가 중요한 사람처럼 군다고 생각하지 않길…."
이는 그저 겸손 떠는 것이 아니다. 좋은 리더에서 멋진 리더가 되는 사람과 함께 일하거나 그들에 대해 글을 쓴 사람들은 계속해서 '조용함, 겸손함, 조신함, 말을 잘 하지 않는, 내성적인, 온순한, 겸양적인, 이해심 있는, 자기가 본 것만 믿지 않는' 등과 같은 단어를 사용했다.[12]

신앙인으로서 나는 겸손이란 일상적으로 내가 받은 축복을 신의 가호라고 믿고, 내 성공에 대해 다른 사람들에게 공을 돌리는 것이라고 여긴다. 당신은 어떻게 생각하는가? 내 친구 릭 워런은 이렇게 말했다. "겸손은 자신의 강점을 부정하는 것이다. 자신의 약점에 대해 정직해지는 것이다." 당신이 '겸손'을 어떻게 규정하든지 간에, 이것이 세 가지를 의미한다는 걸 알아 두라. 먼저 당신은 자기 인식을 갖추고 있으며, 당신 자신을 비평할 수 있다. 두 번째로 당신은 자신에게로 주목을 끌 어떤 필요도 느끼지 않을 만큼 충분히 자신감 있고 안정적이다. 세 번째로 당신은 다른 사람들의 성과를 충분히 즐기고 그들이 빛나도록 무척 돕고 싶어 한다.

애정

도덕적 권위를 가지기 위해 리더로서 받아들여야 할 마지막 기질은 바로 애정이다. 당신은 사람들을 보살펴야 한다. 그들을 존중해야 한다. 그들을 가치 있게 여겨야 한다. 당신이 사람들에게 애정을 갖지 않는다면 사람들은 그 즉시 그 사실을 알아차린다. 그러면 그들은 즉각적으로 당신과 연결을 끊을 것이고, 당신의 도덕적 권위는 사라지고 만다.

나는 존 맥스웰 팀에 대해 잠깐 이야기했었다. 우리의 좌우명은 '가치의 사람, 사람에게 가치를 부여하는 사람'이다. 나는 우리 코치들이 제안할 만한 자원과 전문 지식을 보유하고, 그들이 다른 사람들을 가치 있게 여기고, 그에 따라 올바른 기질과 태도를 갖추고 사람들과 함께 일하기를 바란다. 그들은 사람들에게 애정을 가지고 도울 만큼 충분히 신경을 써야 한다.

당신은 리더로서 무엇을 하고 싶은가? 아마도 리더라면 모두 영향력을 발휘하고 차이를 만들어 내고 싶을 것이다. 이것이 우리가 아침에 일어나는 이유이다. 이것이 우리가 사람들과 함께 일하는 이유이다. 이것이 우리가 팀을 구성하거나 조직을 세우는 이유이다. 당신은 큰일을 하기 위해 당신 안에 그것을 가지고 있는가? 당신이 속한 조직, 지역사회, 문화, 국가를 변화시키고 싶은가? 당신의 꿈은 얼마나 큰가? 꿈이 클수록 그것들을 달성하는 데 도덕적 권위가 더욱더 필요해진다.

30대 초반에 나는 내 리더십이 영향력을 발휘하게 되고, 내 인생이 차이를 만들어 낼 수 있으리라고 느끼기 시작했다. 그것은 내게 몇 가지 개인적인 결심을 하게 추동했다. 그때 나는 단순히 결심이 더 나은 리더가 되기 위해 해야 할 올바른 일이라고 생각했다. 지금 나는 그것들이 네 가지 영역에서 나를 도왔음을 안다. 그 네 가지 영역은 이미 이 장에서 쓴바 있다. 바로 역량, 용기, 일관성, 기질이다. 나는 이렇게 결심했다.

1. 늘 사람들을 우선한다.
2. 돈을 벌기 위해서가 아니라 차이를 만들어 내기 위해 산다.
3. 자기 자신으로 있되, 가능한 한 최선의 모습을 보인다.
4. 감사를 표현하고, 권리를 사양한다.
5. 올바른 명분을 위해서라면 오해와 외로움을 기꺼이 감수한다.

지난 40년 동안 나는 이 지침들을 따르느라 무척 고생했다.

마지막으로, 도덕적 권위는 스스로 부여할 수 있는 것이 아니다. 도덕적 권위를 얻기 위해 고군분투할 수는 있지만, 오직 다른 사람들만이 부여할 수 있는 것이다. 당신에게 그 자격을 주는 것은 그들 자유다. 그렇다고 해서 지레 포기하지는 마라. 도덕적 권위는 당신을 존경할 만한 사람으로 만들어 주고, 신뢰와 자신감을 불어넣고 높은 수준의 행동 강령을 지니고 이끌 수 있도록 해 준다. 이 리더시프트는 당신의 팀원들뿐만 아니라 공식적으로 당신의 리더십 아래에 있지 않은 사람들에게까지도 인정받으면서 당신의 영향력을 높여 줄 것이다. 이 영향력으로 당신이 사람들이 무엇을 성취하도록 도울 수 있을지는 아무도 모른다.

제10장

리더십은
배움과 훈련으로
완성된다

LEADER
SHIFT

냉담한 사람들이
지금과 다른 세상을
만드는 법은 없다.

당신의 행동이 사람들을 더 꿈꾸고 더 배우고
더 행동하고 더 무엇이 되도록 고취시킨다면,
당신은 변혁의 리더가 될 것이다.

이 책을 통틀어 이 장이 가장 중요하다. 이렇게 말하는 이유는 인생에서 오직 하나의 리더시프트만 해야 한다면 바로 이것을 택하기를 바라기 때문이다. 숙련된 리더에서 변혁의 리더로의 임팩트 시프트Impact Shift는 당신은 물론 주변 사람들의 삶에 엄청난 변화를 가져올 것이다.

당신의 행동이 사람들을 더 꿈꾸고, 더 배우고, 더 행동하고, 더 무엇이 되도록 고취시킨다면, 당신은 변혁의 리더가 될 것이다. 당신은 사람들이 그들 자신은 물론 다른 사람들의 인생에 긍정적인 차이를 만들어내는 방식으로 생각하고, 말하고, 행동하게끔 작용할 것이다. 이런 리더십이 세상을 바꿀 수 있다!

리더십에 대한 시각을 바꿔라

내게 숙련된 리더에서 변혁의 리더로의 리더시프트는 일찍부터 일어났다. 이 이야기는 무척 개인적인 것이며, 내 인생에 극적인 영향력을 발휘했다. 이 시프트의 중심에는 신앙이 있었다. 신앙은 나라는 사람의 기본 토대이다. 하지만 나는 신앙인이든 아니든 상관없이 당신을 가치 있게 여긴다. 신앙에 관한 당신의 관점이 어떠하든, 이 시프트를 놓치지 않길 바란다. 중요한 것만 추려 말하면 이러하다.

처음 사회생활을 시작했을 때 나는 대부분 나 자신과 내가 속한 조직을 세우는 데 신경을 썼다. 유감스럽게도 이기심으로 인해 올바른 일을 하지 못하기도 했다. 그러다 한 가지 사건이 내 우선순위가 잘못되었음을 깨닫게 해 주었다. 내가 나 자신에게만 초점을 맞추어서 어떤 사람을 돕지 못한 것이다. 그리고 그 사람은 죽었다. 내 이기적인 결정으로 그는 내게 받았어야 할 도움을 얻지 못했고, 내가 그것을 바로잡을 길은 없었다.

이 일이 어찌나 큰 충격을 주었는지는 이루 말할 수 없다. 끔찍했고, 몇 달간 리더로서 나 자신을 다시 생각해 보았다. 인생에서 처음으로 리더들이 응당 했어야 하는 어려운 질문들, 그러니까 내 동기와 방법론에 관해 자문하기 시작했다.

몇 달 동안 나는 기도하고 숙고하며 많은 시간을 보냈고, 지금까지와는 다른 리더가 되어야겠다는 결심에 도달했다. 다행스럽게도 내 마음은 변화했고, 행동도 그 마음에 따라 변화하기 시작했다. 나는 다른 사람들을 가치 있게 여기는 사람이 되어 리더로서의 결정들을 통해 그것을 보여 주었다. 사람들을 최우선에 둔다는 결심 말이다. 내 안에서 일어난 변화는 깊었고, 차이를 만들어 냈으며, 오늘날까지 내게 영향을 끼치고 있다. 이 시프트가 아니었더라면 내 리더십은 공허하고 자기중심적이었을 것이다. 나는 이것이 내가 리더로서 만들어 낸 차이들을 가능하게 했다고 믿는다.

변혁의 리더십을 위해 필수적인 것들

나는 리더십에 있어 훈련을 전적으로 믿는 사람이다. 나는 50년 동안 나자신을 단련시켜 왔고, 40년 이상 다른 사람들을 도왔다. 하지만 또한 숙련된 리더와 변혁하는 리더 사이의 거대한 차이 역시 잘 알고 있다. 어떻게 다른지 살펴보자.

숙련된 리더	변혁의 리더
이끄는 법을 안다	자신이 왜 이끄는지 안다
환영받는다	전염성이 있다
오늘에 영향을 끼친다	오늘과 내일에 영향을 끼친다
사람들에게 자신을 따를 것을 부탁한다	사람들에게 차이를 만들어 낼 것을 부탁한다
이끄는 행위를 사랑한다	자신이 이끄는 사람들을 사랑한다
훈련되었다	훈련되고 변화했다
사람들을 돕는다	사람들이 변화하도록 돕는다
커리어를 쌓는다	소명을 가진다
몇몇 사람에게 영향을 끼친다	많은 사람에게 영향을 끼친다

수년간 나는 변혁의 움직임과 그것을 이끄는 사람들을 연구했다. 나는 이 모두에 공통으로 존재하는 다섯 가지 행동들을 특정했다. 숙련된 리더에서 변혁의 리더로 리더 시프트를 이루고 싶다면, 이렇게 시작하라.

1. 변혁의 리더가 무엇을 할지 명확한 그림을 가져라

외견상 변혁의 리더들은 모두 다르게 보인다. 인종, 국적, 기술과 재능에 이르기까지 수준과 모습이 모두 다르다. 이들의 차이는 많다. 하지만 이들이 모두 공유하는 몇 가지 특성이 있다.

변혁의 리더는 다른 사람들이 보지 못하는 것들을 본다

많은 사람이 문제를 보고 고개를 절레절레 젓는다. 이들은 역경을 경험하고 손을 들어 버린다. 도전을 목격하고 "왜?"라고 묻는다. 해결책을 찾는 것이 아니라 불만을 터뜨린다. 문제에 직면하면 불가능한 면만 본다. 부정적인 환경의 희생자가 되고, 스스로를 또는 다른 이들을 도울 수 없다.

변혁의 리더는 사건을 다르게 본다. 이들은 "왜 안 되는데?"라고 묻는다. 언제나 더 나은 미래를 만들 생각을 하기 때문이다. 이들은 다른 사람들이 보는 것 이상을 본다. 물론 이들도 문제를 본다. 심지어 그런 문제들에 둘러싸여 있을 때도 있다. 하지만 이들은 문제에 내재된 잠재력을 본다. 늘 답이, 해결책이, 더 나은 방법이, 더 밝은 미래가 있을 것이라고 믿는다. 이런 믿음은 힘든 시간을 겪는 동안 자포자기가 아니라 기대감을 품게 한다.

사건을 바라보는 방식이 일하는 방식을 결정한다. 내가 스스로를 처음으로 리더로 여겼을 때, 나는 나 자신의 욕심이라는 필터로 모든 것을 보았다. 리더시프트 이후 나는 섬김의 렌즈를 통해 바라보기 시작했다. "어떻게 더 많은 사람을 도울 수 있을까?", "사람들을 어떻게 이보다 더 도울 수 있을까?"라고 묻기 시작했다. 내 친구 데이브 램지Dave Ramsey 는 이렇게 말했다. "조직의 한계는 그 조직이 지닌 기회가 아니라 리더들에 의해 만들어진다." 사람들이 보지 못하는 것을 못 본다면, 리더로서 그들을 어떻게 더 나은 미래로 이끌 수 있겠는가?

변혁의 리더는 다른 사람들이 하지 않는 말을 한다

변혁의 리더는 큰 목소리로 말한다. 그들은 더 나은 미래에 관해 강조해 말함으로써 영향력을 발휘한다. 그들의 목소리는 변화의 도구가 된다. 더 나은 미래를 말하는 걸 불사하는 변혁의 리더가 강조하는 말들을 생각해 보자. 마틴 루서 킹 주니어는 "나에게는 꿈이 있습니다."라고 말했다. 사람들이 반대할 때 그는 변화의 목소리가 되겠다는 용기를 냈다.

　커뮤니케이션을 점차 발전시켜 나가면서 나는 내 목소리를 긍정적인 변화를 가능하게 하는 데 사용하려고 애썼다. 이따금 오해를 하기도 했다. 하지만 나는 다음과 같은 상황에서 내가 믿는 것이 옳다고 결심했다.

- 나는 국가 회의 단상에 섰고, 통과될 기회가 없다고 알고 있는 포용 정책을 홍보했다.
- 나는 명망 높은 전국 라디오 쇼의 새로운 진행자 자리를 거절했다. 내가 동의하지 않는 교리적 언급을 암시하고 싶지 않았기 때문이다.
- 나는 내가 운영하는 비영리 기관이 받은 100만 달러짜리 선물

을 되돌려보냈다. 내가 기부자의 의향과 반대되는 방향으로 갈 것을 제안했기 때문이다.

- 나는 비영리 기관인 이쿱을 훈련 기관에서 변혁의 기관으로 바꾸었다.

이런 결심들을 발표했을 때 사람들은 호응하지 않았고, 심지어 이해조차 하지 않았다. 하지만 이런 일들은 리더가 해야만 하는 일이었다. 다른 사람들이 아니라고 하는 것을 말하라.

변혁의 리더는 다른 사람들이 믿지 않는 것을 믿는다

변혁의 리더는 자신이 차이를 만들어 낼 수 있다고 믿는다. 그것이 그의 열망이 된다. 케네디 대통령은 모두가 내면에 세상을 바꾸는 웅변을 지니고 있음을 믿는다고 말했다. 그가 이 말을 했을 때 나는 열세 살이었는데, 아직까지도 이 말을 들었을 때 어떤 기분이었는지 기억한다. 10대 초반이었음에도 나는 그가 내게 그 말을 직접 하고 있다는 기분을 느꼈다. 나는 그를 믿었다. 그가 나를 믿었기 때문이다. 20대 중반이 되었을 때 나는 모든 일은 리더십에서 일어나고 몰락한다고 결론 내렸다. 시간이 지나면서 이 믿음은 확신이 되었고, 나는 이를 실천하고 가르쳤다. 지금 그것은 내 인생의 대의이다. 그리고 세상을 변화시키는 내 웅변의 주제이기도 하다.

변화시킬 수 있다는 믿음이 모든 것을 변화시킨다. 자신의 명분이 차이를 만들어 낼 수 있다고 믿을 때, 변혁의 리더는 자신의 리더십에 확신을 가지게 된다. 이런 확신이 없어도 당신은 사람들이 따르게 할 수도 있고, 좋은 리더가 될 수도 있다. 하지만 리더로서 사람들이 당신의 명분을 따르도록 하는 것이 더 상위의 소명임을 이해할 때 당신은 위대한 리더가 될 수 있다.

변혁의 리더는 사람들을 믿는다. 그들은 믿음의 자석이다. 사람들이 그들에게 끌리는 건 그들이 자신의 메시지를 믿고, 사람들을 도우리라는 걸 믿기 때문이다. 그들은 '1'은 위대해지기에는 너무나 작은 숫자라는 걸 안다. 그리하여 차이를 만들어 내기 위해 사람들을 결집시킨다. 손을 내밀고, 다른 사람들에게 자신의 소명에 합류해 달라고 청한다. 링컨은 이렇게 말했다. "오늘 나는 성공했습니다. 나를 믿어 주는 친구가 있기 때문입니다. 나는 그들이 어려워지게 놔두지 않을 겁니다." 변혁의 리더는 사람들이 그 자신을 믿도록 도와주는 믿음의 창조자이다.

변혁의 리더는 다른 사람들이 느끼지 않는 걸 느낀다

피터 마셜Peter Marshall 은 이렇게 말했다. "냉담한 사람들이 지금과 다른 세상을 만드는 법은 없다." 열정은 사람들 안에 에너지와 끈기를 만들어 낸다. 리더와 그들의 명분에 합류한 사람들에게 불을 지핀다. 그 불은 그들이 견딜 수 있게 해 준다. 간디가 인도의 독립을 위해 투쟁할 수 있게 해 준 방식도 이것이다. 그 과정은 54년간 진행되었다. 그 시기 동안 간디는 공격받고, 거부당하고, 투옥되고, 왜곡되고, 말라리아에 걸렸다. 그러고 나서 마침내 승리했다. 열정은 그를 앞으로 나아가게 했다.

나는 내가 이끄는 사람들의 삶에서 열정이 일어나는 모습을 보았고, 그것은 그들의 삶과 그들이 이끄는 방식에 변화를 가져왔다. 내가 존 맥스웰 팀의 코치들을 데리고 해외에 가서 참여의 리더, 촉매가 되는 리더로 훈련시킬 때마다 이런 일이 일어났다. 수백 명의 코치가 자신에게 드는 비용을 직접 부담하며 해외로 나가는 데 자원했고, 하루 12시간 훈련받고, 다른 사람들을 돕기 위해 결코 이상적이지 않은 환경에서 여행을 했다. 그들은 이 일을 하는 데 자신의 시간, 돈, 에너지를 썼다. 그리고 그 일을 사랑했다! 지칠 줄 모르고 자기 자신을 내던졌지만, 늘 마지막에는 자기들이 준 것 이상으로 받고 있다고 느낀다고 거듭해서 내게 말했다. 그리고 다시 그 일을 하고 싶어 했다. 존 맥스웰 팀의 단체장인 폴 마르티넬리Paul Martinelli는 이렇게 말했다. "자신의 삶에 빛이 들어올 때, 다른 사람의 삶에도 빛이 밝혀지기를 바라게 된다." 나는 이 말을 좋아한다. 그리고 이 말은 진실이다. 변혁의 리더는 자신의 불을 밝히고, 다른 사람들에게도 불을 밝힐 수 있도록 도와주고자 한다.

변혁의 리더는 다른 사람들이 하지 않는 일을 한다

관전만 하는 사람에게 할 일이 생겼을 때 무슨 일이 일어날까? 아무 일도 일어나지 않는다. 변혁의 리더에게 할 일이 생겼을 때 무슨 일이 일어날까? 그들은 움직인다. '준비, 점화, 조준!'의 행동 패턴을 따른다.

불안은 많은 사람에게 미지의 것으로부터 뒷걸음치고 앞에 놓인 도전들을 회피하게 만들지만, 변혁의 리더에게는 준비하고 더 열심히 일하게 만든다. 이들은 이런 불안을 어떻게 극복할까? 자신의 목적의식을 이용하고 그들 자신보다 더 큰 명분을 믿는다. 그들은 차이를 만들어 내고 싶어 하며, 그들이 대답해야 할 질문은 "내가 어떤 종류의 차이를 만들어 낼 수 있을까?", "내가 얼마나 큰 차이를 만들어 낼 수 있을까?"뿐이다. 이들의 강한 목적의식은 다른 사람들이 기꺼워하지 않는 일을 하도록 그들을 이끈다.

앞서 나의 가장 큰 열망은 한 국가가 변화하고, 그리하여 리더와 시민이 긍정적인 변화를 알아차리는 모습을 보는 것이라고 말했다. 이것이 BHAG이다. 크고Big 대담하고Hairy 도전적인Audacious 목표Goal를 가지라는 말이다. 그리고 나는 그것이 일어나는 모습을 '보기'만 기다리며 살지는 않을 것이다. 나 자신이 그 일부가 될 수 있을 일을 왜 하지 않겠는가? 대부분 차이를 만들어 내지 않는 작은 일보다 불가능한 큰일을 하는 편이 낫다. 숙련된 리더에서 변혁의 리더로 리더시프트를 바란다면 대담한 태도를 가지라고 촉구할 것이다.

2. 다른 사람들을 변혁으로 이끌기 전에 자신의 변혁에 초점을 맞춰라

제2장에서 REAL을 '채비'equip시켜 준다는 의미의 E와 함께 어떻게 계발할지를 논의했다. 준비를 갖춰 주는 일의 중요성을 이해하자마자 나는 그 과정을 연구하고, 사람들을 훈련시키는 최고의 방법을 발견했다. 그리고 그 채비가 어떤 것이든 간에 적용할 수 있는 다섯 단계의 과정을 찾아냈다.

1. 내가 그 일을 한다.
2. 내가 그 일을 한다. 그리고 당신이 나와 함께한다.
3. 당신이 그 일을 한다. 그리고 내가 당신과 함께한다.
4. 당신이 그 일을 한다.
5. 당신이 그 일을 한다. 그리고 누군가가 당신과 함께한다.

왜 이런 말을 할까? 이 과정이 '내가 그 일을 하는 것'에서 시작된다는 것을 알았으면 해서다. 사람들이 변화하는 것을 돕고 싶다면, 먼저 내가 변화해야 한다. 내가 가지지 못한 것을 줄 수는 없는 법이다. 누구나 마찬가지다.

당신이 이끌어야 하는 첫 번째 사람은 언제나 당신이다. 당신의 세계에서 긍정적 변화들을 보고 싶다면, 당신이 변화시켜야 할 첫 번째 사람은 바로 당신이다. 리더로서 우리는 변화를 가져오기 위해 변화해야만 한다. 우리가 아는 것을 가르쳐 주고, 우리라는 사람을 다시 만들어야 한다.

내 인생의 성공에서 다른 사람들의 삶이 증진되도록 돕고 싶다는 변형의 시프트를 경험하기 전에는, 나 자신이 긍정적인 변화의 촉매가 될 수 있다는 생각은 머릿속에 들어오지도 않았다. 물론 마음속에도 들어오지 않았다. 다른 사람들이 긍정적인 변화를 경험하도록 돕겠다는 열정은 내 안에 없었다. 하지만 내 인생에서 긍정적인 변화를 겪고 이기적인 면이 점점 덜어지기 시작하자, 무슨 일이 일어나고 있는지 사람들과 무척이나 공유하고 싶어졌다. 내가 변화하고 있음을 아는 건, 내게 다른 사람들이 변화하도록 돕는 일에 관해서도 짜릿함을 느끼게 해 주었다.

20여 년간 비영리 트레이닝 기관인 이큅의 자원봉사 트레이너들은 사람들에게 더 나은 리더가 되도록 훈련하고자 전 세계를 여행했다. 최근 몇 년간 우리는 교실 수업 방식에서 원탁회의 방식, 즉 참여형 방식으로 전환했다. 그리고 트레이너들이 해외로 나가 이 훈련을 실시하기 전에 우리는 그들에게 변혁된 모습으로 살기를 특히 강조해 부탁했다. 또한 트레이너들이 참여형 방식을 훈련하러 나가기 전에 먼저 자신의 커뮤니티에서 한 그룹을 모아 참여형 방식을 활용해 볼 것을 요청했다. 자신들이 해야 할 교육 방식을 직접 경험해 보길 바랐던 것이다. 왜일까? 변혁은 우리 안에서 먼저 일어나야 다른 사람들에게 전달할 수 있다는 걸 알았기 때문이다.

어떤 종류의 긍정적 변화를 이끌고자 한다면 변혁은 당신과 함께 시작된다는 사실을 깨달아야 한다. 변화를 기꺼워하지 않는다면 다른 사람들을 도울 수도 없다.

철학자이자 작가인 제임스 앨런James Allen은 이렇게 썼다. "사람은 자신의 상황을 향상시키고 싶어 초조해한다. 하지만 스스로를 개선하려고 들지는 않는다. 그리하여 그곳에 묶여 있다." 긍정적인 변화로 이끌고 싶다면 묶여 있지 마라. 기꺼이 내부에서 변화하라. 당신 자신과 함께 시작하라. 이것이 차이를 만들어 내는 첫 번째 단계다.

3. 당신의 내적 변화에 기반한 긍정적인 행동을 취하라

숙련된 리더에서 변혁의 리더로 시프트 할 때 필수 단계 하나는 총력을 다해 행동을 취하는 것이다. 진짜 변화를 불러일으키려면 아는 것에서 행동하는 것으로 옮겨 가야 한다. 이때는 변화하는 게 어려워지기 시작하지만, 결과는 무척이나 아름답다. 이것이 어려운 건 언제나 말이 행동보다 쉽기 때문이다. 이것이 아름다운 건 행동이 변화를 가져오기 때문이다.

인생에서 가치 있는 건 모두 언덕 위에 있다. 모든 면에서 말이다. 변화는 우리가 언덕을 올라갈 것을 요구한다. 그것도 매일, 모든 면에서. 대부분의 사람은 언덕 앞에서 머뭇거린다. 오르는 대신 다음과 같이 한다.

- 말—"언덕을 오르는 일을 논의해 보자."
- 생각—"언덕을 오르는 일을 심사숙고해 보자."
- 계획—"언덕을 오르는 일에 대해 전략을 짜 보자."
- 조사—"사람들에게 언덕을 오르는 걸 어떻게 생각하는지 물어 보자."
- 연구—"언덕을 오르는 일이 어떻게 보이는지 검토해 보자."
- 휴식—"언덕을 오르기 전에 에너지를 아껴 두자."

변혁은 교육의 결과가 아니다. 적용의 결과다. 그렇기 때문에 간디는 이렇게 말했던 것이다. "1온스의 실천이 1톤의 설교보다 가치 있다." 변혁을 이끌고 싶다면 먼저 변화된 삶을 살아야 한다. 거기에는 용기가 필요하다. 비슷한 것들을 손에서 놓을 용기, 더 나은 방향으로 출발할 용기말이다.

4. 긍정적 변화를 촉진하는 환경을 만들어라

수년간 나는 사람들이 긍정적 변화를 수용하도록 고무시켜 왔다. 더 최근에 내가 운영하는 비영리 기관들은 변혁을 촉진하는 데 전념하고 있다. 수만 명의 사람과 함께 일해 온 경험은 우리에게 이상적 환경을 만드는 것이 무엇인지 알게 해 주었다. 필수 요소는 다음과 같다.

변혁에 열정을 지닌 리더들

짐 콜린스는 이렇게 말했다. "변혁의 움직임에는 변혁의 리더들이 필요하다." 오직 변혁의 리더들만이 변혁을 이루어 낼 수 있다. 나는 수년간 진실을 말해 왔다. 리더십에서 모든 것이 일어나고 몰락한다고 말이다.

　다음에 소개하는 로런스 트리블Lawrence Tribble의 시는 완벽하게 이 말을 표현하고 있다.

　　한 사람이 깨어 있으면 다른 사람이 깨어난다
　　두 번째 사람이 옆방에 든 형제를 깨운다
　　세 번째 사람이 한 마을을 깨어나게 한다
　　차례차례 이 장소 전체가 뒤집힌다
　　깨어 있는 많은 사람이 이런 혼란을 일으킬 수 있다
　　마침내 나머지 사람들도 깨어난다
　　한 사람이 눈을 들어 새벽 여명을 눈에 담으면
　　많은 사람이 그렇게 하게 된다[1]

　누군가는 그 과정을 시작해야만 한다. 행동하는 그 사람이 변혁의 리더가 된다.

좋은 가치를 가르치는 자원들

많은 사람이 살아가는 데 더 나은 방법이 있다는 것을 알지 못한다. 자신이 가진 인생에 매몰되어 있다. 어디로 가야 할지 확신하지 못하고, 현재 상황을 넘어서는 움직임을 어떻게 해야 할지 알지 못하기 때문이다. 나는 개인적 경험과 관찰을 통해 좋은 가치들은 더 나은 삶으로 이끄는 길이 된다는 것을 확신하게 되었다. 좋은 가치를 가르쳐 주는 자원들을 사람들의 손에 놓으면, 그것이 그들에게 불을 밝혀 주고 그들을 더 나은 방법을 볼 수 있게 이끈다.

좋은 가치는 가르칠 수 있고, 가 닿을 수 있다. 인간의 일생에서 단 한 가지의 좋은 가치가 막대한 이득을 가져올 수 있다. 내가 운영하는 비영리 기관에서 수년 동안 사람들에게 이해시키고 수용하게끔 하고 있는 몇 가지 가치를 소개하겠다.

- 태도: 태도가 삶의 모든 부분의 색을 결정한다.
- 헌신: 헌신이 꿈만 꾸는 사람과 행동하는 사람을 나눈다.
- 역량: 신뢰로 가는 가장 짧은 경로는 역량이다.
- 용서: 용서는 당신이 명랑하게 살아갈 힘을 준다.
- 진취성: 시작하지 않고는 성공을 경험할 수 없다.
- 진정성: 진정성 있는 삶은 완전한 삶을 이끈다.
- 개인적 성장: 늘 배우는 사람에게는 미래가 있다.
- 우선순위: 우선순위를 분명히 하는 것은 당신이 무엇을 해야 하고 어디로 가야 할지를 보여 준다.
- 인간관계: 인간관계의 질이 삶의 질을 결정한다.
- 직업윤리: 열심히 일하는 것이 매일 내적 만족을 가져다준다.

우리는 사람들이 아이디어를 탐색하고, 스스로를 살펴보며 좋은 가치들을 수용하고 삶을 변화시키기 위해 어떤 행동을 해야 하는지 결정하는 자원들을 만들어 왔다. 당신이 숙련된 리더에서 변혁의 리더로 시프트를 이루고 싶다면, 사람들에게 자원들을 주어 도와야 한다. 대부분의 사람은 도움 없이 더 나은 삶으로 가는 경로를 찾을 수 없다.

사람들이 배우고 참여할 소규모 그룹들

머릿속에서 시작된 훈련은 무척이나 자주 머릿속에만 머문다. 우리는 새로운 것을 배우지만, 그것을 삶에 활용해 보거나 실행해 보지 않는다. 변혁을 살아 있는 연구실에서 시행해 보아야 하는 이유가 이 때문이다. 이것은 소규모 그룹에서 모든 사람이 아이디어를 공유하고, 허심탄회하고 정직하게 스스로에 대해 이야기하고, 자신의 의도를 언급하고, 서로 책임을 질 때 가장 잘 일어난다.

내가 설립한 비영리 기관인 이큅과 존 맥스웰 리더십 재단은 소규모 그룹에서 참여형 방식을 이용해 변화를 활성화하고 있다. 우리는 4~10명 정도의 그룹이 서로 관계를 맺어 나가고, 스스로는 물론 서로를 알게 되고, 성장을 경험하기 위한 환경으로 완벽하다는 것을 알아냈다. 대부분의 사람은 자기 인식 수준이 높지 않다. 이들은 긍정적인 이미지를 계획하는 데 많은 시간과 에너지를 쓰지만, 자기 자신과 자신이 지닌 동기를 스스로 행동할 수 있는 만큼 살펴보지는 않는다. 다른 사람들을 동료로 보고, 모두가 참여를 요청받고, 그룹 리더가 열려 있는 한편 자신의 결점에 솔직한, 안전한 소규모 그룹 환경은 모두가 참여하고, 질문하고, 경청하고, 공유하고, 숙고하고, 행동을 취하게끔 독려한다. 그룹 구성원들이 다음 만남에서 실패와 성공을 정직하게 공유한다면, 모두가 성장과 변화에 관한 용기를 북돋게 될 것이다.

나는 살면서 소규모 그룹에 참여하는 것의 긍정적인 힘을 체험했다. 소규모 그룹과 관련된 내 인생의 결정적인 변화들은 다음과 같다.

- 매일 개인적 성장을 실행하는 도전을 받아들였다.

- 책을 쓰기 시작하도록 독려받았다.
- 리더들을 위한 자원을 계발하기 시작하는 데 영감을 얻었다.
- 리더들을 계발하기 시작하는 데 힘을 받았다.
- 변혁의 움직임을 이끌어 내도록 자극을 받았다.

그렇다. 소규모 그룹에 참여함으로써 내게 이 모든 일이 일어났다. 아니, 실제로는 더 많은 일이 일어났다. 이런 일들은 내가 소규모 그룹에 들어가기 전에는 일어나리라고 생각도 못 해 본 것이었다. 하지만 내가 그룹에 들어가고 그 과정에 완전히 몰입하자, 좋은 일들이 일어나기 시작했다. 소규모 그룹은 큰 성장을 가져올 수 있다.

리더를 재탄생시켜라

리더가 되는 사람이란, 정의하자면 '따르는 사람'이 있는 자이다. 당신은 리더로서 이끌고 있다고 생각하지만, 따르는 사람이 없다면 그저 걷고 있는 것일 뿐이다. 하지만 따르는 사람을 모으는 것만으로는 충분치 않다. 변혁의 리더가 되려면 리더들을 발전시키고 재탄생시켜야만 한다.

나는 이 교훈을 30년도 더 전에 스카이라인 교회를 이끌던 때 배우기 시작했다. 우리는 소규모 그룹이 지닌 변혁의 힘을 깨달았고, 소규모 그룹 프로그램을 시작했다. 순진하게도 우리는 단순히 사람들을 그룹으로 모으면 자연히 성장하리라고 생각했다. 하지만 우리가 리더들을 훈련시키지 않는다면 그룹은 성공하지 못한다는 것을 곧바로 깨달았다. 그래서 프로그램을 중단하고, 리더를 훈련시키고, 다시 시작했다. 이 두 번째 시도에서는 성공했지만, 그래도 우리는 한 가지를 더 배웠다. 숙련된 리더는 그룹을 유지하지만, 변혁의 리더는 그룹을 모으고, 성장시키고, 재탄생시킬 수 있다는 것이었다. 그들은 다른 리더들을 훈련시키고, 또 이들이 다른 사람들에게 도달해 또 다른 리더들을 훈련시킬 수 있었다.

내가 운영하는 비영리 기관들은 이 변혁의 성장 모델을 수용하고 있다. 각각의 참여형 그룹에서 우리는 참여자들이 스스로 긍정적 변화를 겪을 때 또 다른 참여형 그룹을 시작하고 활용하도록 요청한다. 그들은 배운 것을 전달하고, 다른 사람들에게 변혁이 활성화되도록 돕고, 새로운 리더들이 자신의 그룹을 일으키고 이끌도록 요청한다. 이런 방식으로 우리는 계속해 리더들이 자기 자신을 재탄생시키도록 준비를 갖춰준다. 이런 일이 반복적으로 일어나면, 개인적 변화는 그룹 변화로 이어지고, 이는 다시 지역사회 변화로 이어진다. 이 모든 일은 다른 사람들이 변화하도록 이끄는 변혁의 리더와 함께 시작된다.

5. 당신이 속한 지역사회에서 다른 사람들과 함께 차이를 만들어 내라

긍정적인 변화를 일으키는 데는 차이를 만들어 내고자 하는 리더들의 헌신이 요구된다. 인권 운동가 월터 폰트로이_{Walter E. Fauntroy}는 하버드 대학교에서 행한 연설에서 이를 웅변했다.

과거는 여러분의 것입니다. 그것에서 배우십시오. 미래는 여러분의 것입니다. 그것을 완수하십시오. 지식은 여러분의 것입니다. 그것을 이용하십시오. 암은 여러분의 것입니다. 그것을 치유하십시오. 인종차별은 여러분의 것입니다. 그것을 끝내십시오. 불평등은 여러분의 것입니다. 그것을 바로잡으십시오. 질병은 여러분의 것입니다. 그것을 치료하십시오. 무지는 여러분의 것입니다. 그것을 떨치십시오. 전쟁은 여러분의 것입니다. 그것을 멈추게 하십시오. 희망은 여러분의 것입니다. 그것을 확실히 하십시오. 미국은 여러분의 것입니다. 그것을 지키십시오. 세계는 여러분의 것입니다. 그것에 봉사하십시오. 꿈은 여러분의 것입니다. 그것을 주장하십시오.

편견으로 눈을 가리지 말고, 시대에 낙담하지 말고, 체제에 위축되지 마십시오. 체제에 맞서십시오. 그것에 도전하십시오. 그것을 바꾸십시오. 그것에 정면으로 부딪치십시오. 그것을 고치십시오. 어느 것도 당신의 마음을 무력하게 만들게 두지 말고, 당신의 손을 묶게 두지 말고, 당신의 영혼을 쓰러뜨리게 두지 마십시오. 세계를 취하십시오. 그것을 지배하라는 것이 아니라 도우라는 말입니다. 그것을 착취하지 말고 풍성하게 하라는 말입니다. 그리고 당신의 꿈을 취하고, 이 땅을 물려받으십시오.[2]

변혁의 리더가 자신이 속한 지역사회에 차이를 만들어 내는 데 전념하고, 다른 사람들이 그 과정에 동참하도록 청하지 않는 한 변화는 일어나지 않는다. 변혁의 움직임은 모두 한 가지 패턴을 따른다. 그것은 다음과 같이 일어난다.

- 위에서 아래로—리더십의 영향력은 위가 아니라 아래로 전해진다.
- 작은 것에서 큰 것으로—거대한 움직임은 소수의 사람에게서

시작된다.

- 안에서 밖으로―내적 가치가 외부의 행동을 결정짓는다.

당신이 자기 자신을 변화시키고, 그 과정에서 소규모의 사람들이 당신에게 합류하도록 청하고, 다른 리더들을 변혁의 중개자가 되도록 준비시킨다면, 당신은 당신이 속한 세계를 바꿀 수 있을 것이다.

변혁의 리더십의 놀라운 힘

이번 장은 내 친구 제리 앤더슨Jerry Anderson이 해 주었던 이야기 한 가지로 마무리하고 싶다. 앤더슨은 존 슈록John Schrock이라는 인물을 만나기 전까지 여러 차례 사업을 일으켰다가 실패했다. 슈록은 성공한 사업가로, 잠언에서 배운 긍정적인 가치에 따라 인생을 사는 사람이었다. 앤더슨은 슈록에게 멘토링을 받았고, 그것은 그의 인생을 변화시켰다. 앤더슨은 스스로 큰 성공을 거두기 시작했다. 그에 보답하기 위해 차이를 만들어 내겠다는 열망을 가지게 되었다. 그는 자신이 슈록에게서 배운 가치들을 다른 사람들에게 가르치기 시작했다. 자신의 노력이 전환기를 맞이하기 시작하면서, 앤더슨은 이를 극대화하기 위해 비영리 기관인 라레드La Red를 설립했다.

2000년대 초반 앤더슨의 기관은 콜롬비아 정부의 초청을 받았다. 이유가 무엇일까? 콜롬비아의 감옥들은 그 당시 부패하기로 악명 높았다. 그곳들은 조직적 범죄와 가장 힘 있는 재소자들에 의해 운영되었다. 수

감자들은 조직화되었고, 이따금 무장도 했다. 돈이 감옥으로 흘러들었다. 조금 더 힘 있는 일부 재소자들은 정장을 차려입었다. 심지어 몇몇은 밖으로 통하는 문을 갖추고 원하는 때에 여자들을 불러들일 수 있었고, 돈과 약은 물론 그 밖의 다른 것들도 밀반입했다.

이러한 범죄적 환경은 간수들의 부패를 키워 냈다. 재소자들을 이길 수 없게 되자 간수들은 재소자들 편에 섰다. 부유한 범죄자들의 심부름을 하고, 다른 재소자들을 노예처럼 대했다. 감옥 시스템은 악랄했다. 평균적으로 143곳의 감옥 안에서 매일 한 건의 살인이 일어났다. 앤더슨은 한 가지 예로 한 남자의 머리가 잘려서 감옥 뜰에서 축구공처럼 쓰였다고 말해 주었다.

콜롬비아 정부는 변화를 원했지만, 무엇을 해야 할지, 어떻게 시작해야 할지를 알지 못했다. 그들은 리카르도 시푸엔테스_{Ricardo Cifuentes} 장군이 은퇴하지 않도록 설득하기로 결심했다. 시푸엔테스는 총을 더 많이 보유하거나 새 건물을 짓는 일로는 감옥을 변화시킬 수 없다는 걸 알았다. 그가 해야 할 일은 리더들의 마음과 머릿속을 변화시키는 것이었다. 그렇게 하기 위해 그는 앤더슨이 설립한 라레드를 초청해 간수들과 함께 일하는 감옥 시스템을 만들었다. 앤더슨은 라레드가 그 일을 결정하자마자 시푸엔테스 장군이 기자회견을 열어 국가에 변화가 시작되었다고 천명했다고 말했다.

라레드는 인성 계발을 도입하고, 143개 감옥의 가치를 평가했다. 그들은 간수와 다른 감옥 직원들에게 인성에 기반한 가치들을 가르침으로써 감옥 문화를 변화시킬 수 있다고 믿었다. 그들은 소규모 참여형 그룹들을 정기적으로 만났다. 주간 회의에 참여하기를 거부하는 직원은 해

고되었다.

서서히 감옥 문화가 변화하기 시작했다. 감옥 내의 1만 1,000명 간수가 바뀌었다. 그들은 더 이상 부패를 허용하지 않았다. 사람들을 더 낫게 대우하기 시작했다. 다른 사람들에게 자신이 이전에 했던 행동을 용서해 달라고 청했다. 자신의 품위를 되찾기 시작했다. 변화는 무척 극적으로 이루어졌고, 재소자들은 간수들이 받았던 것과 같은 교육을 받게 해 달라고 간수장에게 편지를 보냈다.

다음에 벌어진 일은 무척이나 놀랍다. 간수들은 자기들의 참여형 그룹에 재소자를 한 명씩 받아 주었다. 재소자는 자신이 속한 감옥 동의 재소자들과 함께 자신의 그룹을 이끄는 데 동의해야 그룹에 참여할 수 있었다. 이 과정은 재소자 56명과 함께 시작되었다. 이들은 각각 가치관을 교육받았다. 이들의 생각이 변화하고 가치관도 변화했다. 행동도 변화했다. 이들은 자신의 감옥 동에서 자신만의 그룹을 시작함으로써 변혁되었다. 자기 그룹을 이끌면서 소규모 참여형 그룹에서 훈련받았던 재소자들의 많은 수가 역시 변화하기 시작했다. 수년 뒤 감옥 시스템 전체와 8만 명의 재소자가 변화했다. 많은 재소자가 살면서 더 일찍 이런 가치관들을 배웠더라면 감옥으로 오지 않았을지도 모른다고 고백했다.

재소자들이 수용한 가장 영향력 있는 가치는 '용서'였다. 다른 사람을 용서하는 능력은 그들에게 복수의 고리를 끊게 하고, 증오와 억울함의 연쇄에서 벗어나게 해 주었다. 앤더슨의 말에 따르면, 한 재소자는 그를 잘못 감옥에 집어넣었던 사람을 용서한 일이 인생에서 가장 자유로운 경험이었다고 설파했다고 한다. 그 사람은 전에는 감옥에서 쇠고랑을 차고 있는 것 같은 기분이었다고 말했다. 용서는 그를 자유롭게 했다. 어쩌면 이 모든 일들 중에서 가장 놀라운 일은 감옥 내에서 하루 평균 살인율이 연평균 살인율로 바뀌었다는 점일 것이다!

앤더슨이 콜롬비아 감옥에서 거둔 성공은 무척이나 극적이었다. 콜롬비아 군은 이어 라레드에 군부대에서 인성 계발 훈련을 해 주기를 청했다. 다른 국가 정부들도 앤더슨에게 접촉했다. 마지막으로 물었을 때 앤더슨은 라레드가 44개국의 사람들을 돕고 있다고 말했다. 그는 100만 명 이상의 사람들이 변혁을 위한 소규모 그룹에 참여하고, 가치에 기반한 원칙들을 훈련받고 있다고 추정했다. 그리고 그들은 여전히 강하게 작용하고 있다. 그것이 임팩트 시프트의 힘이다. 만일 당신이 숙련된 리더십에서 변혁의 리더십으로 리더시프트를 한다면, 당신이 어떤 종류의 영향력을 만들어 낼 수 있는지 또는 당신의 영향력이 얼마나 미치는지는 말할 수 없을 것이다.

제11장

커리어를 쌓는 대신
소명을 키워라

LEADER
SHIFT

자신의 소명이 무엇인지 알고
매일 그것을 충족하며 일하면,
인생은 결코 그 전과 같지 않을 것이다.

이 마지막 리더시프트는 사람이 할 수 있는 가장 자연스러운 시프트일 테지만, 아직도 많은 사람이 놓치고 있다. 매일매일의 생계 활동과 생활이 너무 바빠서 이에 대해 미처 생각하지 못하는 것이다. 어쩌면 인생에 거창한 의미가 있는 건 아니라는 말을 들어 왔기 때문일 수도 있다. 어떤 이들은 실제로 그렇다고 믿기도 한다. 당신이 기꺼이 이 열정 시프트 Passion Shift에 도달하고자 할 때 이용할 수 있도록 여기에 소개해 보겠다.

커리어와 소명의 차이

한 가지 질문을 하면서 글을 시작하고 싶다. 당신은 생업으로 하고 있는 일에 대해 지금 어떻게 생각하고 있는가? 예일 대학교 교수 에이미 프제스니에프스키Amy Wrzesniewski는 직장에서 직원들에 관한 연구를 시행한 결과, 사람들이 세 그룹으로 나뉘는 경향이 있음을 관찰했다. 놀라운 점은 개인들이 종사하는 산업 분야, 그 직업의 사회적 위치, 급여, 직책에 관계없이 이 세 가지 카테고리 안에 포함된다는 것이다. 예를 들어 한 연구에서 조사 대상이었던 행정부 보조원들이 이 세 가지 카테고리에 대략 비슷한 수가 들어갔다. 병원 청소 직원도 이와 똑같이 이 세 그룹으로 균등하게 나뉘었다.[1] 어느 것이 당신을 최선으로 묘사하고 있는지 생각해 보라.

1. 일을 한다

직업을 가졌을 때 주요 목표는 종종 생계를 유지하고 가족을 부양하는 것이다. 당신은 시계상의 시간을 넘어서 생각할 수 없을 것이다. 훌륭하게 자신의 일을 수행하거나, 그저 시간만 죽이고 있을 수도 있다. 어느 쪽이든 하루 일과 또는 교대 근무 시간을 마치고 났을 때, 당신은 밖으로 나오면 그 일에 대해 생각하지 않을 것이다. 오직 직업으로만 대하는 마음가짐을 가진 사람에게 있어 만족감이나 충족감은 일 외의 활동에서 온다. 이 그룹에 속한 사람들은 앞으로 나아가고자 희망을 품는다고 해도 커리어를 구축하는 전략적 관점에서 생각하지 않는다.

좋아하는 직업을 선택하면 평생 하루도 일하지 않아도 될 것이라는 말이 있다. 나는 이 말이 좋은 잠언이라고 생각한다. 그러나 이것이 출발 지점이지 도착 지점이 되어서는 안 된다. 당신이 그 일로 돈을 얼마나 벌든, 사람들에게 얼마나 봉사하게 되든, 일은 당신의 소명이 아니다. 일은 그저 당신을 소명으로 향하게 해 줄 가능성이 있는 도구이다. 이것이 일에 대해 생각해야 하는 방식이다.

2. 커리어를 쌓는다

커리어를 쌓는다고 하면 대개 그저 직업을 유지하기보다는 커리어를 만들어 나간다는 관점에서 생각하고 나아가는 단계임을 알 것이다. 커리어라는 말에는 어떤 방향으로 향하고 있다는 뜻이 함축되어 있다. 긍정적인 성과를 이루어 내는 과정을 만들어 나간다는 것이다. 기술 숙련, 더 큰 책임, 더 큰 보상이라는 상승 궤도는 모두 성공적인 커리어의 지표이다.

3. 자신의 소명을 충족시킨다

작가 프레더릭 뷰크너Frederick Buechner는 목적은 "당신의 깊은 곳에 있는 기쁨과 세계의 깊은 곳에 있는 필요가 만나는 지점에 있다."라고 말했다. 소명은 그것을 찾아내고 받아들일 때 결과적으로 기술, 재능, 인격적 특징, 경험으로 외부에 드러날 것이다. 그것은 당신의 경험, 자질, 그동안 배운 교훈들을 이용하게 만들 것이다. 또한 창조하고, 이끌고, 영감을 불어넣고, 차이를 만들고자 하는 깊은 욕구에 의해 표출될 것이다. 커리어와 소명의 차이를 살펴보자.

커리어	소명
주로 나에 관한 것	주로 다른 사람들에 관한 것
내가 선택한 것	나를 선택한 것
내가 살 최고의 삶과는 별개의 것	내 전 생애와 통합된 것
그것을 취할 수도 있고 떠날 수도 있는 것	내게서 결코 떠나지 않는 것

할 수 있는 것	해야만 하는 것
성공으로 측정되는 것	의미로 측정되는 것

소명을 찾고 충족시켜 차이를 만들어 내고 남은 생 동안 매일 흥분되는 삶을 살고 싶지 않은가? 소명을 찾는 것은 자신의 '이유'를 찾는 것과 같다. 존재 이유, 살아가는 목적 말이다. 그렇게 할 때 그것이 모든 것을 바꾼다.

- 자신의 '이유'를 찾을 때 자신의 길을 찾는다.
- 자신의 '이유'를 찾을 때 자신의 뜻을 찾는다.
- 자신의 '이유'를 찾을 때 자신의 날개를 찾는다.

자신의 소명이 무엇인지 알고 매일 그것을 충족하며 일하면, 인생은 결코 그 전과 같지 않을 것이다.

우리는 모두 탐색자다

나는 우리 모두가 자신의 목적을 찾고 충족시킬 가능성을 가지고 있다고 믿는다. 누구나 소명을 얻을 능력이 있다. 우리 저마다에게는 더 알고 더 나은 존재가 될 욕망이 자리하고 있다. 우리는 더 큰 것으로 나아갈 무언가를 지니고 있다. 작가이자 코치, 인벤처, 퍼포즈 컴퍼니Inventure, the Purpose Company의 창업자인 리처드 라이더Richard Leider는 목적과 소명에 관해 광범위하게 표현했다.

> 소명을 찾는 것은 어떤 사조가 아니다. 그것은 훨씬 더 깊이 있는 것이다. 어떤 이름표가 필요하다면, 그것은 탐색자이다. 제임스 카바노James Kavanaugh는 그 충동의 본질을 잘 포착하고 있다. "나는 탐색자들 중 한 사람이다. 거기에는 수백만 명의 우리가 있다고, 나는 생각한다. 우리는 불행하지 않지만, 진실로 만족스럽지도 않다. 우리는 계속해서 삶을 탐색해 나갈 것이다. 그것의 궁극적인 비밀을 밝혀내길 희망하면서."
> 우리 인간은 의미를 찾는 존재이다. … 일은 그것이 다른 사람들에게 봉사할 때 의미를 지닌다. 소명은 자신과 봉사를 연결한다. 아리스토텔레스가 말했듯이 "우리의 재능과 세상이 필요로 하는 것이 교차하는 곳에 우리의 소명이 놓여 있다."[2]

일흔 살이 되었을 때, 나는 인생에 관해 발견한 가장 놀라운 것이 무엇이었냐는 질문을 받았다. 나는 이렇게 대답했다. "인생이 짧다는 거요." 나는 일흔이라고 느끼지 않는다. 나는 보지 않는다. 그리고 그곳으로 향하지 않는다. 내가 70년을 살아왔다는 것이, 50년 이상 결혼 생활을 했다는 것이 믿기지 않는다. 마거릿과 나의 손자들 몇이 장성했다는 것도 놀랍다. 나는 인생의 여정을 이제 막 시작한 것 같은데, 이미 오래전에 반환점을 지나왔다. 인생은 짧다. 그리고 이런 덧없음은 이 장의 중요한 메시지이다. 시간은 흐른다. 이 때문에 소명을 찾는 여정에 높은 우선순위를 두어야 한다.

이 글을 읽으면서 당신 역시 나처럼 늙어 갈 것이다. 어쩌면 당신이 고등학생이고, 지금 눈앞에는 직업적 커리어가 놓여 있을 수도 있다. 어느 쪽이든 당신은 자신의 목적을, 소명을 찾을 수 있다. 소명을 찾는 데 지나치게 이른 때도, 지나치게 늦은 때도 없다.

당신 인생의 목적은 무엇인가?

나는 스스로 행운아라고 생각한다. 나는 스물아홉 살 때 소명을 받았다. 그것을 인지할 만큼 충분히 나이를 먹었고, 그것들 대부분을 해 나갈 만큼 충분히 시간이 주어진 젊은 나이였다. 그 일에 관해 이야기해 보겠다. 나는 신앙인이었기 때문에, 내 경험은 하느님과 연관된 것이 많다. 하지만 소명을 받기 위해 신앙인이 될 필요는 없다. 그저 마음을 열고 관찰하기만 하면 된다.

이 이야기를 하기 전에, 예수님을 따른다는 것의 의미에 대해 말하고 싶다. 당신이 그런 사람이 될 수도 있으니 말이다. 기독교인들은 모두를 위해 계획된 일반적인 소명을 가지고 있다. 예수는 말했다. "당신은 왜 여기 있는가. 당신은 이 지상에 하느님의 맛을 전하는 소금이 되기 위해 여기 있다. … 다른 식으로 말해 볼까? 당신은 이 지상에 신의 색채를 전하는 빛이 되기 위해 여기 있다."[3] 예수를 따르는 이들은 이 세상에 빛과 소금이 되기 위해 있다. 소금은 모든 것을 더 나아지게 한다. 빛은 모든 것을 더 밝아지게 한다. 내 아이폰의 바탕화면은 소금을 뿌리는 사람 하나와 "이들이 되어라."라는 글이 쓰인 전등 빛 그림인데, 이는 매일 내가 세상을 더 나아지게 하고 더 밝아지게 하기 위해 노력하도록 일깨운다.

이는 또한 종종 특정한 소명이다. 독특한 무언가를 하겠다는 충동인 것이다. 하느님은 여기에서 사람들을 그 자신에게로 불러 결과적으로 그들의 모든 면, 그들이 하는 모든 것, 그들이 가진 모든 것을 그런 명분으로 당신을 위해 쏟아붓게 하신다. 테레사 수녀는 이를 "소명 안의 소명"이라고 표현했다. 1946년 9월 10일 콜카타에서 다르질링으로 가는 기차에서 이러한 소명을 느꼈을 때, 그녀는 가난한 자들 중에서도 가장 가난한 자들을 섬기는 일이 자신의 인생 목적이 되리라는 것을 깨달았다.[4] 그녀는 즉시 그 소명을 충족시키는 여정을 시작했고, 콜카타에서 가난한 자들을 돕고, 사랑의 선교 수녀회를 세웠다.

이러한 소명은 1976년 7월 4일 내게도 왔다. 미국 건립 200주년 기념식에서 연설을 하고 있는데, 돌연 하느님께서 내 인생을 리더들을 계발하고 리더십을 훈련하는 데 투신하기를 바라신다는 느낌이 분명하고도 강하게 들었다. 어쩌면 이 순간이 내 인생에서 가장 명확한 순간이었을 것이다.

집으로 차를 몰면서 나는 마거릿에게 이 이야기를 했다. 그녀는 내가 어떤 아이디어에 흥분했을 때 늘 그랬듯 이야기를 경청했다. 그리고 물었다. "당신, 이제 무얼 할 거예요?"

"아무것도." 나는 대답했다.

그녀는 놀랐다. 그 전까지 나는 대개 곧장 전략을 짜는 상태로 돌입하고, 계획을 만들기 시작했기 때문이다. (내가 계획에서 선택안을 바라보는 리더시프트를 행하기 전의 일이었다.) 하지만 이는 내가 이전에 했던 경험들과는 달랐다. 그렇다. 나는 흥분했다. 내 남은 생을 리더를 훈련시키기 위해 기다릴 수 없었다. 동시에 나는 인내했고, 무척이나 안정적인 기분을 느꼈다. 그러니까 차분한 기분이었다.

"이게 소명이라면," 내가 입을 뗐다. "문이 열릴 거야." 그리고 그렇게 되었다. 그 주가 지나가기 전에 서로 다른 두 그룹이 내게 자신의 리더들에게 강연을 해 달라는 요청을 해 왔다.

그 당시 인생 대부분에서 나는 무척 야심만만했다. 이 책 초반에 나는 내가 어떻게 목표를 조직하는지, 그리고 통계와 진보에 얼마나 많은 주의를 기울이는지 논했었다. 이것은 다르다. 이것은 달랐다. 이것은 하느님이 나를 자신의 의제 아래 일하라는 초대장을 보내신 것이었다. 그분이 내게 주신 재능들을 이용하고, 내가 영원한 의미가 있으리라고 느낀 일을 하라는 것이었다. 나는 무언가 중대한 것에 대한 부름을 받은 데 감사했지만, 목표나 시간적 측면에 대해서는 생각하지 않았다. 나는 그저 최선을 다하고 싶었고, 그렇게 했다. 40년이 훌쩍 지난 지금도 나는 그 첫날만큼 흥분한 채 살아가고 있다고 말할 수 있다. 나는 여전히 리더십을 가르치고 리더들을 양성하는 소명을 받은 데 전율을 느끼고 있다. 나는 리더들에게 가치를 더하고, 그들이 또 다른 이들에게 가치를 더하기를 바란다. 이것이 내 소명이고 내 인생의 목적이다.

목적이 소명을 만든다

인생의 목적이 있다면 당신 역시 소명을 감지할 수 있다. 내가 신앙의 측면에서 내 소명에 대해 말했다는 이유로 당신이 그 느낌을 놓치지 않길 바란다. 당신은 나와는 다른 믿음을 지녔을 수도 있고, 어쩌면 신앙이 아예 없을 수도 있다. 그래도 당신은 부름을 받을 수 있다. 당신의 소명은 당신에게 생산적이고 충만한 삶을 선사할 수 있으며, 차이를 만들어 내겠다는 동기를 부여하고 열정으로 당신을 채울 수 있다. 소명은 그것을 찾으려 뒤쫓는 것이 아니다. 어느 날 불현듯 사로잡히게 되는 것이다.

당신이 아직 소명을 찾지 못했다면 소명을 이해해 그것을 찾을 수 있도록 돕고 싶다. 소명이 다가왔을 때 당신이 준비되어 있길 바란다.

1. 소명은 당신이라는 사람과 부합한다

자신에게 적합하지 않은 무언가를 소명으로 받는 사람은 없다. 소명은 늘 당신이라는 사람과 부합한다. 이런 이유로 자신의 소명을 찾으려면 지속적으로 자기 인식에 귀를 기울이는 것이 중요하다. 소명에 관해 생각하는 걸 도울 몇 가지 질문을 소개하겠다.

- 남은 인생에 한 가지 일을 할 수 있다면, 심지어 그 대가로 돈을 벌 수조차 없다면 무슨 일을 하겠는가?
- 사람들이 종종 나에게 도움을 요청하는 일은 무엇인가?
- 지금까지의 경험 중 다른 사람들을 돕고자 열망했던 일은 무엇인가?
- 무엇이 나에게 빛을 비춰 주는가?
- 나는 무엇을 배우는 걸 좋아하는가?
- 내가 몇 시간이고 말할 수 있는 것은 무엇인가?
- 나에게 늘 스스로 동기부여가 되는 활동은 무엇인가?

- 내가 다른 사람들의 삶에 긍정적인 차이를 만들어 낼 수 있는 것은 무엇인가?
- 나 자신을 뛰어넘어 어떻게 살고 싶은가?

당신이 받은 소명은 이따금 이런 일 한두 가지가 아니라 이 모든 일에서 나온다.

2. 소명은 열정에서 나온다

세상에 영향을 끼치기란 힘들다. 소명에 관한 열정이 없다면, 에너지가 흐트러져 버린다. 이를 위해 잠 못 이루는 밤으로 점검해 보라. 밤에 당신을 잠 못 들게 만들고 소진되고 있는, 추구하고 싶은 대의가 있는가? 이것은 당신이 그 일에 부름을 받았다는 신호이다. 나는 이와 관련해 작가이자 철학자, 인권 운동가인 하워드 서먼Howard Thurman의 조언을 좋아한다. "세상이 필요로 하는 게 무언지 묻지 마라. 당신을 살아 있게 만드는 것을 묻고, 그것을 하라. 세상이 필요로 하는 건 세상을 활기차게 할 사람이다."

열정은 소명으로 향하는 거대한 충동이다. 자신의 열정이 어디에 있는지 확신하지 못하고 있다면, 다음 질문들을 생각해 보라.

- 내 강점이 내 열정에 어떻게 불을 지피는가?
- 어떤 경험이 내 열정을 알려 주는가?
- 어떤 기회가 내 열정에 부합하는까?
- 내 열정을 암시하는, 내가 사랑하는 일은 무엇인가?

- 내 열정을 충족시키는 일은 무엇인가?
- 다른 사람들이 내 열정에 대해 어떻게 말하는가?
- 내가 성공했던 일들과 내 열정이 어떻게 일치하는가?
- 성장에 대한 열망이 열정을 끌어올리는 지점은 어디인가?

재능, 기술, 경험, 기회는 모두 소명과 부합해야 한다. 하지만 열정은 소명을 추구하는 데 연료를 제공한다.

3. 소명은 당신보다 중요하다. 하지만 그것이 당신에 관한 것은 아니다

진정한 소명은 결코 그 부름을 받은 사람에 관한 일이 아니다. 다른 사람들을 돕는 것에 관한 일이다. 소명은 우리를 세상 모든 것들의 중심에서 다른 사람들에게 좋은 일이 일어나게 하는 길로 움직인다. 넬슨 만델라는 이렇게 말했다. "인생을 이루는 건 우리가 살아온 사실들의 단순한 조합이 아니다. 우리가 다른 사람들의 삶에 만들어 준 차이이며, 그것이 우리가 이끄는 삶의 의미를 결정한다." 부름을 받았을 때, 당신은 중요한 역할을 맡게 된다. 하지만 그것이 당신에 관한 건 아니다. 《목적적인 삶》 Intentional Living에서 나는 이 '의미'에 관해 많이 썼다. 이 책은 당신이 자리한 곳에 있는 사람들, 당신이 하는 일에 매일 차이를 만들어 내는 것으로 어떻게 '의미'가 생겨나는지에 관한 것이다. 의미란 다음과 같은 뜻이다.

- 나 자신을 넘어서는 것
- 나 자신을 넘어서 봉사하는 것
- 나 자신을 넘어서 생각하는 것

- 나 자신을 넘어서 사랑하는 것
- 나 자신을 넘어서 보는 것

이 모든 것들은 공통으로 무엇을 가지고 있는가? 그것은 당신이 자기 자신을 넘어서길 요구한다.

4. 당신의 소명이 당신보다 크다

소명은 늘 크게 느껴지는 무언가, 당신 자신보다 더 큰 무언가와 관계가 있다. 이것이 위협적으로 느껴질 수 있다. 심지어 불가능해 보일 수도 있다. 하지만 이를 충족하려면 안정 지대를 벗어나야 함을 느낄 것이다. 그 것을 완수하기 위해 당신은 기꺼이 자신의 능력을 최대한 발휘할 것이다. 역경에도 불구하고 앞으로 계속 나아가야 한다.

몇 년 전 나는 '비전'에 관한 이야기를 하나 들었다. 중세 시대에 어떤 사람이 길을 걷다가 공사 현장을 보게 되었다. 거기에서 한 장인이 일하고 있었다. "무얼 하고 계십니까?" 행인이 물었다.

"돌을 놓고 있소." 장인이 말했다.

행인은 다시 길을 나섰다. 그러다 또 다른 공사 현장에서 또 다른 장인이 똑같은 일을 하고 있는 걸 보았다. "무얼 하고 계십니까?" 행인이 물었다.

"벽을 세우고 있소." 두 번째 장인이 대답했다.

행인은 조금 더 가서 또 다른 공사 현장을 지나쳤고, 또 다른 장인과 마주쳤다. 그 전과 마찬가지로 그는 석공이었다. "무얼 하고 계십니까?" 행인이 물었다.

"위대한 대성당을 짓고 있소." 세 번째 석공이 대답했다. 그는 자신이 하고 있는 일의 규모를 보고, 그 일에 자신이 어떻게 기여하고 있는지를 알고 있었다. 당신 역시 '대성당을 짓는 소명'을 가질 수 있다. 이는 당신이 자기 자신보다 더 큰 무언가를 하고 있다는 것을 알아차릴 때이며, 그 것은 당신의 일생 동안 완성할 수 없는 일일 것이다. 하지만 당신은 자신이 무언가 크고 아름다운 일의 일부임을 안다. 모두가 대성당을 짓는 소명의 일부가 될 수 있다. 우리에게는 단순히 일을 하거나 직업적 커리어를 쌓는 것 이상의 의미가 있기 때문이다. 우리는 의미를 만들어 낼 수 있다. 차이를 만들어 낼 수 있다.

5. 소명이 관점을 변화시킨다

소명을 가지는 것은 당신이 세상을 다르게 보게 만든다. 한때 의무와 책임감으로 보았던 곳에서 당신은 선택안과 기회를 보기 시작할 것이다. 더 이상 해야 하는 일들에 초점을 맞추지 않을 것이다. 완전히 새로운 세상이 당신이 하고 싶은 것들을 당신 앞에 열어 줄 것이다. 이 두 가지 관점을 비교해 보자.

책임감의 관점	기회의 관점
과중함을 느낀다	가볍게 느껴지고 흥분된다
부담이 된다	특권이다
에너지를 소모한다	에너지를 만들어 낸다
무익함과 기계적 동작으로 볼 수 있다	목적감과 의미를 느낄 수 있다
의무감으로 움직인다	낙관론으로 움직인다
해야 하는 일이다	하고 싶은 일이다

일상적이고 반복적인 일로 이어진다	창조성을 고취시킨다
효율성을 꺾는다	효율성을 일어나게 한다
일을 오래 끄는 경향이 있다	투자 대비 더 큰 효용을 이끌어 내려는 열망이 있다
부정적인 태도로 사람들을 물러나게 한다	긍정적인 태도로 사람들을 끌어들인다
일을 다 해냈다고 느낀다	가능성을 느끼게 한다
밀어붙이는 것과 관련된다	영감을 고취시키는 것과 관련된다
우리 삶의 10퍼센트에서 성공을 이끈다	숨겨진 90퍼센트의 가능성을 열어 주는 성공을 이끈다

소명은 우리의 마음을 고양시키고 선택지를 확장한다. 심지어 무의미한 일상의 일들을 의미 있는 것으로 바꾸어 놓을 수도 있다. 그것은 더 나은 것에 대한 우리의 관점을 대폭 바꾸어 놓는다.

6. 소명이 목적을 준다

셰리 라일리Sheri Riley는 존 맥스웰 팀의 코치로, 수년간 프로 운동선수이자 유명한 엔터테이너로 일했다. 그녀는 최근 첫 책 《기하급수적 삶》Expon-ential Living을 펴냈다. 이 책에서 그녀는 얼마나 많은 사람이 삶의 부스러기들을 따르느라 자신이 그 일을 하는 이유를 잃고 길에서 벗어나는지에 대해 이야기한다.

높은 성과를 내는 사람들 중 많은 수가 일을 할 때 그 일 자체를 끝내는 데 초점을 맞춘다. 이들은 그 일에 따른 요구들, 스트레스, 열심히 일하는 것에서 오는 성취감에 중독된다. 심지어 그 노력이 자신이 원하는 곳으로 이끌어 주지 않는다고 해도 말이다. 종종 이런 고성과자들은 자신이 일하고 있는 것을 이미 성취했으며, 다른 것으로 옮겨 가야 할 때임을 알아차리지조차 못한다.

일은 노동이다, 평범한 사람들에게는. 이것이 전부다. 그것은 오직 당신이 진정으로 열망하는 무언가를 달성하는 것만큼만 가치를 지닌다. 우리 중 많은 고성취자들이 청교도 직업윤리와 비슷한 것들을 지닌 채 일을 수행한다. 즉, 일이 그 자체로 가치를 지닌다고 믿는 것이다. 그리하여 일을 많이 한다면 우리는 가치 있게 될 것이다. 따라서 우리는 일을 많이 하고, 계속 무척 바쁘게 지낸다. 불필요하리만큼 할 수 있는 한 생산적으로 움직이는 것이다. 우리는 스스로를 탈진시킨다. 일과 가치를 혼동하기 때문이다. 지친 한 주 끝에, 우리는 뒤돌아보며 이렇게 말한다. "음, 최소한 난 '그렇게' 했어." 자신의 꿈에 전혀 가까워지지 못했을지도 모르지만, 우리는 일을 했다고 확신한다.[5]

그 스펙트럼의 한쪽 끝에는 라일리가 묘사한 것과 같은, 일을 목적으로 일하는 고성과자들이 있다. 다른 한쪽 끝에는 해야 하기 때문에 그 일을 하지만, 자신이 하는 일에서 충족감을 발견하지 못하는 사람들이 있다. 작가 세스 고딘은 이런 사람들에 대해 말한 적이 있다. "당신은 다음 천직이 무엇일지 궁금해하기보다, 어쩌면 자신이 벗어나지 않아도 되는 삶을 준비하고 있을 것이다."

이 양자의 인물들을 위한 답은 소명이 따르는 목적의식이다. 소명으로 향하는 강한 목적의식의 이득을 살펴보자.

- 목적은 나를 움직인다—열정
- 목적은 우선순위들을 착실하게 해 나가도록 한다—훈련
- 목적은 잠재력을 계발한다—확장
- 목적은 현재를 사는 힘을 준다—자각
- 목적은 자신의 진보를 평가할 수 있게 해 준다—성장
- 목적은 습관을 형성한다—일관성
- 목적은 목적이 있는 삶을 만든다—유의미성

센터 포 커리지 앤드 리뉴얼Center for Courage and Renewal의 설립자 파커 파머Parker Palmer는 이렇게 말했다. "내가 인생에서 하고 싶은 일이 무엇인지 말할 수 있게 되기 전에, 인생이 내가 어떤 사람인지에 대해 말해 주는 것에 귀 기울여야만 했다." 그는 바로 소명과 목적을 말하고 있다. 이것이 우리가 끌어내야 할 것이다.

7. 소명은 장애를 극복하게 돕는다

인생에서 또는 리더십에서 난관에 부딪힐 때 어디에 의지해야 할까? 투지에 의지해야 할까? 훈련을 해야 할까? 더 열심히 일해야 할까? 모두 좋다. 하지만 계속해 나아가려면 이것들은 소명의 힘과 비교할 수 없다.

내 친구 데이브 램지는 이렇게 말했다. "상위의 소명은 중요하다. '왜'에 대해, 그러니까 당신이 하고 있는 일을 왜 하고 있는지에 대해 더 깊이 신경을 쓰면, 장애물을 극복하게 해 주는 방법을 운용할 수 있게 된다."

8. 소명은 충족감을 가져온다

인생에서 소명을 충족시키는 것만큼의 보상은 없다. 아무것도. 부, 명성, 성취, 명성 모두 말이다. 이것들로는 충분하지 않다. 왜 그토록 많은 명사와 운동선수가 대의를 위해 싸운다고 생각하는가? 그들은 소명을 좇는 데서만 올 수 있는 충족감을 추구하는 것이다.

나는 소명 없이 살아가는 사람들을 많이 알고 있다. 시간이 흐르면서 그들의 가장 깊숙한 곳에 있는 필요와 욕구는 개척되지 않는다. 그들은 바쁘지만, 인생의 궁극적인 의미를 얻지 못하는 데서 오는 알 수 없는 분노를 키워 나간다. 그리고 초조해한다. 인생에 그 자체의 가치를 부여하는 도덕적 목적이 견고하지 않기 때문이다. 소명을 따르지 않기 때문에, 그들에게는 확고부동하게 헌신하게 만드는 내적 나침반이 결여되어 있다. 그들은 내적 일관성을 갈망하지만, 만들어 내지는 못한다. 매일 그들은 간절하게 원하는 충족감을 얻어 내고자 분투하지만, 그에 미치지 못하고 좌절하게 된다.

소명은 모든 것을 바꾼다. 이것은 퍼즐의 잃어버린 조각이다. 좋은 이야기의 플롯이다. 작품을 완성하는 악보이다. 글을 쓰고, 강연하고, 이끌면서 나는 매일 충족감에서 오는 희열을 느낀다. 내 소명을 이루어 나갈 때, "이 일을 하기 위해 태어났어!"라는 감각을 경험한다.

어떻게 소명을 찾을 것인가?

그래서 당신의 소명은 무엇인가? 벌써 발견했는가? 아니면 당신의 길을 찾는 데 도움이 조금 필요한가? 아프리칸 리더십 그룹_{African Leadership} Group의 설립자 프레드 스와니커_{Fred Swaniker}는 이렇게 말했다. "매번 우리는 현재 삶의 방식을 그대로 유지할지, 길을 바꾸고 완전히 다른 일을 할지 갈림길에 서게 된다." 아직 소명을 찾지 못했다면 당신은 갈림길에 서 있는 것이다. 나는 당신이 대범해지길 바란다. 그리하여 당신의 소명을 나타내는 완전히 다른 길을 택하길 바란다. 겁이 날 것이다. 불편할 것이다. 불확실할 것이다. 하지만 내가 장담하건대 소명을 찾았다면 그것을 추구하고자 취한 길이 힘들다고 후회하지 말아야 한다. 그것과 같은 건 아무것도 없기 때문이다.

대학 시절 한 교수가 우리에게 스스로를 이해하고 자기 삶의 길을 찾는 세 가지 질문을 던졌다. 이를 처음 들은 이후로 나는 스스로에게 그 질문들을 되풀이했다.

1. 나는 무엇에 대해 노래하는가? 내 마음을 채우는 건 무엇인가?
2. 나는 무엇 때문에 우는가? 무엇이 내 마음을 아프게 하는가?
3. 나는 무엇을 꿈꾸는가? 무엇이 내 마음을 고양시키는가?

이런 질문들은 내게 내 소명을 발견할 수 있는 여정을 마련해 주었다. 시간이 흘러 나는 더 깊은 수준의 목적을 지닌 목소리가 들려오는 순간들을 경험했다.

• 노래하는 순간들—내 리더십이 사람들에게 긍정적인 차이를 만들어 냈음을 알았던 때

- 눈물 나는 순간들―나쁜 리더십으로 사람들이 잘못되는 걸 보고 눈물이 났을 때
- 꿈꾸는 순간들―사람들에게 유의미한 영향을 주는 리더들을 훈련시키는 꿈을 꾸었을 때

당신은 이 모든 순간이 리더십과 관련 있다는 것을 알아차렸을 것이다. 내 소명이 거기에 있기 때문이다. 당신에게 묻겠다. 당신은 인생에서 노래하고, 눈물 흘리고, 꿈꾸는 순간을 무엇에서 경험하는가?

이 질문들을 생각하면 '소명과 자아$_{ego}$ 사이의 차이를 어떻게 알 수 있는가?'가 궁금해질 것이다. 적절한 질문이다. 토치$_{Torch}$의 CEO이자 공동 설립자 셸리 프레버스트$_{Shelley\ Prevost}$는 《주식회사》$_{Inc.}$에서 소명과 자아의 주요 차이점들을 설명했다.

자아	소명
무언가를 소유하지 못하는 불안	무언가를 표현하지 못하는 불안
행동하는 것에 초점을 둔다	존재하는 것에 초점을 둔다
살아남기 위한 분노가 필요하다	살아남기 위한 침묵이 필요하다
탈진의 징후가 나타난다	충족의 징후가 나타난다
결과에 집중한다	과정에 집중한다
자신을 지키려고 한다	다른 사람들에게 영향을 끼치고자 한다

프레버스트는 이어서 소명은 관찰과 숙고, 자기 발견 및 자기 인생을 펼쳐 보는 것을 통해 발견된다고 말한다.[6] 또 다른 방식으로 말하자면, 자아는 당신을 움직이고 소명은 당신을 끌어낸다.

내가 그랬던 것처럼 당신이 소명을 발견했을지 모른다. 하지만 당신이 아직 그것을 발견하지 못했다면, 짧은 시간 안에 그것을 드러나게 하지는 못할 것이다. 무언가가 전개되는 데는 대개 시간이 걸린다. 리더로서 몇 년간을 돌아보면, 좋은 경험과 나쁜 경험, 만족스러움과 불만족스러움이 내게 소명을 시작하게 했고, 그것을 위해 나를 준비시켜 주었다. 내가 할 수 있는 최선의 조언은 주의를 기울이라는 것이다. 자신의 감정에 주의를 기울여라. 생각하는 시간을 가져라. 경험에서 배워라. 꿈을 묵살하지 마라. 그리고 때가 오면 그것을 끌어안아라.

어떻게 소명을 극대화할 것인가?

이 책을 읽고 있는 지금 당신이 생의 어떤 단계에 있는지 나는 알지 못한다. 어쩌면 단지 일을 하면서, 그 이상을 희망하고 있을 수 있다. 어쩌면 직업적 커리어를 발전시켜 나가면서, 그 이상의 것을 갈망하고 있을지도 모른다. 어느 쪽이든, 소명이 있는 방향으로 당신의 방식대로 일해 나가라. 어쩌면 지금 당신의 인생에 자신의 소명을 알고, 그것을 해 나가는 계절이 왔을지도 모른다. 그렇다면 몇 가지 조언을 하고 싶다. 그리고 아직 그렇지 않다면, 당신에게 소명의 계절이 다가올 때 이 말들을 떠올리면 좋겠다.

1. 장기적 관점에서 매일의 초점을 통합시켜라

《라이프 사이클》The Life Cycle Completed에서 에릭 에릭슨Erik Erickson은 임종

을 맞은 한 남자에 관한 농담을 했다. 남자가 눈을 감고 누워 있는데 아내가 그의 안녕을 기리며 그 자리에 있는 가족 한 사람 한 사람의 이름을 그에게 속삭여 주었다. "그중에 누가…," 그가 돌연 자세를 바로 하고 앉아서 물었다. "누가 일에 전념하고 있지?"[7]

소명 의식을 지닌 사람은 장기적 관점을 잃지 않고 매일의 초점을 유지해야 한다. 나는 이를 시계와 나침반으로 상기한다. 시계는 내가 오늘 할 일을 계속할 수 있게 해 준다. 매일의 활동들을 하는 데 시간을 투자하고 약속을 지키도록 나를 촉구한다. 그 순간의 임무를 다하게 해 준다.

나침반은 내가 내 운명의 궤적을 벗어나지 않게 해 준다. 또한 비전에 집중할 수 있게 해 준다. 내가 어디에 있는지를 알게 하고, 나의 전반적인 가치관을 지키도록 해 준다. 나보다 비전을 앞에 둘 수 있게 해 준다. 그리고 내 소명이 지닌 임무를 다 하도록 이끈다.

신앙적 관점에서 시계는 내가 해야 할 기여를 상기시킨다. 이에 대해 말해 주는 구절은 〈고린도전서〉의 12장 7절이다. "각 사람에게 성령을 나타내심은 유익하게 하려 하심이라." 나침반은 내가 환수해야 할 운명이 있음을 내게 상기시킨다. 이에 관해 내게 말해 주는 구절은 〈시편〉 139편 16절이다. "내 형질이 이루어지기 전에 주의 눈이 보셨으며 나를 위하여 정한 날이 하루도 되기 전에 주의 책에 다 기록이 되었나이다." 내 소명의 관점에서 보자면, 나는 리더십과 관계되어 남겨 둘 유산을 가지고 있는 것이다. 이에 대해 말해 주는 구절은 〈디모데후서〉 2장 2절이다. "또 네가 많은 증인 앞에서 내게 들은 바를 충성된 사람들에게 부탁하라. 그들이 또 다른 사람들을 가르칠 수 있으리라." 이미 언급했듯 신앙이 없어도 소명을 따를 수 있다. 하지만 만일 신앙이 있다면, 나는 당신에게 지혜를 얻고, 깊이 이해하고, 더 헌신하기 위해 성경을 살펴보라고 말하고 싶다.

2. 가치 있는 방향으로 가는 명확한 길을 놓아라

당신이 죽을 때 사람들이 당신의 삶에 대해 한 문장으로 묘사한다면, 그 문장이 무엇이길 바라는가? 당신 삶의 방향과 당신이 완성한 여정이 그 문장으로 쓰일 것이다. 당신은 인생이 어디서 끝날지 선택할 수 없다. 하지만 오늘 어느 방향으로 갈지는 결정할 수 있다.

삶의 패러독스 가운데 하나는 불확실한 삶에서 목적을 가지고 명확한 소명을 따라야만 한다는 것이다. 삶을 소모할 만한 가치가 있는 방향을 따라서 가라. 자신을 가지고 가라. 하지만 당신의 이야기를 펜으로 쓸 것을 예상하라. 지워질 것도 예상하라! 이 말을 하는 건 당신의 소명을 추구함으로써 당신 인생이 글로 쓰이고, 또 쓰일 것이기 때문이다. 어떤 경험은 한 시기 안에 끝난다. 완전히 멈춘다. 하지만 또 다른 경험들은 쉼표가 찍힌다. 승리와 만족감을 느끼고 느낌표를 찍는 순간도 있을 것이다. 물론 물음표가 그려질 날도 많을 것이다.

사람들은 내 무덤에 어떤 비석이 세워지길 바라냐고 묻는다. 나는 때로 "그는 마침내 숨을 다했습니다."라고 농담을 한다. 하지만 진심으로 바라는 말은 이러하다. "그는 여전히 이 세상에 살고 있습니다." 내 바람은 내가 가르친 리더들이 자신의 삶을 직조하고, 내가 세상을 떠난 뒤에도 다른 사람들을 계속 돕는 것이다. 인생의 목표는 영원히 사는 것이 아니라 영원히 이어질 무언가를 만들어 내는 것이다.

당신이 소명을 따른다면 어디에서 끝나길 바라는가? 오직 시간만이 말해 줄 것이다. 하지만 그 여정은 그럴 가치가 있을 테고, 그 이야기는 놀라울 것이다.

3. 사람들에게 당신과 당신의 소명에 합류해 주기를 부탁하라

모든 사람의 진정한 소명은 그 부름을 받은 사람 자신보다 큰 법이다. 그렇기 때문에 그것을 완수하려면 늘 다른 사람들의 도움이 요구된다. 소명을 찾았지만 다른 사람들의 합류를 청하지 않고 있다면, 중대한 단계를 무시하고 있는 셈이다. 도움을 요청할 때이다. 성공한 사람들은 종종 다른 사람들에게 재산을 남긴다. 소명을 다한 사람들은 다른 사람들 안에 유산을 남긴다.

《강점 리더십》Strengths Based Leadership에서 저자 톰 래스Tom Rath와 배리 콘치Barry Conchie는 리더가 자신의 소명에 사람들을 모으고, 그들에게 자신의 대의를 부여할 때 리더가 가지는 영향력에 대해 썼다.

> 대부분의 특출난 리더들이 개인적 성공 그 자체를 결과로 보지 않는 이유가 어쩌면 이것일 것이다. 그들은 이 세상에 대한 자신의 영향력이 자신들을 따르는 사람들에게 달려 있음을 안다. 마틴 루서 킹 주니어는 1968년 4월 3일 저녁 이렇게 설교했다. "어쩌면 저는 여러분과 함께 그곳에 도달하지 못할 수도 있습니다. 하지만 우리가, 사람으로서, 약속의 땅에 도달하리라는 것을, 오늘 밤 여러분이 알았으면 합니다." 다음 날 킹 박사는 암살당했다. 하지만 세상에 끼칠 그의 영향력은 막 시작되었다.
> 그가 죽은 바로 다음 날, 수백만의 사람들이 이미 킹의 어깨에 서

있었다. 20세기가 끝날 무렵 그 수는 수억 명으로 불어났다. 이 세기의 말에, 스스로 깨닫고 있든 그렇지 않든, 수십억 명의 사람들이 39년이라는 짧은 생애 동안 킹 박사가 발휘한 영향력의 결과로 더 나은 삶으로 들어갈 것이다.[8]

당신과 나는 아마도 마틴 루서 킹 주니어가 끼친 것 같은 영향력을 발휘할 수는 없을 테지만, 그렇다고 해서 우리가 소명을 다하고 다른 사람들을 거기에 끌어들이지 못하는 것은 아니다. 우리의 소명은 살아 있는 동안 우리가 세상에 주는 선물이다. 우리의 유산은 우리가 죽은 뒤 세상에 주는 선물이다.

당신이 찾을 수 있는 소명이 무엇이든 나는 당신이 그것을 행하고, 그것을 완수하기 위해 당신이 가진 모든 것을 다하길 바란다. 그리고 이 리더시프트뿐만 아니라 내가 이 책에서 논의했던 다른 것들 모두 당신이 수용하길 바란다. 기억하라. 리더로서 모든 발전에는 당신이 생각하고, 행동하고, 이끄는 방식을 바꿀 리더시프트가 요구된다. 이 리더시프트를 받아들여야만 당신이 지닌 잠재력을 발휘할 수 있을 것이다.

- 독주자에서 지휘자로 전환하라—초점 시프트
- 목표 달성보다 성장 자체를 중시하라—자기 계발 시프트
- 특권을 누리려 하지 말고 대가를 치르는 리더가 되라—비용 시프트
- 조직에 긍정적이고 도전적인 의식을 심어라—관계 시프트
- 익숙함에 안주하지 말고 새로움을 창조하라—풍요 시프트

- 조직 성장을 위한 강력한 기반을 만들어라—재생산 시프트
- 지시하지 말고 교류하라—커뮤니케이션 시프트
- 획일성에서 벗어나 다양성을 추구하라—개선 시프트
- 지위적 권위를 버리고 도덕적 권위를 행사하라—영향력 시프트
- 리더십은 배움과 훈련으로 완성된다—임팩트 시프트
- 커리어를 쌓는 대신 소명을 키워라—열정 시프트

당신이 기회를 만들어 낼 또 다른 리더시프트가 있을까? 어쩌면 그럴 수도 있다. 나는 아직 해야 할 리더시프트를 다 발견하지 못했다. 그것들이 있다면 계속 찾을 작정이다. 왜일까? 오래전 '목표'에서 '성장'으로 자기 계발 시프트를 했지만 나는 아직 리더로서 성장하고 있기 때문이다. 당신이 성장하고 있다면, 당신 역시 그것들을 발견하게 될 것이다. 그렇게 된다면 나와 다른 사람들에게도 알려 주길 바란다. 더 잘 이끌고 다른 사람들이 리더가 되도록 도울수록, 우리가 끼치게 될 영향력이 더욱 널리 퍼질 것이다.

| 감사의 글 |

찰리 웨츨을 비롯해 이 책을 만들고 출판하는 데 도움을 준 팀원들에게 감사드린다. 이 작업을 지지해 준 우리 회사 직원들에게도 감사를 표한다. 여러분 모두가 내게 엄청난 가치를 더해 주었고, 또 내가 다른 사람들에게 가치를 더해 줄 수 있게 했다.

자, 우리 함께 차이를 만들어 보자!

제0장 이대로 멈춰 설 것인가, 앞으로 나아갈 것인가

1. Eric J. McNulty, "Thinking Like a Leader: Three Big Shifts," Strategy and Business, July 28, 2015, https://www.strategy-business.com/blog/Thinking-Like-a-Leader-Three-Big-Shifts.

2. Katie Hiler, "Cheetahs' Secret Weapon: A Tight Turning Radius," *New York Times*, June 12, 2013, http://www.nytimes.com/2013/06/13/science/agility-not-speed-is-cheetahs-meal-ticket-study-says.html.

3. Bruna Martinuzzi, "The Agile Leader: Adaptability," Mindtools, accessed October 6, 2017, https://www.mindtools.com/pages/article/newLDR_49.htm.

4. *The Flux Report: Building a Resilient Workforce in the Face of Flux* (London: Right Management, 2014), 6, https://www.rightmanagement.co.uk/wps/wcm/connect/350a 18c6-6b19-470d-adba-88c9e0394d0b/Right+Management+Flux+Report+Spread. pdf?MOD=AJPERES.

5. Dave Martin, *The 12 Traits of the Greats: The Twelve Undeniable Qualities of Uncommon Achievers, and How You Can Master Them in Your Life ... Right Now!* (Tulsa, OK: Harrison House, 2011), Kindle location 2707.

6. Paul Karofsky, quoted in Eric Yaverbaum, *Leadership Secrets of the World's Most Successful CEOs: 100 Top Executives Reveal the Management Strategies That Made Their Companies Great* (Chicago: Dearborn Trade, 2004), 161.

7. Maria Popova, "Malcolm Gladwell on Criticism, Tolerance, and Changing Your Mind," Brain Pickings, June 24, 2014, https://www.brainpickings.org/2014/06/24/malcolm-gladwell-nypl-interview/(emphasis original).

8. Phillips Brooks, *Addresses by the Right Reverend Phillips Brooks* (1893, Los Angeles: Hard Press, 2006), 25.

9. C. Vijayakumar, "3 Key Steps to Making Sure Your Skills Stay Relevant," World Economic Forum, May 24, 2017, https://www.weforum.org/agenda/2017/05/3-key-steps-to-making-sure-your-skills-stay-relevant/.

10. Brad Lomenick, *The Catalyst Leader: 8 Essentials for Becoming a ChangeMaker* (Nashville: Thomas Nelson, 2013), 111–12.

제1장 독주자에서 지휘자로 전환하라

1. Laurence Vittes, "4 Soloists Talk About Stepping Up to the Conductor's Podium," *Strings*, March 11, 2016, http://stringsmagazine.com/4-soloists-talk-about-stepping-up.-to-the-conductors-podium/.
2. Vittes, "4 Soloists."
3. Matthew 25:40.
4. Matthew Kelly, *The Four Signs of a Dynamic Catholic: How Engaging 1% of Catholics Could Change the World* (Hebron, KY: Beacon Publishing, 2012), Kindle location 2382 of 2488.

제2장 목표 달성보다 성장 자체를 중시하라

1. Andy Stanley, "Better Before Bigger," Andy Stanley Leadership Podcast, May 3, 2013, MP3 audio, https://store.northpoint.org/better-before-bigger.html.
2. Adlai E. Stevenson, "The Educated Citizen," speech at Princeton University, March 22, 1954, transcript accessed January 10, 2018, http://infoshare1.princeton.edu/libraries/firestone/rbsc/mudd/online_ex/stevenson/adlai1954.html.
3. C. S. Lewis, *Of Other Worlds: Essays and Stories* (1966, New York: Houghton Mifflin Harcourt, 2002), 26.

제3장 특권을 누리려 하지 말고 대가를 치르는 리더가 되라

1. Jim Collins, *Good to Great: Why Some Companies Make the Leap . . . and Others Don't* (New York: Harper Business, 2001), 85.
2. Collins, *Good to Great*, 86.
3. Bob Burg, *Endless Referrals: Network Your Everyday Contacts into Sales*, 3rd ed. (New York: McGraw-Hill, 2005), 190.
4. Andris A. Zoltners, "Sales Management in Practice: Sales Humor," Kellogg School of Management, accessed December 7, 2017, http://www.kellogg.northwestern.edu/faculty/zoltners/htm/oneliners.html.
5. Original source unknown.
6. Douglas L. Wilson and Rodney O. Davis, eds., *Herndon's Informants: Letters, Interviews,*

and Statements About Abraham Lincoln (Champaign, IL: University of Illinois Press, 1998), 164.

7. Bill Bradley, *Time Present, Time Past: A Memoir* (New York: Vintage, 1997), 362.

8. "Cal Ripken's 2,131st Consecutive Game Is Major League Baseball's Most Memorable Moment," mlb.com, accessed December 11, 2017, http://www.mlb.com/mlb/events/memorable_moments/mlb_memorable_moments.jsp.

9. Ralph Wiley, "Second to One the Pressure Was Building When Ripken Took His Place Behind Gehrig, as This 1990 SI Story Attests," *Sports Illustrated*, September 15, 1995, archived in the *Sports Illustrated* Vault, https://www.si.com/vault/1995/09/15/207898/second-to-one-the-pressure-was-building-when-ripken-took-his-place-behind-gehrig-as-this-1990-si-story-attests.

10. Bucky Fox, "Cal Ripken Wields an Iron Will While Winning in Baseball," *Investor's Business Daily*, August 26, 2017, https://www.investors.com/news/management/leaders-and-success/cal-ripken-wields-an-iron-will-while-winning-in-baseball/.

제4장 조직에 긍정적이고 도전적인 의식을 심어라

1. Seth Godin, *Poke the Box* (New York: Penguin, 2015), 25.

2. For more information, refer to John C. Maxwell, *The 5 Levels of Leadership* (New York: Center Street, 2011).

제5장 익숙함에 안주하지 말고 새로움을 창조하라

1. Roger von Oech, *A Whack on the Side of the Head: How You Can Be More Creative*, 3rd ed. (New York: Warner Books, 1998).

2. Jeff Nilsson, "Albert Einstein: 'Imagination Is More Important Than Knowledge,'" *Saturday Evening Post*, March 20, 2010, http://www.saturdayeveningpost.com/2010/03/20/history/post-perspective/imagination-important-knowledge.html.

3. M. A. Rosanoff, "Edison in His Laboratory," *Harper's Magazine* 135 (September 1932), 403 col. 2.

4. Hugh MacLeod, *Ignore Everybody: And 39 Other Keys to Creativity* (New York: Portfolio, 2009), 26.

5. As summarized in Martin Zwilling, "Follow Seven Rules for a Creative Startup Culture," *Forbes*, April 10, 2011, https://www.forbes.com/sites/martinzwilling/2011/04/10/follow-seven-rules-for-a-creative-startup-culture/.

6. Robert D. Kaplan, "Man Versus Afghanistan," *The Atlantic*, April 2010, https://www.

theatlantic.com/magazine/archive/2010/04/man-versus-afghanistan/307983/.

7. Mary Ardito, "Creativity: It's the Thought That Counts," *Bell Telephone Magazine*, 61 (1): 33, https://quoteinvestigator.com/2014/03/03/creative-maya/.

8. Steve Pavlina, "Do It Now," StevePavlina.com (blog), November 28, 2005, https://www. stevepavlina.com/blog/2005/11/do-it-now/.

9. Quoted in Max Cates, *Seven Steps to Success for Sales Managers: A Strategic Guide to Creating a Winning Sales Team Through Collaboration*, 1st ed. (Indianapolis: Pearson FT Press, 2015), 26.

10. Jerry Hirshberg, *The Creative Priority: Driving Innovative Business in the Real World* (New York: HarperCollins, 1999), 16.

11. "The American Giant Way," American Giant, accessed January 18, 2018, https://www. american-giant.com/ag-ethos.html.

제6장 조직 성장을 위한 강력한 기반을 만들어라

1. Lead Through Strengths, "Explore the Clifton Strengthfinder Talent Theme-Woo," Strengthsfinder, accessed May 16, 2018, http://leadthroughstrengths.com/woo/.

2. Napoleon Hill, *The Law of Success* (New York: Penguin, 2008), 420.

3. Tim Elmore, "Becoming a Life Giving Mentor," October 19, 2012, *Growing Leaders: Ready for Real Life*, https://growingleaders.com/blog/life-giving-mentor/.

제7장 지시하지 말고 교류하라

1. Original source unknown. Used with the author's permission.

2. Bob Buford, *Halftime: Moving From Success to Significance* (Grand Rapids: Zondervan, 2008), 118.

3. Stephen King, commencement address, Poughkeepsie, NY, Vassar College, May 20, 2001. Transcribed from "Vassar College Commencement," video, C-SPAN, May 20, 2001, https://www.c-span.org/video/?164360-1/vassar-college-commencement.

4. Greg Asimakoupoulos, "Icons Every Pastor Needs," *Christianity Today*, Winter 1993, http://www.christianitytoday.com/pastors/1993/winter/93l4108.html.

5. Mark Moring, "Chronicling Caspian," Christianity.com, May 1, 2008, https://www. christianity.com/11622775/.

6. Charles M. Schwab, "Mr. Carnegie Understood This Great Thing," *System* (June 1922), 679, accessed May 17, 2018, https://books.google.com/books?id=rQRKAQAAMAAJ

&dq=System%20Charles%20Schwab%20exalted&pg=PA679.

제8장 획일성에서 벗어나 다양성을 추구하라

1. Jon R. Katzenbach and Douglas K. Smith, "The Discipline of Teams," *Harvard Business Review*, March-April 1993, https://hbr.org/1993/03/the-discipline-of-teams-2.

2. Submitted by "Grapevine" from Duncan, Oklahoma, to the column "Twice Told Tales," *The Rotarian*, April 1956, 64.

3. Patrick Lencioni, *The Five Dysfunctions of a Team: A Leadership Fable* (San Francisco: Josey-Bass, 2002), 202.

4. Lencioni, *Five Dysfunctions of a Team*, 202-3.

5. Amber Ferguson, "'Come Meet a Black Person,' Says the Invitation to a Georgia Networking Event," *Washington Post*, November 15, 2017, https://www.washington post.com/news/morning-mix/wp/2017/11/15/come-meeta-black-person-says-the-invitation-to-a-georgia-networking-event/.

6. Amanda C. Coyne, "Guests Hope to Bridge Gaps at 'Come Meet a Black Person' Mixer," *Atlanta Journal-Constitution*, updated November 19, 2017, http://www.ajc.com/news/local/guests-hope-bridge-gaps-come-meet-black-person-mixer/MQoZHq3IJb4CXguWHdUGBP/.

7. Saxon White Kessinger, "Indispensable Man," AppleSeeds, accessed May 9, 2018, http://www.appleseeds.org/indispen-man_saxon.htm.

8. Christie Smith and Stephanie Turner, *The Radical Transformation of Diversity and Inclusion: The Millennial Influence* (Westlake, TX: Deloitte University, 2015), 7, https://www2.deloitte.com/content/dam/Deloitte/us/Documents/about-deloitte/us-inclus-millennial-influence-120215.pdf.

9. Smith and Turner, *Radical Transformation*, 5.

10. Smith and Turner, 11.

11. Smith and Turner, 3.

12. Smith and Turner, 13.

13. Smith and Turner, 13.

14. Smith and Turner, 15.

15. Tomas Chamorro-Premuzic, "Does Diversity Actually Increase Creativity?" *Harvard Business Review*, June 28, 2017, https://hbr.org/2017/06/does-diversity-actually-increase-creativity.

16. Stefanie K. Johnson, "What 11 CEOs Have Learned About Championing Diversity,"

Harvard Business Review, updated August 29, 2017, https://hbr.org/2017/08/what-11-ceos-have-learned-about-championing-diversity.

17. Chamorro-Premuzic, "Does Diversity Actually Increase Creativity?"

제9장 지위적 권위를 버리고 도덕적 권위를 행사하라

1. Theodore Brown, "What Is Moral Authority?" Big Think, accessed January 31, 2018, http://bigthink.com/articles/what-is-moral-authority.

2. Kevin Sharer, "How Moral Authority Manifests in Truly Impactful Leaders," *The Harbus*, March 17, 2017, http://www.beatthegmat.com/mba/2017/03/17=/moral-authority-in-truly-impactful-leader.

3. Chuck Olson, "4 Ways to Build Moral Authority," Lead with Your Life (website), January 5, 2016, https://leadwithyourlife.com/4-ways-to-build -moral-authority/.

4. George Lewis Davis, *Magic Shortcuts to Executive Success: 37 Ways and Timely Moves That Can Smooth the Path and Lead to More Rapid Promotion and More Important Jobs* (Upper Saddle River, NJ: Prentice Hall, 1962), 110.

5. Oscar Hammerstein II, *Lyrics* (Milwaukee: Hal Leonard Books, 1985), 45-46.

6. Doug Hall with David Wecker, *Making the Courage Connection: How People Get from Fear to Freedom-and How You Can Too* (New York: Fireside, 1997), 47.

7. John F. Kennedy, *Profiles in Courage* (New York: Harper Perennial, 2003), 129.

8. Kennedy, *Profiles in Courage*, 115.

9. Kennedy, 131.

10. Kennedy, 130.

11. Andy Stanley, *Visioneering: God's Blueprint for Developing and Maintaining Vision* (Colorado Springs: Multnomah, 1999), 179.

12. Jim Collins, *Good to Great* (New York: Harper Business, 2001), 27 (emphasis original).

제10장 리더십은 배움과 훈련으로 완성된다

1. Lawrence Tribble, "Awaken" (c. 1780), Push Back Now (website), October 31, 2011, http://pushbacknow.net/2011/10/31/awaken-a-1700s-poem-by-lawrence-tribble/comment-page-1/.

2. Quoted in Pat Williams with Jim Denney, *The Pursuit: Wisdom for the Adventure of Your Life* (Ventura, CA: Regal, 2008), 196.

1. Amy Wrzesniewski et al., "Jobs, Careers, and Callings: People's Relations to Their Work," *Journal of Research in Personality* 31 (1997): 21-33, http://faculty.som.yale.edu/amywrzesniewski/documents/Jobscareersandcallings.pdf.

2. Richard Leider, "Is Leading Your Calling?" *Leader to Leader*, Winter 2004, http://www.geneva.edu/graduate/assets/msol_writing_sample_article.pdf, 2.

3. Matthew 5:13-14.

4. "Mother Teresa of Calcutta (1910-997)," The Holy See (website), accessed February 15, 2018, http://www.vatican.va/news_services/liturgy/saints/ns_lit_doc_20031019_madre-teresa_en.html.

5. Sheri Riley, *Exponential Living: Stop Spending 100% of Your Time on 10% of Who You Are* (New York: New American Library, 2017), 191.

6. Shelley Prevost, "5 Ways to Distinguish Your Calling from Your Ego," *Inc.*, December 12, 2013, https://www.inc.com/shelley-prevost/5-ways-to-distinguish-your-calling-from-your-ego.html.

7. Quoted in Emily Esfahani Smith, "Psychology Shows It's a Big Mistake to Base Our Self-Worth on Our Professional Achievements," Quartz, May 24, 2017, https://qz.com/990163/psychology-shows-its-a-big-mistake-to-base-our-self-worth-on-our-professional-achievements/.

8. Tom Rath and Barry Conchie, *Strengths Based Leadership: Great Leaders, Teams, and Why People Follow* (New York: Gallup Press, 2008), 94.

LEADERSHIFT